Informatik-Fachberichte 231

Herausgeber: W. Brauer
im Auftrag der Gesellschaft für Informatik (GI)

R. Henn K. Stieger (Hrsg.)

PEARL 89 - Workshop über Realzeitsysteme

10. Fachtagung des PEARL-Vereins e.V.
unter Mitwirkung von GI und GMA
Boppard, 7./8. Dezember 1989
Proceedings

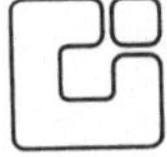

Springer-Verlag
Berlin Heidelberg New York
London Paris Tokyo Hong Kong

Herausgeber
Richard K. H. Henn
GPP Gesellschaft für Prozeßrechnerprogrammierung mbH
Kolpingring 18 a, D-8024 Oberhaching

Klaus Stieger
Universität der Bundeswehr München, Fakultät für Informatik
Werner-Heisenberg-Weg 39, D-8014 Neubiberg

CR Subject Classification (1987): C.2.5, C.3, D.2.1-2, D.3.2

ISBN-13:978-3-540-51986-7 e-ISBN-13:978-3-642-75291-9
DOI: 10.1007/978-3-642-75291-9

2145/3140-543210 - Gedruckt auf säurefreiem Papier

Vorwort

Die Realzeit-Datenverarbeitung ist ein Zweig der Informatik, der zunehmend an Bedeutung gewinnt und nicht mehr als Spezialdisziplin angesehen werden kann. Die Bedeutung erklärt sich aus der Tatsache, daß die zunehmende Automatisierung vieler technischer Prozesse ohne den Einsatz von Rechnern nicht mehr möglich ist. Die Problemstellungen sind dabei vielschichtig. So ergeben sich in vielen Anwendungsgebieten Aufgabenstellungen, bei deren Lösung der Faktor Zeit eine essentielle Rolle spielt, die weit über reine Leistungsbetrachtungen hinausgeht. Häufig verschärft sich die Problematik noch durch hohe Sicherheitsanforderungen, die an die Systeme gestellt werden. Als weiterer Aspekt kommt die Interaktion zwischen Mensch und Maschine mit all den damit verbundenen Fehlerquellen hinzu. Außerdem erfordert die Lösung in der Regel die interdisziplinäre Zusammenarbeit von Informatikern und Ingenieuren unterschiedlicher Sparten. Einige Beispiele zeigen, daß sowohl alltägliche als auch "exotische" Applikationen mit hohem Sicherheitsrisiko mehr oder weniger harten Realzeitbedingungen unterliegen können: ABS im Auto, Steuerung und Überwachung von Flugzeugen im zivilen wie im militärischen Bereich, Automatisierung in der industriellen Fertigung und in der Verfahrenstechnik, interaktive Buchungs- und Informationssysteme, Verkehrsleitsysteme, Simulation etc. In einem Wortspiel läßt sich die Situation ganz gut beschreiben: Realzeitsysteme sind nicht nur Abbilder der realen Welt, sie interagieren auch mit ihr, und das unter Einhaltung von oft harten Realzeitbedingungen.

Vor wenigen Jahren noch war die Realzeit-Datenverarbeitung eine Domäne der klassischen Prozeßrechner. Heute ist das Spektrum der Rechner in diesem Gebiet viel breiter geworden. Es reicht vom Ein-Chip-Rechner zur Steuerung einfacher Vorgänge über den Bereich der offenen Bussysteme, die wegen ihrer guten Konfigurierbarkeit für komplexere Anwendungen eingesetzt werden, bis zu vernetzten Systemen, in denen oft sehr viele Rechner unterschiedlicher Leistungsklassen zusammenwirken. Selbst die ursprünglich für den Büroeinsatz konstruierten Personal Computer finden gelegentlich Verwendung, z.B. in den Labors bei der automatischen Durchführung von Versuchs- und Meßreihen.

Besonders in den USA wird seit einigen Jahren auf dem Gebiet der Realzeit-Datenverarbeitung intensiv geforscht. Die Mittel dafür stammen überwiegend aus dem militärischen Umfeld, was die - aus wissenschaftlicher Sicht bedauernswerte - Folge hat, daß die Ergebnisse selten veröffentlicht werden.

In Deutschland, wo die Forschung in diesem Bereich eine vergleichsweise lange Tradition hat, beschäftigen sich Experten aus Hochschulen, Forschungseinrichtungen und der Industrie mit der Erarbeitung von Methoden für den ingenieurgerechten Aufbau und Einsatz von Realzeitsystemen. Einen Schwerpunkt dieser Bemühungen bildet seit 1969 die Entwicklung und Definition der Realzeitprogrammiersprache PEARL (Process and Experiment Automation Real-Time Language). Das Ergebnis dieser deutschen Sprachentwicklung, das unter technisch-wissenschaftlichen Aspekten einen internationalen Vergleich nicht zu scheuen braucht, führte 1982 zur Normung der Sprache - DIN 66 253.

Mit PEARL wird der Automatisierungsingenieur in die Lage versetzt, schnell, zuverlässig und eigenständig seine Realzeitprobleme anwendergerecht zu lösen. Die PEARL-Norm definiert dazu u.a. eine virtuelle Betriebssystemschnittstelle zur Steuerung nebenläufiger Aktivitäten und ermöglicht eine einheitliche Programmierung der Prozeßperipherie. Daher sind in PEARL geschriebene Programme in hohem Maß portabel, was die Wiederverwendbarkeit von Software fördert und zur Sicherung von Investitionen beiträgt. Dem Trend zu fehlertoleranten Mehrrechnersystemen wurde mit der Entwicklung von Mehrrechner-PEARL DIN 66 253 Teil 3 Rechnung getragen. Zur Zeit wird an einer Überarbeitung von PEARL gearbeitet. Erste Ergebnisse liegen vor und werden in diesem Band unter dem programmatischen Titel PEARL 90 erstmals einer breiteren Öffentlichkeit präsentiert.

In diesem Zusammenhang ist auch die Gründung des PEARL-Vereins zu sehen, der inzwischen mit Unterstützung seiner Mitglieder einen wesentlichen Teil der Entwicklungsarbeit trägt. Das Interesse und die Aktivitäten des Vereins waren jedoch zu keinem Zeitpunkt auf PEARL beschränkt. Vielmehr hat sich in den zehn Jahren des Bestehens gezeigt, daß der Verein als Ansprechpartner für Fragen über den Einsatz von Rechnern in zeitkritischen Anwendungen anerkannt ist und an vielen Tagungen und Entwicklungen maßgeblich beteiligt war.

Mit seiner 10. Jahrestagung bietet der PEARL-Verein Nutzern und Erstellern von Realzeitsystemen wieder ein Forum an, auf dem über neue Trends und Entwicklungen vorgetragen und diskutiert wird. In den zurückliegenden zehn Jahren hat die Thematik nichts an Aktualität verloren, im Gegenteil: Die Realzeit-Datenverarbeitung gewinnt in der Forschung und im industriellen Einsatz an Bedeutung. So ist diese Jubiläumsveranstaltung für uns nicht in erster Linie Anlaß, Rückschau zu halten, sondern vor allem eine Gelegenheit, mit neuem Schwung in die Zukunft zu blicken.

Die in diesem Band gesammelten Beiträge sind in fünf Themengruppen gegliedert:

- Realzeitsysteme in den 90er Jahren
- Rechnernetze in der Produktion
- PEARL: Anwendungen und Weiterentwicklung
- Standardbetriebssysteme und Realzeit
- Software Engineering in Realzeitprojekten

Wir danken allen Vortragenden für deren Bereitschaft, ihr Wissen zu vermitteln und somit die wesentlichen Inhalte der Tagung und dieses Bandes zu bestimmen, den Mitgliedern des Programmkomitees für die konstruktive Zusammenarbeit bei der Gestaltung des Programms, den bei der Vorbereitung der Tagung mitwirkenden Gesellschaften GI und GMA sowie allen mit der Organisation befaßten Personen. Für die Aufnahme des Tagungsbands in die Informatik-Fachberichte des Springer-Verlags danken wir dem Herausgeber und dem Verlag.

Veranstalter und Programmkomitee wünschen allen Beteiligten, daß die Themen und Inhalte der Vorträge ihren Erwartungen entsprechen. Darüber hinaus wollen wir durch den Workshop-Charakter der Tagung den intensiven Informationsaustausch unterstützen und so zu einer fundierten Meinungsbildung beitragen, die für eine qualifizierte wissenschaftliche Arbeit ebenso wichtig ist wie für die Entscheidungsfindung in industriellen Projekten.

München, im September 1989 R. Henn und K. Stieger

Programmkomitee

D. Eberitzsch, Bremen
W. Gerth, Hannover
R. Henn, Oberhaching (Vorsitz)
A. Küchle, Friedrichshafen
K. Mangold, Konstanz
H. Meyerhoff, Bremen
H. Rzehak, Neubiberg
D. Sauter, München
H. Windauer, Lüneburg

Inhaltsverzeichnis

Schwerpunkte der internationalen Forschung im Bereich Echtzeitsysteme

Wolfgang A. Halang

Reichsuniversität zu Groningen
Abteilung Mathematik und Informatik
Postfach 800
NL-9700 AV Groningen

Zusammenfassung

Nach der Präzisierung der für das Gebiet der Echtzeitsysteme grundlegenden Begriffe wird dieses nach aussen hin abgegrenzt und die wesentlichen Merkmale solcher Systeme werden herausgearbeitet. Danach wird die traditionell führende Rolle der deutschen Forschung in diesem Bereich aufgezeigt und auf die Neuformierung der Aktivitäten hingewiesen. Dabei werden alle aktuellen Schwerpunkte der Forschung aufgeführt und z.T. näher erläutert. An die Schilderung der unbefriedigenden Situation des internationalen Informationsaustausches über Echtzeitsysteme schliesst sich ein kurzer Überblick über die inner- und aussereuropäischen Tätigkeitsfelder an. Einige persönliche Anregungen bilden danach den Abschluss.

1. Einleitung und Begriffsbestimmungen

Da mit den Begriffen Echt- oder Realzeitsystem im allgemeinen — und hier besonders im englischsprachigen Raum — noch recht unterschiedliche Vorstellungen verknüpft werden, ist es notwendig, an den Anfang dieser Betrachtungen eine Präzisierung der mit Echtzeitverarbeitung zusammenhängenden Begriffe zu setzen. Das grundlegende Charakteristikum dieser Disziplin ist der Echtzeitbetrieb. Letzterer wird in der Norm DIN 44300 "Informationsverarbeitung" vom März 1972 unter der Nummer 161 (bzw. als "Realzeitverarbeitung" unter der Nummer 9.2.11 in einem neueren Entwurf der Norm vom Oktober 1985) folgendermassen definiert:

> Ein Betrieb eines Rechensystems, bei dem Programme zur Verarbeitung anfallender Daten ständig betriebsbereit sind, derart, dass die Verarbeitungsergebnisse innerhalb einer vorgegebenen Zeitspanne verfügbar sind. Die Daten können je nach Anwendungsfall nach einer zeitlich zufälligen Verteilung oder zu vorherbestimmten Zeitpunkten anfallen.

Die in dieser Betriebsart arbeitenden Digitalrechner haben mithin die Aufgabe, Programme auszuführen, die mit externen technischen Prozessen assoziiert sind. Die Verarbeitung der Programme muss zeitlich mit den in den externen Prozessen auftretenden Ereignissen synchronisiert werden und muss schritthaltend mit diesen Prozessen erfolgen. Deshalb sind Echtzeitsysteme immer als in eine grössere Umgebung eingebettet zu betrachten und werden auch "eingebettete Systeme" genannt.

Der Echtzeitbetrieb unterscheidet sich von der allgemeinen Datenverarbeitung durch das explizite Hinzutreten der Dimension *Zeit*. Dieses drückt sich in den folgenden beiden Hauptanforderungen des Benutzers an Echtzeitsysteme aus, die auch unter extremen Lastbedingungen erfüllt sein müssen:

- **Rechtzeitigkeit** und
- **Gleichzeitigkeit**.

Auf Anforderung durch den externen Prozess müssen die Erfassung und Auswertung von Prozessdaten sowie geeignete Reaktionen pünktlich ausgeführt werden. Dabei steht nicht die Schnelligkeit der Bearbeitung im Vordergrund, sondern die Rechtzeitigkeit der Reaktionen innerhalb vorgegebener und *vorhersehbarer* Zeitschranken. Echtzeitsysteme sind mithin dadurch charakterisiert, dass die funktionale Korrektheit eines Systems nicht nur vom Resultat einer Berechnung bzw. einer Verarbeitung, sondern auch von der Zeit abhängt, wann dieses Resultat produziert wird. Korrekte Zeitpunkte werden von der Umwelt der Echtzeitsysteme vorgegeben, d.h. diese Umwelt kann nicht wie von Batch- und Time-Sharing-Systemen dazu gezwungen werden, sich der Verarbeitungsgeschwindigkeit von Rechnern unterzuordnen.

Die zweite Forderung nach gleichzeitiger Bearbeitung externer Prozessanforderungen impliziert, dass Echtzeitsysteme grundsätzlich verteilt sein und die Möglichkeit zur Parallelverarbeitung bieten müssen.

Im Gegensatz zu weitverbreiteten Fehlinterpretationen muss deutlich betont werden, dass weder Timesharing- noch einfach sehr schnelle Systeme notwendigerweise Echtzeitsysteme sind. Auch das in der Informatik übliche Denken in wahrscheinlichkeitstheoretischen und statistischen Kategorien im Hinblick auf die Beurteilung von Rechnerleistungen ist für die Echtzeitinformatik nicht angebracht, ebensowenig wie Fairness bei der Anforderungsbearbeitung oder die Minimierung der mittleren Reaktionszeit als Optimalitätskriterium des Systementwurfs. Statt dessen müssen extreme Lastsituationen sowie maximale Laufzeiten und Verzögerungen betrachtet werden.

Die oben aus der Norm DIN 44300 zitierte Definition des Echtzeitbetriebes hat bedeutende Konsequenzen für die Zuverlässigkeit von Echtzeitsystemen. Die dort geforderte ständige Betriebsbereitschaft kann nur von fehlertoleranten und — vor allen Dingen gegenüber unsachgemässer Handhabung — robusten Systemen gewährleistet werden. Diese Zuverlässigkeitsanforderungen gelten sowohl für die Hardware als auch für die Software. Sie sind insbesondere für solche Anwendungen wichtig, bei denen Rechnerfehlfunktionen nicht nur zum Verlust von Daten führen, sondern auch Menschen und Material gefährden.

Von den externen Prozessen her, in die Echtzeitsysteme eingebettet sein können, unterscheidet man zwischen Umgebungen mit harten und weichen Echtzeitbedingungen. Diese werden durch die Konsequenzen der Verletzung der Forderung nach Rechtzeitigkeit unterschieden: während weiche Echtzeitumgebungen durch mit wachsender Verspätung des Eintreffens der Ergebnisse steigende Kosten gekennzeichnet sind, dürfen solche Verspätungen in harten Echtzeitumgebungen nicht zugelassen werden, da die Resultate bzw. Reaktionen des Rechners sonst nutzlos wären oder Menschen und den externen Prozess in Gefahr bringen könnten. Das Interesse der Echtzeitinformatik und dieses Workshops gilt dabei im wesentlichen den Prozessumgebungen mit harten Echtzeitbedingungen.

In der oben aus DIN 44300 zitierten Definition des Echtzeitbetriebes heisst es, dass zu verarbeitende Daten nach einer zeitlich zufälligen Verteilung anfallen dürfen. Daraus wird häufig der Schluss gezogen, dass das Verhalten von Echtzeitsystemen nicht determiniert sein soll, was sogar seinen Niederschlag in der Semantik der Sprache Ada gefunden hat, die für das Selective-Wait-Statement die nichtdeterministische Auswahl einer Task zu einem Rendezvous vorschreibt, sofern mehrere Tasks gleichzeitig ein solches anfordern. *Dieser Schluss beruht auf einem Denkfehler!* Zwar mag der externe technische Prozess derart komplex sein, dass uns sein Verhalten als zufällig erscheint — die durch einen Rechner daraufhin auszuführende Reaktion muss jedoch genau geplant und vorhersehbar sein. Das gilt insbesondere für den Fall des gleichzeitigen Auftretens mehrerer Ereignisse, die zu einer Konkurrenzsituation um die Bedienung durch den Rechner führt. Nur ein voll deterministisches Systemverhalten wird letztendlich die sicherheitstechnische Abnahme programmgesteuerter Geräte für sicherheitskritische Aufgaben ermöglichen.

Die Vorhersehbarkeit des Systemverhaltens ist demnach von zentraler Bedeutung für den Echtzeitbetrieb. Sie ergänzt die Forderung nach Rechtzeitigkeit; denn diese lässt sich nur dann garantieren, wenn das Systemverhalten zeitlich und in Bezug auf die Reaktion auf externe Ereignisse genau vorhersehbar ist. Da das zeitliche Verhalten heute verfügbarer Rechensysteme höchstens in Ausnahmefällen vorhersehbar ist, ergibt sich hier ein grosses und äusserst wichtiges neues Forschungsgebiet, bei dessen Ausarbeitung viele Aspekte bisheriger Programmiersprachen, Compiler, Betriebssysteme und Hardware-Architekturen in Frage gestellt werden müssen. In diesem Zusammenhang ist vor allen Dingen auf (vorgetäuschte) dynamische Möglichkeiten und alle Massnahmen zu verzichten, die nur im statistischen Mittel einen Beitrag zur Leistungssteigerung von Rechensystemen erbringen.

Problematiken der Echtzeitverarbeitung wurden bisher vor allem im Bereich der Automatisierungstechnik behandelt. In letzter Zeit kommen nun neue, grosse Anwendungsbereiche hinzu, so dass die Bedeutung von Echtzeitsystemen im täglichen Leben und für unser aller Sicherheit rasch zunimmt. Das von diesen Systemen abgedeckte breite Spektrum soll hier mit einigen Beispielen charakterisiert werden: Steuerungen von Waschmaschinen, Anti-Blockier-Systemen, Computer-Tomographen, struktur-instabilen Flugzeugen, Magnetbahnen, Kraftwerken und Energieverteilungssystemen, Luftverkehrsüberwachungseinrichtungen sowie zukünftige weltraumgestützte militärische Systeme wie die Strategic Defense Initiative (SDI). Im Interesse des Wohlergehens der Menschen sind beträchtliche Anstrengungen für die Forschung und Entwicklung höchst zuverlässiger Echtzeitsysteme erforderlich. Weiterhin hängen heutzutage Konkurrenzfähigkeit und Wohlstand ganzer Nationen vom frühestmöglichen und effizienten Einsatz rechnerintegrierter Fertigungssysteme (CIM) ab, für welche die Echtzeitverarbeitung eine entscheidende Rolle spielt. Angesichts dieser Anwendungsmöglichkeiten wird deutlich, warum sich die Informatik-Forschung zur Zeit weltweit diesem wichtigen Gebiet verstärkt zuwendet.

2. Die Stellung der deutschen Forschung im Bereich Echtzeitsysteme

In Bezug auf die deutschen Bemühungen zur wissenschaftlichen Bearbeitung von Echtzeitsystemen muss der letzte Satz korrigiert werden: das Interesse wendet sich nun bereits zum zweiten Male der Echtzeit-Informatik zu. Trotz eines immer gebotenen gesunden Zweckpessimismus' muss festgestellt werden, dass auf Grund der intensiven Forschungstätigkeit in den siebziger Jahren, die u.a. durch das Projekt PDV der Bundesregierung nachhaltig gefördert wurde, die deutsche Forschung auf dem Gebiet der Echtzeitverarbeitung eindeutig führend in der Welt ist — und das, obwohl in anderen Ländern viel grössere militärische und Raumfahrtprojekte durchgeführt wurden, in denen besondere Echtzeitanforderungen zu berücksichtigen waren. Dies lässt sich auf die traditionell starke Weltmarktstellung der deutschen Industrie im — zivilen — Anlagenbau und die bereits früh eingeleitete Zusammenarbeit zwischen Informatikern und Automatisierungstechnikern zurückführen, die das Gebiet in den letzten 25 Jahren wissenschaftlich ausgearbeitet haben. Anfangs zielten die Bemühungen auf die Verbesserung der sehr unbefriedigenden Situation bei der Software ab. So wurde seit Ende der sechziger Jahre die höhere Prozessprogrammiersprache PEARL entwickelt, die in ihrer Funktionalität bisher immer noch unerreicht dasteht. In engem Zusammenhang mit der Sprachentwicklung und der Anwendung spezieller Prozessperipherieeinheiten wurde die Forschung auf dem Gebiet der Echtzeitbetriebssysteme vorangetrieben. Als Folge dieser Aktivitäten wird der Echtzeit-Informatik auch in der Lehre eine ihrer Bedeutung annähernd entsprechende Beachtung geschenkt. Als einziges Land der Welt verfügt Deutschland heute über eine Reihe von Professuren für Echtzeit-Informatik, und zwar sowohl an Universitäten als auch an Fachhochschulen. Das erste, und wohl heute noch einzige, umfassende Lehrbuch über Echtzeitsysteme wurde schon 1976 in deutscher Sprache veröffentlicht. Auf Grund dieser Ausbildungsarbeit haben, anders als z.B. in Japan oder den U.S.A., bereits wissenschaftliche Methoden zur Unterstützung des gesamten Entwicklungsprozesses von Echtzeitanwendungen, angefangen von der Lastenhefterstellung für Hardware und Software bis hin zur automatischen Codegenerierung und Dokumentation, Eingang in die industrielle Praxis gefunden.

Schon früh manifestierte sich das Interesse an Echtzeitsystemen in der Arbeit von Fachgremien. So gründete die Gesellschaft für Informatik bereits 1974 den Fachausschuss FA 11 mit der Benennung "Automatisierung technischer Prozesse mit Digitalrechnern", der später in FA 4.4 umbenannt wurde. Sein Tätigkeitsfeld wurde damals in einem Schreiben folgendermassen umrissen:

> "Beim Einsatz von Prozessrechnern spielen einerseits technologische und organisatorische Probleme eine Rolle und andererseits die Methoden der Informatik. Der FA 4.4 versteht seine Arbeit daher als Grenzübergangsstelle zum Informationsaustausch zwischen diesen Arbeitsrichtungen. Insbesondere sieht er sich als fachliche Klammer zwischen der GI und der VDI/VDE-Gesellschaft für Mess- und Automatisierungstechnik (GMA). Innerhalb der GI sieht es der FA 4.4 als seine besondere Aufgabe an, die Anwendung der Theorie der Informatik auf die Automatisierung technischer Prozesse zu fördern und seinerseits Impulse für die Grundlagenforschung zu geben."

Als wichtigste Aufgabe im Rahmen dieses Tätigkeitsfeldes sah der Fachausschuss die Durchführung der in dreijährigem Turnus zusammen mit der GMA und dem Kernforschungszentrum Karlsruhe abgehaltenen Fachtagung "Prozessrechensysteme" an.

Da die im Bereich der Automatisierungssysteme angewandten Techniken und Methoden der Informatik zunehmend auch in andere Anwendungsfelder Einzug halten, soll das bisher auf Automatisierungssysteme beschränkte Aufgabengebiet des FA 4.4 auf den umfassenderen Bereich der Echtzeitsysteme ausgeweitet werden. Daher wurde er vom Fachbereich 4 der GI ("Informationstechnik und Technische Nutzung der Informatik") in "Informatik für die Echtzeitverarbeitung" umbenannt. Weil der FA 4.4 mit diesem neuen Gebiet durch seinen bisherigen Aufgabenbereich bereits vertraut ist — Automatisierungssysteme sind schliesslich spezielle Echtzeitsysteme — ist er für seine neue Aufgabe, die Verstärkung der Aktivitäten auf diesem sich nun rasch entwickelnden Fachgebiet, bestens vorbereitet.

Ein Kennzeichen der Informatik für die Echtzeitverarbeitung ist das enge Wechselspiel mit ihren Anwendungen. Demzufolge soll auch der FA 4.4 vor allem anwendungsorientiert vorgehen und die Behandlung theoretischer Aspekte weiterhin den entsprechenden Fachausschüssen der anderen Fachbereiche überlassen, nicht jedoch ohne mit diesen eine enge Zusammenarbeit zu suchen. Das bisherige Aufgabengebiet des FA 4.4 bleibt auch bei dieser Neuorientierung im Aufgabenumfang des Ausschusses erhalten. Insbesondere wird er seine bisherige Funktion als fachliche Klammer zwischen GI und der GMA weiterhin erfüllen.

Die Voraussetzungen für eine erfolgreiche Arbeit des FA 4.4 in seinem erweiterten Tätigkeitsfeld sind auf Grund der oben umrissenen Spitzenstellung der deutschen Forschung auf dem Gebiet der Informatik für die Echtzeitverarbeitung sehr günstig. Es gilt nun, diese Spitzenstellung mit den der GI zu Gebote stehenden Mitteln zu behaupten und wenn möglich weiter auszubauen, die Anwendungen zu fördern und gleichzeitig Impulse für die Grundlagenforschung zu geben.

Um die Arbeit der GI auf dem Gebiet der Informatik für die Echtzeitverarbeitung zu intensivieren, wird zusammen mit der Umorientierung des FA 4.4 eine neue Fachgruppe gegründet, die sich als Forum für fachliche Fragen dieses Bereiches versteht. Vom Fachbereich 4 der GI und von den Fachbereichen 4 und 5 der GMA wurde für die neue Fachgruppe eine gemeinsame Trägerschaft von GI und GMA beschlossen. Die Fachgruppe soll inhaltlich mit thematisch benachbarten Gruppen der GI (z.B. "Fehlertolerante Rechensysteme"), der VDI/VDE-GMA und der VDE/ITG zusammenarbeiten. Als Benennung der Fachgruppe wurde "Echtzeitsysteme" gewählt. Die Themen, mit denen sie sich inhaltlich befassen soll, lassen sich mit folgenden Stichpunkten umreissen:

- Erarbeitung konzeptioneller Grundlagen der Echtzeitinformatik und Präzisierung des Zeitbegriffes in der Informatik,
- Zeitanalysetechniken und Vorhersehbarkeit,
- Methoden des Requirements Engineerings und Entwurfswerkzeuge für Echtzeitsysteme,
- Zuverlässigkeits- und Sicherheitstechnik für Echtzeitsysteme unter besonderer Berücksichtigung der Software-Qualitätssicherung,
- höhere Echtzeitsprachen und ihre Realisierung mit Konzepten der Parallelverarbeitung, Synchronisation, Kommunikation und Zeitsteuerung,
- Echtzeitbetriebssysteme mit besonderer Berücksichtigung von Echtzeitbetriebsmittelzuteilungsverfahren,
- verteilte, fehlertolerante, sprach- und/oder betriebssystemorientierte innovative Echtzeitrechnerarchitekturen,
- Hardware und Software für die Prozessankopplung,
- Echtzeitkommunikationssysteme,
- verteilte Datenbanken mit garantierten Zugriffszeiten,
- Aspekte der künstlichen Intelligenz unter besonderer Berücksichtigung von Echtzeitexperten- und Echtzeitplanungssystemen,

- Probleme des Einsatzes von Echtzeitsystemen insbesondere im Hinblick auf die Überführung von Forschungsergebnissen in die Praxis der Prozessleittechnik und Prozessautomatisierung,
- Standardisierungen,
- Aus- und Weiterbildung im Bereich der Echtzeitsysteme,

womit der Arbeitsbereich des Fachausschusses alle Schwerpunkte der gegenwärtigen Forschung über Echtzeitsysteme umfasst.

3. Präzisierung der Forschungsschwerpunkte

Die soeben aufgelisteten aktuellen Forschungsschwerpunkte der Echtzeitinformatik sollen im folgenden nun etwas näher kommentiert werden.

Zur Realisierung der Vorhersehbarkeitsforderung ist eine Zeitmetrik einzuführen. Neue Methoden sind erforderlich, um Zeitbedingungen sowohl in Spezifikationen als auch in Programmiersprachen formulieren und um ihre Einhaltbarkeit im vornherein analysieren zu können. Die neuen Verifikationsverfahren müssen quantitativ und zeitorientiert sein und die durch ihre Zeitbedingungen implizierte teilweise Synchronisation von Tasks ausnutzen. Auch während der Programmausführung müssen verstärkt zeitliche Überwachungsmassnahmen durchgeführt werden, um rechtzeitiges Systemverhalten bzw. angemessene Leistungseinschränkung zu gewährleisten. Dies steht in deutlichem Gegensatz zum recht mangelhaft ausgeprägten Zeitbegriff der Informatik. Obwohl die Forderung nach höherer Arbeitsgeschwindigkeit von Rechnern in aller Munde ist, sind genaue Zeitangaben praktisch unbekannt und die zeitliche Dimension wird aus den Grundkonzepten der Informatik anscheinend systematisch verdrängt. Hier sind also grundlegende konzeptionelle Fortschritte erforderlich, die sich auch auf andere Bereiche erstrecken müssen, wie z.B. Synchronisationsprimitive, die in Anlehnung an die allgemeine Praxis des täglichen Lebens auf der Zeit basieren sollten.

Zur Betriebsmittelzuteilung sind zeitgerechte Verfahren zu entwickeln, die das Zeitverhalten eines Systems verständlich, vorhersehbar und leicht änderbar gestalten. Oft werden in sehr dynamischen Systemen adaptive Algorithmen benötigt, die auf Heuristiken beruhen und sich in ihren Zielsetzungen anwendungsabhängig unterscheiden. Als Optimalitätskriterium für Scheduling-Algorithmen tritt dabei die möglichst hohe Prozessorauslastung mehr und mehr in den Hintergrund.

Von Echtzeitbetriebssystemen wird zukünftig erwartet, dass sie unter Beachtung von Fehlertoleranzmassnahmen die Einhaltung von Zeitschranken und Präzedenzrelationen zwischen Tasks auf der Basis einer integrierten Betriebsmittelzuteilung garantieren. In verteilten Systemen sind gemeinsame Zeitschranken mehrerer kooperierender Tasks unter Einbeziehung des Übertragungsaufwandes einzuhalten. Ausserdem ist eine globale Zeitreferenz zur Verfügung zu stellen.

Das Eintreffen ablaufbereiter und Betriebsmittel anfordernder Tasks kann nicht länger mehr als Zufallsprozess angesehen werden. Der Vorhersehbarkeit dient ein mehr deterministisches Verfahren, das die in einem Echtzeitsystem vorhandene Information über die Zeitpunkte des Übergangs von Tasks in den ablaufbereiten Zustand ausnutzt. So lassen sich zukünftige Konflikte um Betriebsmittel frühzeitig erkennen und eventuell auflösen. Von einem Echtzeitbetriebssystem wird erwartet, dass es zu jedem Zeitpunkt vorhersagen kann, ob es die Einhaltung der Zeitschranken aller aktiven Tasks garantieren kann.

Bei der Definition von Echtzeitprogrammiersprachen gilt es, Sprachkonstruktionen zur Formulierung absoluter Zeitbedingungen und zur Steuerung der Betriebsmittelzuteilungsalgorithmen der Betriebssysteme bereitzustellen, woraus sich auch die Möglichkeit zur Überprüfung der zeitgerechten Ausführbarkeit von Task-Mengen durch die Compiler ergeben sollte. Weiterhin sollten Sprachen die Wiederverwendbarkeit von Modulen, verteilte Programme sowie verschiedene zeitabhängige Fehlertoleranzmechanismen unterstützen.

Um den hohen Geschwindigkeitsanforderungen an verteilte Echtzeitdatenbanken zu genügen, ist bei der Transaktionsverarbeitung ein möglichst hoher Grad an Parallelität zu realisieren. Eine Theorie der integrierten Kontrolle dieser Paralleltätigkeit und der Betriebsmittelzuteilung ist aufzustellen, die gleichzeitig die Maximierung der Parallelität und die Minimierung der ungünstigsten Transaktionsdauer unter Beachtung der Randbedingungen Datenkonsistenz, Transaktionskorrektheit und Einhaltung der Transaktionszeitbedingungen anstrebt.

Methoden der künstlichen Intelligenz werden in Echtzeitsystemen heute vorwiegend zur Steuerung und Zuteilung zeitbeschränkter Prozesse auf der Basis heuristischen Wissens angewandt. Die bestmögliche Lösung eines Problems ist innerhalb dynamisch gegebener Zeitschranken zu finden. Aufgabe der Forschung ist es nun, Symbolverarbeitungsverfahren die Einhaltung solcher Zeitschranken in vorhersehbarer Weise zu ermöglichen. Dazu müssen z.B. andere Techniken der Speicherverwaltung als Garbage Collection entwickelt werden.

Im wesentlichen als Grundlage zum Entwurf grosser verteilter und fehlertoleranter Systeme ist eine einheitliche Theorie von Korrektheit, Rechtzeitigkeit und Zuverlässigkeit dringend erforderlich. Weitere Problemgebiete der Fehlertoleranz sind zeitbeschränkte und optimale Methoden der Fehlerbehandlung und der Redundanzverwaltung. Schliesslich wurde der Effekt der Systemlast auf die Fehleranfälligkeit von Echtzeitrechnern bisher noch nicht untersucht.

Das wesentliche Anliegen der Entwicklung neuer Echtzeitarchitekturen muss die Unterstützung der Programmiersprachen, Betriebssysteme und Zuteilungsalgorithmen, von Fehlertoleranz sowie der Zeitverwaltung, der Fehlerbehandlung und der zeitbeschränkten Kommunikation sein. Das trägt zur Geschwindigkeitssteigerung und zur Schliessung der semantischen Lücke bei. In Bezug auf verteilte Architekturen sind günstige Verbindungstopologien und spezialisierte Komponenten zu entwerfen, die inhärent geringen internen Datentransferaufwand erfordern. Um den Anforderungen der Anwendungen gerecht zu werden, sind im Zusammenhang mit zeitbasierenden Synchronisationsprimitiven zeitgenau arbeitende Peripheriegeräte zu entwickeln.

Bei Arbeiten über Echtzeitkommunikationssysteme stehen naturgemäss vorhersehbar zeitgerechtes Verhalten des Netzwerkes, integrierte Zuteilungsverfahren für Kommunikationskanäle und andere Betriebsmittel sowie dynamische Pfadermittlung zur Übertragung von Nachrichten mit garantierter Einhaltung von Zeitschranken im Vordergrund.

Wesentlich stärker als in anderen Bereichen der Informatik muss sich die Forschung über Echtzeitsysteme an den Anwendungen orientieren. Da der Prozess Teil des durch Rechner geschlossenen Regelkreises ist, werden die eingesetzten Methoden im allgemeinen prozessspezifisch sein. Dies gilt z.B. für Verfahren der Überlastbehandlung oder der Fehler-Recovery, die unter Ausnutzung der Trägheit und der damit verbundenen typischen Zeitkonstanten eines Prozesses zu konzipieren sind. In Abhängigkeit der Prozessgeschwindigkeit werden an ein Echtzeitsystem variable Zeitbedingungen gestellt, wodurch sich im Überlastfall eventuell auch die Möglichkeit zu ihrer Entschärfung ergibt, z.B. durch Verlangsamung eines Roboterarms. Nur unter Einbeziehung der Prozesscharakteristika lassen sich adaptive, selbstkorrigierende Systeme mit abgestimmten Methoden zur schrittweisen Leistungseinschränkung in Fehlerfällen konstruieren. Ebenso ist der Vergleich verschiedener Entwürfe oder Systeme nur auf der Grundlage anwendungsspezifischer Benchmarks möglich — reine Mips-Zahlen sagen hier überhaupt nichts.

4. Die Situation der internationalen Kommunikation über Forschungsergebnisse im Bereich Echtzeitsysteme

Bei den internationalen Forschungsaktivitäten über Echtzeitsysteme gibt es eine Reihe von Parallelentwicklungen und Wiederholungen, die ausser auf das überall verbreitete "Not invented here"-Syndrom auf mangelnde Kommunikation zwischen den verschiedenen nationalen Forschergruppen zurückzuführen sind. Die wesentlichen Gründe dafür liegen in Sprachbarrieren und in der Unzugänglichkeit der Literatur. Während meiner eigenen Einarbeitung in das Gebiet in der zweiten Hälfte der siebziger Jahre habe ich erstaunt festgestellt, dass z.B. die Ergebnisse des PDV-Projektes nur in deutscher Sprache und in Form interner Forschungsberichte dokumentiert worden sind. Deshalb wurden sie praktisch im Rest der Welt nicht zur Kenntnis genommen, so dass dort auch das Wissen über diese ersten, intensiven Aktivitäten auf dem Gebiet der Echtzeitsysteme fehlt. Aber auch für in englischer Sprache abgefasste Literatur in Form von Zeitschriftenartikeln und Konferenzbeiträgen kann allgemein festgestellt werden, dass der Informationsfluss über Atlantik und Pazifik sehr einseitig ist: japanische und europäische Forscher lesen zwar die amerikanische Literatur, jedoch nicht umgekehrt. Die Literatur über Echtzeitsysteme ist nicht leicht zugänglich, da sie über viele Journale und Tagungsbände verstreut und oft auch nur in Form interner Berichte verfügbar ist. Um hier Abhilfe und um der Literatur des Gebietes sozusagen eine "Heimat" zu schaffen, habe ich die internationale Zeitschrift "Real-Time Systems" gegründet, deren erste Ausgaben in diesem Jahr erschienen sind. Ein Ziel dieser Zeitschrift ist es, zum wechselseitigen Informationsfluss zwischen Nordamerika, Europa und dem Fernen Osten beizutragen, um den oben erwähnten Parallel- und Mehrfachentwicklungen in Zukunft vorzubeugen. Sowohl das Zahlenverhältnis der Publikationen als auch die Besetzung des Herausgeberbeirates sollen nach der geographischen Herkunft ausgewogen gestaltet werden. Deshalb wurde der Herausgeberbeirat im Verhältnis 2:2:1 mit Forschern aus den U.S.A., Europa und Japan besetzt und es gibt drei Hauptherausgeber, die für je eine dieser Regionen zuständig sind. Ich möchte Sie dazu auffordern und ermuntern, noch aktuelle Arbeiten bzw. aktualisierte Versionen älterer Papiere, die bisher nur in geringer Verbreitung veröffentlicht worden sind, bei diesem Journal einzureichen, nachdem die Artikel vorher eventuell ins Englische übersetzt worden sind. Man kann nämlich offenbar — wie es noch in der ersten Hälfte dieses Jahrhunderts selbstverständlich war — heute nicht mehr davon ausgehen, dass es sich bei Forschern um Personen mit breiter Allgemeinbildung handelt, was die Kenntnis mehrerer Fremdsprachen einschliesst. Mithin ist die wirksame Veröffentlichung von Forschungsergebnisse zu einer Art "Bringschuld" geworden.

5. Die europäische Szene

Wegen der oben geschilderten langen Tradition der deutschen Forschung auf dem Gebiet der Echtzeitsysteme ist hier bereits eine gewisse Normalität festzustellen, d.h. der Forschungsbereich wird nicht mehr als neu betrachtet und Aktivitäten finden auf praktisch allen genannten Teilgebieten in einer Vielzahl von Institutionen statt. Ähnliches gilt mit Einschränkungen für Österreich und die Schweiz, wo man sich insbesondere mit verteilten Echtzeitsystemen und industriellen Anwendungen beschäftigt. Ebenfalls in Italien ist das Spektrum der durchgeführten Untersuchungen recht breit gefächert. Der mangelnde Informationsfluss ist leider auch innerhalb Europas zu beklagen, was besonders im Hinblick auf Frankreich gilt. Französische Forscher sind nur sehr selten auf internationalen Konferenzen anzutreffen, so dass ich nicht mehr sagen kann, als dass man sich dort nach Aufgabe der Sprache LTR mit Fragen synchroner und auf spezielle Anwendungsgebiete zugeschnittener Echtzeitprogrammiersprachen, der dynamischen Betriebsmittelzuteilung und der Robotik beschäftigt. In Grossbritannien sind bedeutende Fortschritte im Hinblick auf die Sicherheit von Echtzeitsystemen erzielt worden. So wurde z.B. ein neuer Mikroprozessor, der Viper-Chip, entwickelt, der bisher als einziger formal verifiziert worden ist. Auch bzgl. der Verifikation von Software wurde dort ein grosser Vorsprung erreicht. Daraus erklärt sich die starke Beteilung britischer Forscher im EWICS TC 7, das in europäischer Zusammenarbeit die sicherheitstechnischen Grundlagen programmierbarer Systeme erarbeitet, was bereits seinen Niederschlag in der Form internationaler Normen gefunden hat. Es ist wünschenswert und anzustreben, die europäische Zusammenarbeit und den Informationsaustausch durch Reaktivierung anderer EWICS TCs oder in einer anderen Form zu fördern.

6. Die aussereuropäische Szene

Angeregt durch finanzielle Förderung durch die SDI-Organisation und die vor einem Jahr angelaufene fünfjährige "Accelerated Research Initiative into the Foundations of Real-Time Computing" des Office of Naval Research orientiert ein Teil der Informatik-Forscher in den U.S.A. zur Zeit sein Interesse auf dieses Gebiet, das dort als relativ neu mit etwa zehnjähriger Geschichte empfunden wird. Deshalb gibt es auch nur etwa fünf bis höchstens zehn Forschungsgruppen an verschiedenen Universitäten, die sich mit Echtzeitsystemen beschäftigen, und die industrielle Praxis ist durch das Vorherrschen von ad-hoc-Methoden gekennzeichnet. Im Rahmen des ONR-Programmes wurden zwei Schwerpunkte gebildet, und zwar Scheduling-Theorie für normalen und gestörten Betrieb mit integrierter Behandlung aller Betriebsmittel und unter besonderer Berücksichtigung von Mehrrechnersystemen sowie die Formalisierung von Systemspezifikation und -entwurf und der Handhabung der Zeit verbunden mit der a priori Verifikation der Systemeigenschaften. Bei der Wahl dieser Themenkreise hat man meiner Ansicht nach die abnehmende Bedeutung ausgefeilter Scheduling-Methoden und bereits existierende europäische Entwicklungen, wie z.B. EPOS, das praktisch eine Lösung des zweiten Problemkreises darstellt, aus Unkenntnis ausser acht gelassen. Nur so ist folgende Äusserung des Leiters der ONR-Initiative zu erklären:

> "Military missions and commercial applications involving real-time systems at their base are becoming rapidly prevalent while the science and technology to support the credible design, construction, and enhancement of such systems is woefully deficient."

Nachdem sich die ursprüngliche Version der zur Programmierung harter Echtzeitanwendungen konzipierten Sprache Ada als auf vorhandenen Rechnern und unter vorhandenen Betriebssystemen als nicht implementierbar erwiesen hatte, wurden, was vernünftig gewesen wäre, nicht etwa letztere verbessert, sondern Ada insbesondere in Bezug auf seine Echtzeitfähigkeiten deutlich beschnitten, was dann schliesslich 1983 in einer Norm festgeschrieben wurde. Nachdem hinreichend viele wenig zufriedenstellende Erfahrungen mit Ada gesammelt worden sind, wobei sich das unbestimmte Zeitverhalten des Verzögerungs-Statements, die nichtdeterministische Auswahl eines Rendezvous-Partners im Select sowie die durch die Fifo-Betriebsmittelzuteilungsstrategie hervorgerufene Umkehrung von Prioritäten als besonders schwerwiegend herausgestellt haben, ist im November 1988 vom Pentagon das offizielle Revisionsverfahren für Ada eröffnet worden.

Ebenfalls im Auftrage des Pentagons beschäftigt sich das der Carnegie-Mellon-Universität angegliederte Software Engineering Institute im wesentlichen mit verschiedenen auf Prioritäten basierenden Scheduling-Algorithmen und der zeitgerechten Zuteilbarkeit von Tasks sowie mit verteilten Betriebssystemen und Datenbanksystemen. Diese Arbeiten werden vom IBM-Labor in Manassas ergänzt, wo man Kommunikationsnetzwerke und -protokolle und wiederum auf Prioritäten beruhende Netzwerkzuteilungsverfahren untersucht. Neben weniger grossen Gruppen an anderen

Universitäten, die sich ausschliesslich mit Scheduling-Problemen befassen, halte ich noch zwei weitere Forschungsthemen für erwähnenswert. An der University of Illinois at Urbana-Champaign wurde der recht interessante Ansatz der "imprecise results" zur Handhabung vorübergehender Überlastsituationen und zur Realisierung der "graceful degradation" erarbeitet, während man sich an der Naval Postgraduate School mit Rapid Prototyping von echtzeitfähiger Software beschäftigt.

Ein ganzheitlicher Ansatz zur Entwicklung zukünftiger grosser und dynamischer Echtzeitsysteme zu angemessenen Kosten, die bei vorhersehbarem Verhalten schnell, flexibel, adaptiv und zuverlässig sein sollen, wird an der University of Massachusetts at Amherst mit dem Spring-Projekt verfolgt. Im Mittelpunkt des Interesses stehen dynamische Scheduling-Verfahren, da statische zu unflexibel sind. Ihr Ziel ist es, die Einhaltung der Zeitschranken von Tasks in verteilten Systemen zu garantieren, was zeitbeschränkte Kommunikationsprotokolle erfordert. Durch separate Betriebssystem- und Ein/Ausgabeprozessoren sollen Zeitprobleme entschärft werden. Schliesslich hat man sich in Amherst zur Aufgabe gesetzt, den kombinierten Effekt von CPU- und E/A-Scheduling, Deadlock-Auflösung, Synchronisation, Kommunikations- sowie Recovery-Protokollen zu untersuchen und Überlastbehandlungsverfahren mit genau vorhersehbarem Verhalten zu entwickeln.

In Kanada wurde die Sprache Real-Time Euclid entwickelt, die sich durch Analysierbarkeit des Laufzeitverhaltens auszeichnet, das damit vorhersehbar wird. Es wäre empfehlenswert, bei der Weiterentwicklung von PEARL die Ergebnisse dieser Arbeiten einfliessen zu lassen. Weiterhin gibt es dort einen Schwerpunkt bzgl. der Korrektheit und Sicherheit von Echtzeit-Software.

Nach meinem Kenntnisstand sind die akademischen Forschungsaktivitäten im Bereich Echtzeitsysteme in Japan recht bescheiden und befassen sich vorwiegend mit auf neuralen Netzen beruhenden Schedulern, Methoden der künstlichen Intelligenz zum Entwurf von Echtzeitsystemen und Petri-Netzen. Obwohl man sich in der Industrie auch mit echtzeitfähigen Datenflussarchitekturen beschäftigt, werden bei der Realisierung von Projekten i.a. noch recht konventionelle Methoden mit einem sehr hohen Anteil von Assembler-Programmierung angewandt. Auch in diesem Forschungsbereich scheint man wie üblich in Japan eine abwartende Haltung einzunehmen, bis Ergebnisse vorliegen, die eine erfolgversprechende wirtschaftliche Nutzung erwarten lassen.

Sofern in ärmeren Ländern wie des Ostblocks oder der Dritten Welt Forschung über Echtzeitsysteme betrieben wird, so beschränkt sie sich dort meistens auf theoretische Aspekte, wobei dann das Scheduling im Vordergrund steht.

7. Ein persönlicher Ausblick

Erlauben Sie mir bitte zum Abschluss dieses Vortrages eine persönliche Einschätzung verbunden mit einigen Anregungen.

Um die Forschung über Echtzeitsysteme auf eine solide, fundierte Basis zu stellen, müsste von den Anwendungen her deutlich gemacht werden, wie Echtzeitsysteme wirklich aussehen, welche Aufgaben sie haben und daraus resultierend, welche Optimierungskriterien anzuwenden sind. Meines Erachtens liegt der akademischen Forschung häufig eine falsche Modellvorstellung realer Echtzeitsysteme zu Grunde, was dazu führt, dass nichtexistierende Probleme gelöst werden. So erscheinen mir z.B. die vielfältigen Arbeiten über Load-sharing recht fragwürdig zu sein, wenn man bedenkt, dass Echtzeitaufgaben meistens sehr ein-/ausgabeintensiv sind und man die feste Verdrahtung der Peripherie schwerlich dynamisch an andere Netzknoten verlagern kann. Auch halte ich einen Umdenkprozess bzgl. Denkkategorien und Optimalitätskriterien für notwendig. So ist z.B. die

Auslastung eines Mikroprozessors, der höchstens einige hundert DM kostet, im Gesamtzusammenhang eines gesteuerten technischen Prozesses von vernachlässigbarer Bedeutung, obwohl ihr die akademische Forschung wie zu den Zeiten teurer Hardware in den vierziger Jahren noch immer grösste Beachtung schenkt.

Um der oben diskutierten Forderung nach Vorhersehbarkeit und Determiniertheit des Systemverhaltens gerecht werden zu können, halte ich es für notwendig, dass Echtzeitsysteme in allen Aspekten so einfach wie möglich gestaltet werden; denn Einfachheit trägt zum besseren Verständnis und damit zu Zuverlässigkeit und Sicherheit bei. Nur so wird es sich am Ende einer langen Entwicklung erreichen lassen, dass der TÜV programmgesteuerte Systeme zur Wahrnehmung sicherheitsrelevanter Aufgaben abnimmt und zum Betrieb zulässt. In der Informatik besteht die Neigung, sich virtuelle Betriebsmittel zu schaffen, die dynamisch vermehrt werden können. Dies ist im Bezug auf Echtzeitsysteme unmöglich — die Beschränkungen real vorhandener Betriebsmittel müssen zur Kenntnis genommen und bei der Systemrealisierung berücksichtigt werden. Es sollte untersucht werden, ob angesichts der Entwicklung der Hardware und speziell für die Einsatzbereiche von Echtzeitsystemen solche virtuellen Betriebsmittel überhaupt noch eine Bedeutung haben. Auch wenn dies mit Geschwindigkeitseinbussen verbunden sein sollte, muss auf alle Eigenschaften wie DMA, Cache-Speicher, virtuelle Speicherverwaltung etc., die die Vorhersehbarkeit des Systemverhaltens verhindern, verzichtet werden. Zur Vermeidung von Problemen sollte Parallelität so weit wie möglich real implementiert werden.

Es gibt einen Typ von Echtzeitsystemen, der bisher von der Informatik und der Forschung offensichtlich völlig unbeachtet geblieben ist: die speicherprogrammierbaren Steuerungen. Dieser Bereich zeichnet sich durch recht heuristische Methoden aus. Die Programmierung der einzelnen Systeme erfolgt noch ausschliesslich in herstellerspezifischer Form. Um hier Abhilfe zu schaffen, erarbeitet die International Electrotechnical Commisson (IEC) zur Zeit eine internationale Norm, mit der zwei graphische und zwei textuelle Programmiersprachen standardisiert werden sollen. Dabei ist wieder eine sehr bedauerliche Fehlentwicklung festzustellen; denn die höhere der beiden textuellen Sprachen müsste naturgemäss eine Echtzeitsprache sein. Das Normungsgremium scheint jedoch keine der existierenden Echtzeitsprachen zu kennen und hat deshalb das Rad neu erfunden — allerdings ein recht quadratisches Modell. Ich möchte den PEARL-Verein dazu aufrufen, sich hier einzuschalten, um noch rechtzeitig zu verhindern, dass eine Sprache mit unzulänglichen Echtzeitfähigkeiten zur internationalen Norm erhoben wird.

Lassen Sie mich schliesslich einige Bemerkungen zu PEARL machen. Seit man in Frankreich beschlossen hat, LTR durch Ada abzulösen, steht PEARL, von der Leistungsfähigkeit und vom angebotenen Sprachumfang her gesehen, ohne ernstzunehmende Konkurrenz da. Ohne dem folgenden Vortrag allzusehr vorzugreifen, kann deshalb die in seinem Titel gestellte Frage, ob PEARL noch aktuell ist, nur uneingeschränkt bejaht werden. Nichtsdestoweniger sollte man es natürlich weiterentwickeln, denn auch PEARL ist verbesserungsfähig. Dazu habe ich übrigens bereits vor fünf Jahren einige Vorschläge gemacht. Ich kann nur hoffen, dass diese Weiterentwicklung und das anschliessende Normungsverfahren sehr rasch vonstatten gehen werden. Ende letzten Jahres wurde auch die Revision von Ada beschlossen, des einzigen Konkurrenten von PEARL auf dem Markt der verfügbaren und praxiserprobten Echtzeitprogrammiersprachen. Dieser Beschluss beruht darauf, dass man schliesslich auch in den U.S.A. erkannt hat, dass Ada gerade bzgl. der Echtzeiteigenschaften so schwach ist, dass man es kaum als Echtzeitprogrammiersprache bezeichnen kann. Mithin hat PEARL bei den nun parallel verlaufenden Weiterentwicklungsverfahren zu PEARL 90 und Ada-9X — wobei das X grössenordnungsmässig für 8 steht — die bessere Ausgangsbasis. Das wird auch durch die Existenz von Mehrrechner-PEARL unterstrichen, denn Ada unterstützt Mehrrechnerfähigkeit überhaupt nicht, obwohl es seinerzeit mit dem Anspruch angetreten ist, eine für die Programmierung verteilter Systeme geeignete Sprache zu sein. Im Vorgriff auf einen weiteren Vortrag dieser Tagung lässt sich also auch die Frage 'Mehrrechner-PEARL — Ein Wegweiser zu Multiprozessor-Ada?' mit ja beantworten.

Zusammenfassend möchte ich dazu aufrufen, möglichst schnell eine neue PEARL-Norm zu erarbeiten und zu verabschieden, die ohne Beeinträchtigung der leichten Verständlichkeit von PEARL die Vorhersehbarkeit des Systemverhaltens, die Sicherheit der Software und speicherprogrammierbare Steuerungen unterstützen und bei der Definition neuer Sprachmittel die neuesten Ergebnisse der Informatik-Forschung berücksichtigen sollte, um die mit PEARL errungene Führungsposition zu festigen und weiter auszubauen. Danach gilt es, PEARL weltweit aggressiv zu vermarkten, wobei eher politische als technische Schwierigkeiten zu überwinden sein werden.

Ist PEARL noch aktuell ?

Erwin Kneuer und Hans Windauer
Werum Datenverarbeitungssysteme GmbH, Lüneburg

1. Die Schwerpunkte von PEARL

Die PEARL-Idee

PEARL steht für "Process and Experiment Automation Realtime Language". Die Idee seiner Erfinder war, rechnerunabhängige Datenstrukturen und Anweisungen nicht nur - wie bei Fortran oder Pascal - für die algorithmischen Teile und die Standard-E/A, sondern auch für Multi-Tasking, Synchronisation und Prozeß-E/A bereitzustellen:

- o **WHEN** Leer **ACTIVATE** Fuellen ;
- o **AT** 10:0:0 **CONTINUE** Protokoll ;
- o **ALL** 5 SEC **ACTIVATE** Messung ;
- o **WHEN** Fertig **RESUME** ;
- o **REQUEST** Foerderstrecke (i) ;
- o **SEND** Links **TO** Weiche (i);

Auf diese Art und Weise sollten auch Echtzeit-Programme die von anderen, strukturierten höheren Programmiersprachen bekannten Vorteile erwerben können: Transparenz, Strukturierbarkeit, Zuverlässigkeit, Wartbarkeit, Änderbarkeit und vor allem Portabilität.

Die erste genormte Echtzeit-Betriebssystemschnittstelle

Die Einführung rechnerunabhängiger Datenstrukturen und Anweisungen für Multi-Tasking und Prozeß-E/A setzte die Definition einer einheitlichen, virtuellen Echtzeit-Betriebssystemschnittstelle voraus. Sich hierauf in tragfähiger Basis zu einigen, war die zeitraubendste Schwierigkeit des PEARL-Sprachdefinitionsausschusses, dem Vertreter deutscher Hersteller und Software-Häuser sowie Forschungs- und Universitätsinstitute angehörten. Der Ausschuß arbeitete seit 1972 als Unterausschuß des A 4.2 "Echtzeitprogrammierung" der VDI/VDE-GMR. Sein Ergebnis wurde von dem DIN-Unterausschuß 5.8.1 zum Normentwurf überarbeitet. In den Jahren 1981/82 war es dann soweit: Unter der Nummer DIN 66253 wurde PEARL zur ersten höheren Programmiersprache mit genormten Sprachelementen für Multi-Tasking, Synchronisation und Prozeß-E/A, d.h. mit einer genormten, virtuellen Echtzeit-Betriebssystemschnittstelle.

Programmierung von Multiprozessor- und verteilten Systemen

Bereits in den ersten industriellen Projekten wurde PEARL auch in *verteilten Rechnersystemen* eingesetzt. Die daraus gewonnenen Erfahrungen führten zur Definition von Spracherweiterungen für die Programmierung der Konfiguration, Kommunikation, Synchronisation und Fehlertoleranz in Multiprozessor- und verteilten Systemen. Diese Definition wurde 1989 unter dem Titel "Mehrrechner-PEARL" als Ergänzung zur DIN 66253 genormt [DIN 89].

Auch hier ist PEARL wieder Vorreiter zur Lösung höchst aktueller Aufgaben.

Der vollständige Sprachumfang von PEARL ist in verschiedenen Büchern beschrieben [Brinkkötter 82, Frevert 87, Kappatsch 79, Werum 89].

2. Erfahrungen und Verbreitung

Seit seiner Normung ist PEARL von Herstellern, System- und Software-Häusern, aber auch von Anwendern selbst in *mehreren hundert Automatisierungsprojekten* erfolgreich eingesetzt worden. (Der PEARL-Verein führt eine Referenzliste.) Auf den alljährlichen PEARL-Tagungen wurden immer wieder folgende *Erfahrungen* betont:

- PEARL merkt man an, daß es *von Ingenieuren für Ingenieure* entwickelt worden ist: Seine Echtzeit-Sprachelemente sind wirklich *problemorientiert* und erleichtern die Programmierung von Echtzeit-Aufgaben.

- Der Aufbau eines PEARL-Programms aus getrennt übersetzbaren Moduln ermöglicht die *schrittweise Konstruktion komplexer Programmsysteme* und erleichtert die Abstimmung zwischen Mitgliedern eines Projektteams. Beides sind notwendige Voraussetzungen für die erfolgreiche Durchführung größerer Projekte.

- PEARL-Programme sind aufgrund der Strukturierungsmöglichkeiten und der "Hygiene-Regeln" von PEARL *besser wartbar und erweiterbar* als vergleichbare C- oder Fortran-Programme.

- Aufgrund der genormten Echtzeit-Betriebssystemschnittstelle sind in PEARL geschriebene *Echtzeit*-Programme weitaus *portabler* als äquivalente C-, Fortran- oder Pascal-Programme [Kneuer 88, Landwehr 84].

- Die Unabhängigkeit der externen Schnittstellen vom eigentlichen Programmcode ermöglicht die Simulation von Prozeßperipherie, was die Aussagefähigkeit von Offline-Tests wesentlich erhöht [Hilleringhaus 83].

Nach ersten Schwierigkeiten, die umfangreiche und komfortable Sprache PEARL mit ihrer virtuellen Echtzeit-Betriebssystemschnittstelle in den 64 K-Adreßräumen der 16-Bit-Rechner effizient zu implementieren, ist PEARL heute für eine Vielzahl von Rechnern und Betriebssystemen verfügbar, die bei der Automatisierung technischer Prozesse sowie in Forschung und Lehre eingesetzt werden. Die folgenden Tabellen geben einen Überblick:

Rechenanlagen, die für die PEARL-Übersetzer und Ausführungssysteme verfügbar sind

Rechenanlage	**Betriebssystem**	**PEARL-Anbieter** *)
Apollo DN-3000-Serie	AEGIS (UNIX)	Werum
Atari ST-Serie	RTOS-UH	Verlag Heinz Heise
ATM 80-Serie	MV502	ATM
BDE	RTOS-UH	gefec
Cadmus-Serie	MUNIX (UNIX)	PCS/Werum
Commodore Amiga-Serie	RTOS-UH	Verlag Heinz Heise
c't 68000 GWK	RTOS-UH	GWK
DORSCH VME/Eurobus	RTOS-UH	IEP
Eltec V-Serie	RTOS-UH	esd
EMS VME-Serie	RTOS-UH	esd, IEP
esd 68000-Serie	RTOS-UH	esd
Force VME-Serie	RTOS-UH	esd
GWK VME 68K	RTOS-UH	GWK
HP 9000-Serie	HP-UX	Werum
IBM PC AT oder PS/2	MS-DOS 3.x	Werum
IBM PC AT oder PS/2	OS/2	Werum
IBM PC XT oder AT	MS-DOS/PORTOS	GPP
IBM 4300-Serie	CMS	Werum
Intel 120, 320	iRMX286	Werum
Intel iSBC	iRMX286	Werum
Intel iSBC	iRMX/PORTOS	GPP
KAE EPR-Serie	MOS	Krupp Atlas Elektronik
KAE SDR-Serie	MOS	Krupp Atlas Elektronik
KAE MPR-Serie 1300/2300	MOS	Krupp Atlas Elektronik
Microsys VME	RTOS-UH	IEP
Motorola MVME-Serie	RTOS-UH	esd, Uni Hannover
Motorola 68000	VERSAdos	Werum
oettle & reichler	RTOS-UH	IEP
PDM AT	MS-DOS/PORTOS	GPP
PDP11	RSX11	GPP
PEARL Engine 68000	MUNIX/BAPAS-K	PCS/Werum
PEP VME/Eurobus	RTOS-UH	IEP
RADSTONE	RTOS-UH	esd
ROBCON VME-Serie	RTOS-UH	esd
Sicomp PC 16-20	FlexOS	Siemens/Werum
Sicomp PC 16-20	MS-DOS	Werum
Sicomp PC 16-20	MS-DOS/PORTOS	GPP
Sicomp PC 16-20	iRMX/PORTOS	GPP
Sicomp PC 32-Serie	FlexOS	Siemens/Werum
Sicomp PC 32-Serie	OS/2	Werum
Sicomp WS 30	AEGIS (UNIX)	Werum
Sicomp M-Serie	ORG M	Siemens, Werum
Sicomp SX	SORIX (UNIX)	Werum
Siemens 7000-Serie	BS 2000	Werum
Sun 3-, 4-Serie	SunOS (UNIX)	Werum
VAX-Serie	VMS	Werum

*) Adressen und Information beim PEARL-Verein

Beachtenswert ist, daß PEARL auch schon auf neuesten Betriebssystemen wie OS/2 von IBM und SORIX, einem echtzeitfähigen UNIX von Siemens, implementiert ist.

Außerdem stehen auf verschiedenen Rechenanlagen (Host-Rechner) PEARL-Cross-Compiler für folgende Zielprozessoren (auch kundenspezifische Hardware) zur Verfügung:

PEARL-Cross-Compiler

Zielrechner	Betriebssystem	PEARL-Anbieter *)
Cadmus AS	RTK	PCS/Werum
Intel 8086/80286	PORTOS	GPP
Intel 8086/80x86	IRMX86, IRMX286	Werum
MC 68000	PBS/CPM68K	Regionales Rechenzentrum der Uni Erlangen-Nürnberg
MC 680xx	VERSAdos BAPAS-K	Werum
MC 680xx	RTOS-UH	esd, IEP
Zilog Z 8000	BAPAS-K	Werum

*) Adressen und Information beim PEARL-Verein

3. Grafik - von PEARL aus nutzbar ?

Moderne Automatisierungssysteme zur Überwachung und Steuerung technischer Prozesse arbeiten mit grafischen Beobachtungs- und Bedienoberflächen: Das aktuelle Geschehen wird online in farbigen Fließbildern und Kurven dargestellt.

Wie alle anderen universellen Programmiersprachen besitzt leider auch PEARL keine Sprachelemente für eine system-unabhängige Ansprache von Grafiksystemen. Die PEARL-Compiler von z.B. Krupp-Atlas, Uni Hannover und Werum verfügen jedoch über multi-tasking-fähige Call-Schnittstellen zu Grafiksystemen. Werum hat sogar einen Grafik-Editor vollständig in PEARL realisiert, der auf der GEM-VDI-Schnittstelle aufsetzt und in Werums Prozeßleitsystem PAS-PLS benutzt wird, das übrigens ebenfalls hoch portabel in PEARL programmiert ist [Kneuer 88, Schwartze 88].

4. Datenbanksysteme - verfügbar für PEARL ?

Echtzeit-Anwendungen erfordern Datenbanksysteme, die besonderen Anforderungen hinsichtlich Schnelligkeit, Multi-Tasking-Zugriff, Flexibilität, Ausfallsicherheit und Verteilbarkeit genügen [Landwehr 88, Tristram 87]. Für ihre Rechnerserien EPR und MPR bietet die Firma Krupp-Atlas-Elektronik ein Echtzeit-Datenbanksystem an, das insbesondere für PEARL verfügbar ist.

Werum hat sein portables Echtzeit-Datenbanksystem BAPAS-DB vollständig in PEARL realisiert, wodurch es höchst effizient ohne Einschränkung des Echtzeit-Verhaltens durch PEARL-Programme benutzbar ist. Vor kurzem hat Werum einen SQL-Precompiler für PEARL angekündigt, der ANSI-SQL-Kommandos, die in PEARL-Programmen stehen, in entsprechende Prozeduraufrufe für BAPAS-DB übersetzt.

5. Speicherprogrammierbare Steuerungen - an PEARL anschließbar ?

Lokale Steuerungs- und Regelungsaufgaben werden zunehmend von preiswerten speicherprogrammierbaren Steuerungen (SPS) übernommen, die seriell oder über LAN (z.B. SINEC H1) mit übergeordneten Rechnersystemen kommunizieren. Sofern deren Betriebssysteme Treiber oder Kommunikationsprotokolle für die Ansprache der SPSen enthalten, sind diese kurzfristig an PEARL-Systeme anschließbar. Dies ist u.a. für folgende Betriebssysteme und SPSen bereits erfolgt:

An PEARL angeschlossene speicherprogrammierbare Steuerungen

Betriebssystem	SPS
DEC VMS	Simatic S5
Digital Research FlexOS	Simatic S5
IBM OS/2	Gould Modicon Simatic S5
Siemens ORG-M	Simatic S5

In diesem Zusammenhang dürfte interessieren, daß Werum anläßlich der INTERKAMA '89 den Anschluß von PEARL an einen Bitbus über VAX/VMS vorstellte.

6. Computer Aided Manufacturing (CAM) - was bietet PEARL dazu ?

Die Fabriken sind auf dem Weg zu CIM (Computer Integrated Manufacturing). Unter dem Aspekt "Echtzeit" ist dabei vor allem der Teilbereich CAM (Computer Aided Manufacturing) interessant, charakterisiert durch:

- Automatisierte flexible Fertigungszellen
- Hierarchisch strukturierte Automatisierungsebenen
- Integration von Fertigungszellen innerhalb einer Ebene und mit den übergeordneten Ebenen bis hin zur Produktionsplanung durch LANs (Local Area Networks) mit Kommunikations- und Datenbank-Servern.

Im allgemeinen werden dabei auf unterschiedlichen Ebenen *verschiedene* Rechenanlagen mit *verschiedenen* Betriebssystemen eingesetzt:

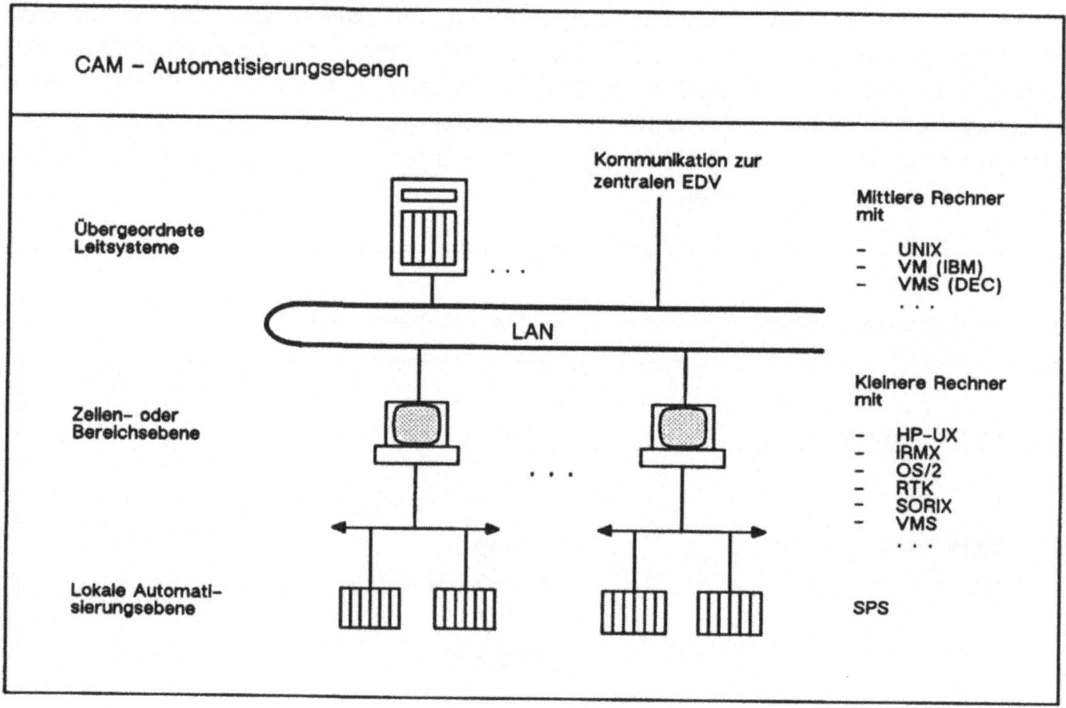

Gerade in solchen *heterogenen* Umgebungen hilft die Portabilität von PEARL:

- Die Systemplaner können herstellerunabhängig die für sie optimale Rechner- und (Multi-Tasking-) Betriebssystemlösung wählen.
- Es gibt in PEARL realisierte und daher *portable* Softwarepakete für
  - Erfassung, Visualisierung und Archivierung von Prozeß- und Produktionsdaten
  - Überwachung und Steuerung von Fertigungszellen
  - Datenbank-Server im LAN mit Anschluß an Kommunikationsserver
  - Instandhaltung
  - Qualitätssicherung
- Neue anwendungsspezifische Software wird weitgehend unabhängig von speziellen Rechnern und (Multi-Tasking-) Betriebssystemen portabel erstellt. Dies sichert die zumeist erheblichen Investitionen für die in wenigen Jahren anstehenden Erneuerungen der Rechnersysteme.

7. UNIX und Echtzeit - hilft PEARL dabei ?

Entwicklung unter UNIX - Ausführung unter Echtzeit-Betriebssystem

Bereits weit verbreitet ist die Entwicklung von Echtzeit-Software auf einem Entwicklungssystem unter UNIX und die Ausführung der Software auf einem Echtzeitsystem unter einem Echtzeit-Betriebssystem [Färber 86], wobei Entwicklungs- und Echtzeitsystem durch verschiedene Boards an einem internen Bus oder durch verschiedene Rechenanlagen an einem LAN realisiert sind. Beispiele hierfür sind:

- Entwicklungssystem : PCS Cadmus 9.xxx mit MUNIX
  Echtzeitsystem: PCS Cadmus AS mit RTK
  Kopplung: Ethernet

- Entwicklungssystem : KAE MPR 2300 mit UNIX
  Echtzeitsystem: KAE MPR 2300 mit MOS
  Kopplung: VME-Bus

Für beide Systeme stehen PEARL-Programmiersysteme zur Verfügung.

Entwicklung und Ausführung unter UNIX mit Echtzeit-Erweiterungen

Seit geraumer Zeit arbeiten jedoch verschiedene Firmen daran, UNIX selbst echtzeitfähig zu machen und ausführen zu können [Färber 86]. Zwei Hersteller bieten inzwischen solche Systeme an:

- Hewlett-Packard 9000-8xx mit HP-UX
- Siemens Sicomp SX mit SORIX

Auch diese echtzeitfähigen UNIX-Systeme können bereits in PEARL programmiert werden.

UNIX und Portabilität

Mit der Verbreitung von UNIX hat sich die Programmiersprache C durchgesetzt. Seither meinen viele Leute, C biete eine hohe Portabilität. Sie haben recht, solange es sich um sequentielle Programme oder auch um Multi-Tasking-Programme handelt, die nur UNIX-Dienste gemäß dem X/OPEN Portability Guide [X/OPEN 87] benutzen und nur auf UNIX-Rechnern laufen sollen. Sie haben jedoch unrecht, sobald in diesen Programmen die speziellen Echtzeit-Eigenschaften der betreffenden Betriebssysteme benutzt werden - z.B. die Echtzeit-Funktionen von HP-UX oder SORIX, die außerhalb der UNIX-Schnittstellen nach X/OPEN liegen. Hier ermöglicht PEARL mit seiner vom DIN genormten Echtzeit-Betriebssystemschnittstelle zusätzliche Portabilität.

In den letzten Jahren hat das IEEE-Komitee P 1003.1 die Schnittstellen eines einheitlichen Betriebssystemkerns von UNIX, genannt POSIX, definiert, der seit 1988 allen laufenden Standardisierungsbestrebungen und auch vielen Ausschreibungen zugrunde liegt. Derzeit arbeitet das IEEE-Komitee P 1003.4 daran, einheitliche *Echtzeit*-Erweiterungen von UNIX festzulegen, d.h. eine *einheitliche Echtzeit-UNIX-Betriebssystemschnittstelle* zu definieren. Das Ergebnis wird dann auch in C geschriebene Echtzeit-Programme portabler machen - allerdings nur innerhalb der UNIX-Welt. Echtzeit-Programme in PEARL zu erstellen wird auch unter Portabilitätsgesichtspunkten immer noch sinnvoll sein, um diese Programme einfach auch auf IBM OS/2-, Intel iRMX-, VAX/VMS- oder andere Betriebssysteme portieren zu können.

8. CASE ist im Vormarsch - an PEARL vorbei ?

Moderne Software-Engineering-Methoden und Werkzeuge werden von vielen Herstellern und Softwarehäusern angeboten und zunehmend in Projekten eingesetzt. Fast alle dieser Methoden und Werkzeuge sind sprachunabhängig, d.h. auch für die Entwicklung von PEARL-Programmen verwendbar.

Darüberhinaus haben die Firmen 2i Informatics und Werum sowie das Fraunhofer-Institut IITB eine Entwicklungsumgebung für Automatisierungssysteme entwickelt [Bähre 89], die die speziellen Echtzeitmöglichkeiten von PEARL berücksichtigt und von der Phase Requirement Analysis (mittels LARS/SARS) über Simulation (mittels IGS) bis hin zur Implementierung (mittels PEARL) reicht unter zeitlich paralleler Versions-, Schnittstellen- und Konfigurationskontrolle (mittels VICO).

9. Neue Rechnerarchitekturen kommen - mit PEARL ?

Die Hersteller neuer Rechner und Betriebssysteme bringen aktuelle Compiler nur für die international weit verbreiteten Programmiersprachen wie C, Cobol, Fortran oder Pascal heraus. Dazu zählt PEARL nicht. Kann PEARL dann überhaupt mit der rasanten hardware- und softwaretechnologischen Entwicklung mithalten, d.h. wird es für neue Rechner und Betriebssysteme auch PEARL-Compiler geben ?

Nun, die vorigen Abschnitte zeigen, daß PEARL heute für aktuelle Architekturen und Betriebssysteme verfügbar ist. Beispiele sind die RISC-Rechner HP 9000-8xx und Sicomp SX oder die Betriebssysteme OS/2 und SORIX. Dieses Schritthalten ist möglich, weil für PEARL hochportable Compiler (Übersetzer und Ausführungssystem) existieren, die mit wirtschaftlich vertretbarem Aufwand auf die neuen Rechner und Betriebssysteme portiert werden können.

Zum Beispiel liegt das gesamte portable PEARL-Programmiersystem von Werum (Übersetzer, Ausführungssystem mit Schnittstellen zu Ziel-Systemen, Debugger) in der Sprache C vor; zudem kann der Übersetzer PEARL-Programme in C übersetzen. Bei neuen Rechnern, die über einen C-Compiler verfügen, reduziert sich dadurch der Portierungsaufwand für das PEARL-Programmiersystem auf Übersetzungsvorgänge und das Schließen der Schnittstellen des Ausführungssystems. (Das ist die jeweilige Realisierung der einheitlichen Echtzeit-Betriebssystemschnittstelle.) Dieser Aufwand liegt erfahrungsgemäß bei höchstens sechs Mannmonaten.

Das ist eine gute, berechenbare Basis, um die in PEARL-Programmen getätigten Investitionen auch für künftige, neue Rechnerarchitekturen zu sichern.

10. Wie stehen die Hochschulen zu PEARL ?

Wie schon erwähnt, wurde PEARL von Ingenieuren für Ingenieure geschaffen. Informatik-Lehrstühle waren (leider) nicht beteiligt. Vielleicht liegt hierin der Grund, weshalb PEARL nur an wenigen Universitäten gelehrt wird (Bremen, Erlangen, Hamburg, Hannover,

Stuttgart). Umso erfreulicher ist die Verbreitung von PEARL an Fachhochschulen: In Augsburg, Berlin, Bielefeld, Bremen, Darmstadt, Gießen, Kaiserslautern, Kempten, Nürnberg, Paderborn, Reutlingen, Wiesbaden werden Studenten in PEARL ausgebildet.

Im Hinblick auf das Thema "Ist PEARL noch aktuell ?" ist besonders hervorzuheben, daß 10 dieser Hochschulen erst in den letzten zwei Jahren begonnen haben, mit PEARL zu arbeiten.

11. Die Rolle des PEARL-Vereins

Zur zentralen Koordinierung der PEARL-Aktivitäten wurde der PEARL-Verein gegründet. Er unterstützt die Einführung und Verbreitung von PEARL durch ein vielfältiges und umfassendes Angebot von Informationen über die Sprache. Darüberhinaus hat sich der Verein die Gewährleistung der Einheitlichkeit der Sprache und ihrer Compiler zum Ziel gesetzt, fördert das Sammeln und Austauschen von Anwendererfahrungen, bietet Beratung für Hersteller und Anwender und erteilt Auskünfte an alle PEARL-Interessenten. Der PEARL-Verein unterstützt die Verbreitung der Sprache weiterhin durch Ausbildungsmaßnahmen, durch Pressearbeit und durch Informationsveranstaltungen. Durch seine Ausschüsse sorgt der PEARL-Verein für eine aus Anwendungserfahrungen abgeleitete Weiterentwicklung der Sprache.

12. PEARL 90

Aktuelles Ergebnis der Arbeiten des PEARL-Vereins ist die Definition von *PEARL 90*, der Zusammenführung der 3 Teile der DIN 66253 auf Basis der 10-jährigen Anwendungserfahrungen und unter Berücksichtigung moderner Anforderungen an Echtzeit-Programmiersprachen. PEARL 90 wird an anderer Stelle in diesem Tagungsband vorgestellt [Stieger 89]; es ist - zusammen mit den laufenden Industrieprojekten auf neuesten Rechnern und dem wachsenden Interesse für PEARL an Fachhochschulen - der beste Indikator dafür, daß PEARL aktuell ist und auch noch in nächster Zukunft aktuell sein wird.

Literatur

[Bähre 89]
Bähre, R.; Koch, G.R.; Subel, H.-P.: SARS-IGS-VICO, eine Entwicklungsumgebung für Automatisierungssysteme. Erscheint in: Kongreßbericht zur INTERKAMA, Düsseldorf 1989.

[Brinkkötter 82]
Brinkkötter, H.; Nagel, K.; Rebensburg, K.: Systematisches Programmieren mit PEARL. Akad. Verlagsgesellschaft, Wiesbaden 1982.

[DIN 82]
DIN 66253, Teil 2: Programmiersprache PEARL. Full PEARL. Beuth Verlag, Berlin 1982.

[DIN 89]
DIN 66253, Teil 3: Programmiersprache PEARL. Mehrrechner PEARL. Beuth Verlag, Berlin 1989.

[Färber 86]
Färber, G.: Unix- und Realzeit-Anwendungen. In: Tagungsband "PEARL 86, Boppard, 4. und 5.12.86", S. 9 - 25, Hrsg.: PEARL-Verein e.V., Geschäftsstelle München.

[Frevert 87]
Frevert, L.: Echtzeit-Praxis mit PEARL. Teubner, Stuttgart 1987.

[Geidies 85]
Geidies, J.: Einsatz des offenen Echtzeit-Datenbanksystems BAPAS-DB in einer industriellen Anwendung mit hohen Datenraten. Tagungsband "Echtzeitsysteme", 05. und 06.12.85, Boppard, S. 49 - 54. Hrsg.: PEARL-Verein.

[Hilleringhaus 83]
Hilleringhaus, H.; Wulf, J.; Hahn, W.; Kurz, A.: PEARL-Einsatz in einem großen Rechnerverbundsystem unter Berücksichtigung hoher Systemverfügbarkeit. Tagungsband zur PEARL-Tagung '83, 10. und 11.11.83, Düsseldorf, S. 34 - 46. Hrsg.: PEARL-Verein.

[Kappatsch 79]
Kappatsch, A.; Mittendorf, H.; Rieder, P.: PEARL. Systematische Darstellung für den Anwender. Oldenbourg, München 1979.

[Kneuer 88]
Kneuer, E.: Erfahrungen mit der Portierung eines Prozeßleitsystems. Tagungsband zur PEARL-Tagung '88, 1. und 2.12.88, Boppard, S. 109 - 118. Hrsg.: PEARL-Verein.

[Landwehr 84]
Landwehr, K.; Friedrich, J.; Stumm, G.: Erfahrungen bei der Portierung eines großen PEARL-Programms. Tagungsband PEARL '84, 06. und 07.12.84, Düsseldorf, 46 - 51. Hrsg.: PEARL-Verein.

[Landwehr 88]
Landwehr, K.: Ein n-Server-m-Klienten Echtzeit-Datenbanksystem in IBM PS/2-Netzen. In: Markt & Technik (Hrsg.): Personal-Realtime-Computing '88, München 1988, S. 71 - 78.

[Schwartze 88]
Schwartze, S.: PAS-PLS: Offenes Prozeßleitsystem für industriefähige Personalcomputer. In: Markt & Technik (Hrsg.): Personal-Realtime-Computing '88, München 1988, S. 159 - 166.

[Stieger 89]
Stieger, K.: PEARL 90 - Weiterentwicklung von PEARL. Erscheint in diesem Tagungsband.

[Tristram 87]
Tristram V.H.; Blumenthal, R.: Ein Datenbankserver im LAN. IBM Deutschland GmbH, CIM Kundenzentrum München, November 1987.

[Werum 89]
Werum, W.; Windauer, H.:
Introduction to PEARL. Vieweg 1989, 4. Auflage.

[X/OPEN 87]
X/OPEN Portability Guide. Vol. 1 - 5. Elsevier Science, Amsterdam 1987.

Anschrift der Autoren:

Dipl.-Inform. Erwin Kneuer
Dr. Hans Windauer
Werum Datenverarbeitungssysteme GmbH
Erbstorfer Landstraße 14
2120 Lüneburg
Telefon: 04131/89000

Bewertung von Polling-Verfahren in realzeitkritischen Fertigungsumgebungen

Martine Schümmer
RWTH Aachen, Lehrstuhl Informatik IV
Ahornstr. 55, 5100 Aachen
Tel: 0241-804521
email: unido!rwthinf!martine

Zusammenfassung
Weite Bereiche der Fertigung können heute schon mit offenen Kommunikationssystemen im Sinne der integrierten Fertigung verbunden werden. Ausgespart wurde bisher nur die Sensor-/Aktorebene, in der bis heute die 20 mA Technik vorherrscht. Die digitalen, seriellen Feldbussysteme sollen diese Technik ersetzen.

In diesem Artikel werden zunächst die verschiedenen Konzepte von Feldbussystemen vorgestellt und ihr Stand in dem internationalen Standardisierungskarussel erläutert. Es zeichnet sich derzeit ab, daß einer verteilten Medienzugangskontrolle trotz der realzeitkritischen Einsatzumgebungen von Feldbussystemen der Vorzug gegenüber zentral gesteuerten Systemen gegeben wird. Daher beschäftigt sich der zweite Teil dieser Arbeit mit der analytischen und simulativen Bewertung der Token Passing Medienzugangsprotokolle der Systeme PROWAY C und PROFIBUS. Weiterhin wird ein Simulationsmodell für Feldbussysteme, das die gesamte Architektur der Systeme berücksichtigt, vorgestellt.

1. Einleitung

Digitale Informationsübertragung findet man heute in weiten Bereichen der Fertigungsumgebung. Die bekanntesten Übertragungssysteme der höheren Hierarchieebenen (z.B. der Betriebsebene) sind TOP und MAP, an die i.a. keine Realzeitbedingungen gestellt werden (siehe Bild 1.1). Fertigungsnahe Datenübertragungssysteme hingegen unterliegen insbesondere auf der Sensor-/Aktorebene (der niedrigsten Automatisierungsebene) harten Zeitanforderungen. So soll etwa die maximale Medienzugangszeit weniger als 10 ms betragen. Nur wenn diese Bedingungen von den digitalen Übertragungssystemen dieser Ebene, den Feldbussen, geleistet werden können, werden sie sich gegenüber der analogen Meßwerterfassung und -verarbeitung in der System- und Prozeßebene durchsetzen. Vorteile wie Meßwertkorrektur und -linearisierung, niedrigere Installationskosten und Integration in ein CIM-Konzept könnten mit standardisierten Feldbussystemen genutzt werden.

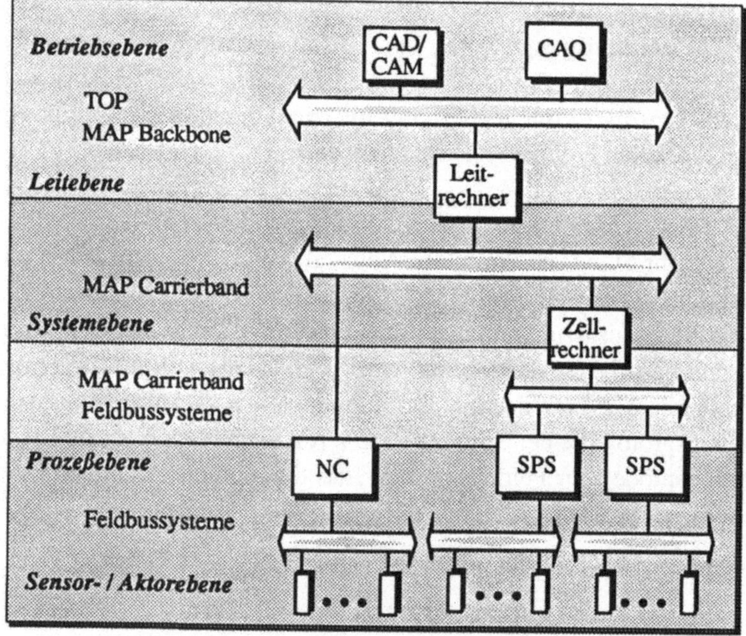

Bild 1.1: Kommunikationssysteme in den Ebenen der Fertigung

Mit der Feldbusstandardisierung beschäftigen sich auf nationaler und internationaler Ebene Gremien von ISA (Instrumentation Society of America), IEC und DIN. Die wichtigsten und am meisten diskutierten Lösungskonzepte sind der in militärischer Umgebung bereits erfolgreich getestete MIL-STD-1553, der von Intels Kontroll- und Monitorsystem abgeleitete BITBUS, der Französische FIP, der Deutsche PROFIBUS /DIN88a/ und der MAP-ähnliche PROWAY /DIN85/ /SACK87/. Bild 1.2 zeigt welche nationalen Vorschläge in die internationalen Standardisierungsbemühungen einfließen und in welche europäischen Forschungsprojekte sie eingehen /HEI89/.

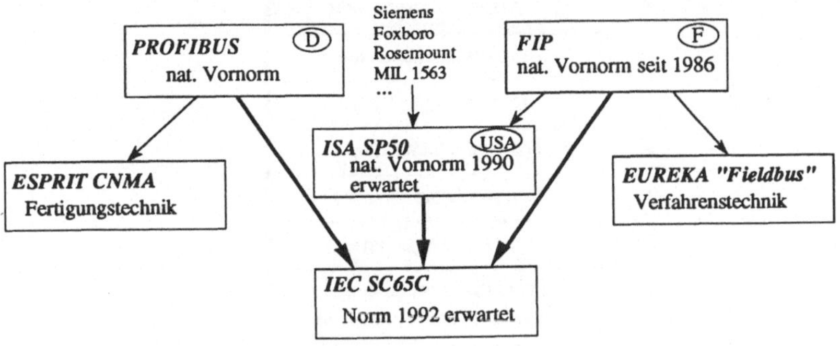

Bild 1.2: Normungsbestrebungen für Feldbussysteme

Im folgenden werden zunächst die allgemeinen Feldbus-Mechanismen vorgestellt und diskutiert. Danach soll auf die Bewertung der verschiedenen Feldbussysteme eingegangen werden. Dies kann nur ansatzweise mit mathematischen Analysen erfolgen, da hierbei Timer-Mechanismen und die Verwendung von Prioritäten nicht berücksichtigt werden können. In Kapitel 3 soll kurz auf die Möglichkeiten der Mittelwertanalyse mit Hilfe von Warteschlangenmodellen eingegangen werden, bevor in Kapitel 4 ein Simulationsmodell für Feldbussysteme vorgestellt wird. Simulationen bieten im Gegensatz zu mathematischen Analysen die Möglichkeit, Kommunikationssysteme innerhalb konkreter Anwendungsszenarien zu bewerten. Außerdem können hier alle Ebenen der Feldbusarchitektur berücksichtigt werden, während mathematische Analysen hauptsächlich auf die Bewertung von Medienzugangsprotokollen beschränkt sind.

2. Feldbusarchitektur

Die Feldumgebung stellt hohe Ansprüche an die Realzeitfähigkeiten eines Kommunikationssystems, wodurch der Einsatz von üblichen Kommunikationssystemen (Ethernet, MAP) hier nicht in Betracht gezogen werden kann. Insbesondere die Tatsache, daß oft eine große Anzahl einfacher Sensoren und Aktoren (wie z.B. Temperaturfühler, Servoantriebe und Regler) angeschlossen werden, diese in regelmäßigen Zeitabständen abgefragt werden müssen, schließt die Verwendung von Netzwerkarchitekturen, die alle Ebenen des ISO/OSI-Referenz-Modell vorsehen, aus. Feldbussysteme sehen nur die Ebenen 1, 2 und 7 der Sieben-Ebenen-Architektur von ISO/OSI (Bild 2.1) vor.

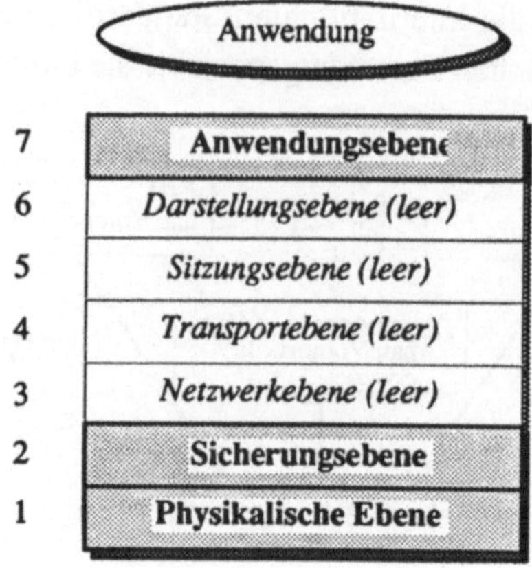

Bild 2.1: Feldbusarchitektur

Die Funktionalität der Darstellungs-, Sitzungs-, Transport- und Netzwerkebene wird häufig durch spezielle Schnittstellen oder durch die verbleibenden Ebenen übernommen. So wird die End-End-Kontrolle oftmals durch entsprechende Mechanismen der Sicherungsebene gewährleistet. Die Netzwerkebene beispielsweise kann in der betrachteten Umgebung entfallen, da realzeitkritische Daten i.a. nicht über Netzwerkhierarchien hinweg übertragen werden. Im übrigen wiegen die Vorteile dieser vier Ebenen nicht den Protokolloverhead auf, der durch diese vier Ebenen verursacht wird.

2.1 Topologie

Durch die Tatsache, daß auch die Sensorik sich in den letzten Jahren an die Mikroelektronik angepaßt hat und neben den analogen auch digitale Verarbeitungseinheiten verwendet, bietet sich die digitale serielle Übertragungstechnik der Lokalen Netzwerke für die Kontrolle in der Fertigungsumgebung an. Insbesondere Bussysteme oder Bushierarchien sind für diese Aufgabe prädestiniert. Sie garantieren eine einfache und kostengünstige Ankopplung von Stationen und umgehen die Nachteile von Stern- und Ringsystemen, die sich durch eine hohe Anfälligkeit bei Mediums- bzw. Stationsausfall auszeichnen.

Um die Installationskosten niedrig zu halten, werden verdrillte Kabel oder Koaxialkabel als Übertragungsmedium verwendet. Lichtwellenleiter, die wegen ihrer Robustheit gegenüber elektromagnetischen Störungen optimal für die Fertigungsumgebung sind, werden von den internationalen Standardisierungsgremien als Option vorgesehen. Medienlängen von bis zu mehreren Kilometern sollen unterstützt werden. Datenraten werden nicht eindeutig vorgeschrieben (0,375 kBit/s - 3 MBit/s).

2.2 Medienzugangsprotokolle

Die hohen Anforderungen der Fertigungsumgebung erfordern den Einsatz adäquater Medienzugangsprotokolle. Oftmals erfolgt die Bussteuerung zentral mit Hilfe einer speziellen Station, die das Übertragungsrecht kurzfristig an andere Stationen abgeben kann. Neuere Vorschläge bevorzugen jedoch dezentrale Medienzugangssteuerungen, um einen Multimasterbetrieb zur flexiblen Fertigung zu erlauben und den Nachteilen der zentralen Steuerung entgegenzuwirken.

Zentrale Bussteuerung

Für die Fälle, in denen zur Konfigurationzeit des Kommunikationssystems bekannt ist, welche Abfragen zu welchen Zeitpunkten zu erfolgen haben, bietet es sich an die Bussteuerung zentral zu organisieren. Durch diese Technik läßt sich der Protokolloverhead auf Kosten der Flexibilität minimalisieren. Um die Funktionalität des Gesamtsystems auch beim Ausfall der zentralen Bussteuerung zu gewährleisten, müssen die Funktionen der Buskontrolle redundant in einer zweiten Station vorhanden sein. Weiterhin müssen die übrigen Stationen in der Lage sein, einen Ausfall der zentralen Bussteuereinheit zu erkennen. Dies wird häufig durch eine Monitor-Station gewährleistet, die dann im Fehlerfall auch die Buszugriffssteuerung übernimmt (FIP, MIL-STD 1553B).

Ein weiterer Schritt zur Flexiblisierung des Kommunikationssystems ist die Möglichkeit die Buskontrolle von einer primären Station an eine sekundäre Station weiterzugeben (PDV-Bus /DIN85/). Die Buskontrolle wechselt hier nicht nur im Fehlerfall zu einer anderen Station, sondern kann von den sekundären Stationen angefordert werden. Diese Stationen behalten die Medienzugriffskontrolle jedoch nur für eine von der zentralen Bussteuerung vorgegebene Zeitspanne.

Dezentrale Bussteuerung

Erfahrungen mit Protokollen aus dem Bereich konventioneller Lokaler Netze haben gezeigt, daß die dort verwendeten Systeme wie CSMA/CD (ISO 802.3) und Token Ring (ISO 802.5) nur bedingt für die Fertigungsumgebung einsetzbar sind. Das Token Bus Verfahren (ISO 802.4) jedoch bietet die Möglichkeit einer Worstcase-Berechnung für den Medienzugriff und die einfache An- und Abkopplung von Stationen. Damit bietet sich dieses Konzept als Basis für dezentral gesteuerte Feldbussysteme an.

Die Kontrolle des Medienzugriffs erfolgt vollständig dezentral durch ein kreisendes Token. Ein Token ist ein spezielles Bitmuster, das von einer Station zu ihrer Nachfolgestation weitergereicht wird. Das Token folgt dabei einem logischen Ring. Sendewillige Stationen müssen ihre Übertragungen zurückhalten bis durch die Tokenankunft das Senderecht auf die jeweilige Station übergeht. Solange eine Station Nachrichten überträgt, behält sie das Token und gibt es erst an die Nachfolgestation weiter, wenn alle Übertragungen abgeschlossen sind bzw. wenn ihr 'Token Holding Timer' abgelaufen ist. Wie lange eine Station das Übertragungsrecht nutzen darf, hängt von der vorgegebenen 'Target Token Rotation Time' ab, welche die maximale Dauer einer Tokenrunde begrenzt. Bei Tokenankunft wird der 'Token Holding Timer' auf den Wert gesetzt, der sich aus der Differenz zwischen 'Target Token Rotation Timer' und der tatsächlich seit der letzten Tokenankunft an dieser Station verstrichenen Zeit ergibt. Dieses Verfahren bietet gegenüber dem nicht deterministischen CSMA/CD Verfahren den Vorteil, daß zumindest die maximale Dauer bis zum nächsten Medienzugriff einer Station berechenbar ist.

2.3 Dienste der LLC-Ebene

Die Schicht 2 des ISO/OSI-Referenzmodells hat die Aufgabe, einen möglichst sicheren Datentransport zwischen zwei kommunizierenden Stationen zu ermöglichen. Neben der Erkennung und Behebung von Fehlern hat diese Schicht für die Flußkontrolle zu sorgen. Die Fehlerkontrolle basiert bei Feldbussystemen ebenfalls lediglich auf Schicht 2, da die Transportschicht (Schicht 4) nicht vorgesehen ist. Die internationalen Standardisierungsgremien verlangen eine Hamming Distanz (Hamming, 1950) von 4 (Hd=4), um zumindest alle 3-Bitfehler zu erkennen und Übertragungen mit einem Bitfehler korrigieren zu können.

Feldbussysteme sehen für die LLC-Schicht eine erweiterte Klasse 3 der IEEE 802.2 Vorschläge vor. Man unterscheidet vier Dienste:

- **SDN** (Send Data with No acknowledge): unquittierte Datenübertragung.
- **SDA** (Send Data with Acknowledge): quittierte Datenübertragung.
- **RDR** (Receive Data with Reply): Anforderung einer Datenübertragung von einer Partnerstation.
- **SRD** (Send and Receive Data): Datenaustausch in beide Richtungen.

Der SDN-Dienst entspricht dabei als einziger unquittierter Dienst dem IEEE 802.2 Typ-1-Dienst. SDA ist mit dem Typ-3-Dienst vergleichbar. RDR und SRD sind eine Erweiterung des IEEE 802.2 Konzepts und erlauben auf Anforderung Datenübertragungen von der entfernten Station zu der aufrufenden, lokalen Station (Bild 2.2). Die angeforderten Daten liegen an bestimmten Speicherstellen bereit, und werden von Zeit zu Zeit aktualisiert. Trifft eine Datenanforderung an einer Station ein, bevor die Daten aktualisiert wurden, gibt die Station nur eine Fehlermeldung aus. Die drei Primitiven "request", "indication" und "confirmation" stehen für den Dienstablauf zur Verfügung.

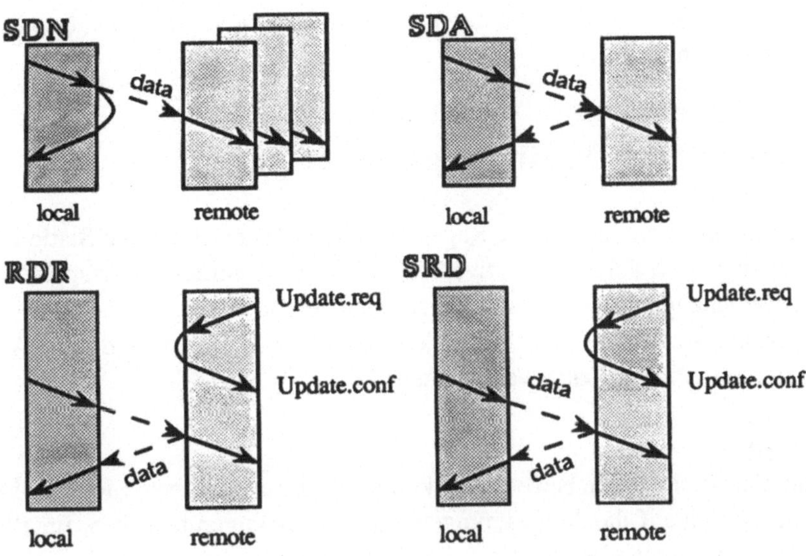

Bild 2.2: Basis LLC-Dienste für Feldbussysteme

Einige Feldbussysteme verwenden darüberhinaus zyklische Dienste, welche die Reihumabfrage von z.B. Sensoren ermöglicht. Zu nennen ist hier insbesondere der PROFIBUS, der sowohl einen zyklischen RDR- (CRDR) als auch einen zyklischen SRD-Dienst (CSRD) anbietet. Diese Dienste sind für den synchronen Teil der Datenübertragung, der hauptsächlich dem Polling dient, entwickelt worden. Mit zyklischen Diensten auf der LLC-Ebene wird die Verzögerung der Pollings durch die Anwendungsebene (Ebene 7) vermieden.

2.4 Anwendungsprotokolle und -dienste

Der EIA-Standard RS511, bekannt als ISO-Norm MMS (Manufacturing Message Specification) /MMS88/, wurde speziell als Anwendungsebene für die Fertigungsumgebung entwickelt. Das abstrakte Konzept der virtuellen Fertigungsgeräte (VMD - Virtual Manufacturing Device) gewährleistet die offene Kommunikation zwischen Geräten verschiedener Hersteller. MMS bietet dem Benutzer eine Vielzahl von Diensten an, die sowohl einfache Variablenzugriffe als auch ereignisgesteuerte Nachrichtenübertragungen erlauben. Insgesamt sind mehr als 80 Dienste vorgesehen. Um den Protokollaufwand zu minimieren, bieten Feldbussysteme oftmals nur eine Teilmenge der Funktionalität von MMS an. So hält ISA für die Anwendungsebene die Definition von Variablenzugriff- und Variablenmanagement-Diensten für ausreichend. Da MMS diese Funktionen auch anbietet, wird für die Feldbusnormierung eine Teilmenge der MMS-Dienste vorgeschlagen. Die Diskussion über den Umfang und die Art der Dienste jedoch noch nicht abgeschlossen.

Die meisten Feldbussysteme verwenden heute noch systemspezifische Anwendungsprotokolle, deren Funktionalität jedoch weitgehend einem reduzierten MMS-Protokoll entspricht. Deswegen wird im folgenden nur noch von MMS-Diensten als Dienste der Anwendungsebene ausgegangen.

3. Bewertung der Medienzugangsverfahren

Feldbussysteme unterscheiden in der Regel zwischen Master und Slave Stationen. Master Stationen zeichnen sich durch ihre aktive Teilnahme am Kommunikationsprozeß aus, d.h., daß sie das Medienzugangsrecht zumindest für eine befristete Zeit innehaben und innerhalb dieser Zeitspanne Nachrichten abschicken können. Slave Stationen sind reine Antwortstationen, die nur auf Anfrage Daten verschicken.

3.1 Metriken

Um Kommunikationssysteme bewerten zu können, müssen geeignete Metriken herangezogen werden, die sich auf die Anforderungen der Anwendungen beziehen. Im allgemeinen werden die Leistungsmaße Durchsatz, Paketverzögerungszeiten und mittlere Warteschlangenlängen für die Bewertung von LANs herangezogen. Diese Metriken gehen jedoch nicht speziell auf die Bedürfnisse von Produktionsumgebungen ein. Die Haupteigenschaft der Kommunikationsstruktur in Produktionsumgebungen ist die regelmäßige Abfrage (Polling) von Sensoren oder Aktoren, die nicht nur schnell, sondern auch rechtzeitig zu erfolgen hat. So kann es für die Produktion von entscheidender Bedeutung sein, ob ein Wert alle 10 ms in aktualisierter Form vorliegt oder nicht. Mit Hilfe der Polling Zykluszeit T_P, die als die Zeit definiert ist, die zwischen zwei aufeinanderfolgenden Polling-Starts vergeht, kann die Rechtzeitigkeit der Polling Abfragen bewertet werden.

3.2 Mittelwertanalyse

Generell unterscheidet man in der Fertigungsumgebung zwei Arten von Datenverkehr:

- synchroner Verkehr T_S und
- asynchroner Verkehr T_a.

Der synchrone Verkehr besteht hauptsächlich aus der regelmäßigen Abfrage oder Aktualisierung der Sensor- bzw. Aktorwerte. Managementinformationen werden genau wie Alarmnachrichten nicht in regelmäßigen Abständen übertragen und gehören so zum asynchronen Datenverkehr. Um beide Verkehrsarten zu berücksichtigen, ist die Busbenutzung in zwei Phasen aufgeteilt (siehe Bild 3.1).

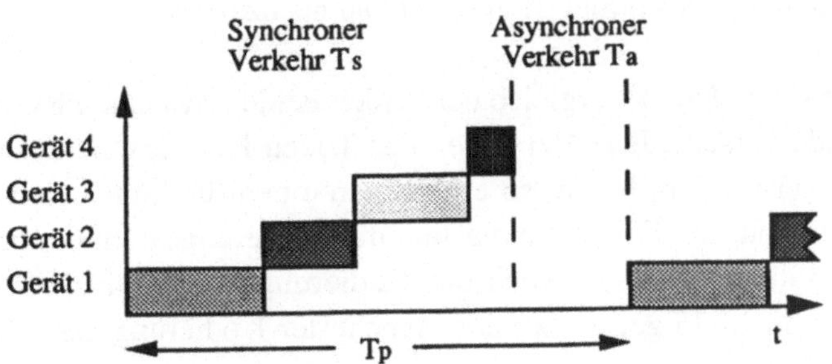

Tp : Polling Zykluszeit

Bild 3.1: Phasen eines Kontrollzyklus

Bei der Verwendung von zentral gesteuerten Buszugriffsverfahren berechnet sich die Polling Zykluszeit aus der Summe von T_s und T_a.

Für Feldbussysteme mit Token Passing Mechanismus können nur mittlere Werte für die Dauer der Phasen für den asynchronen bzw. synchronen Datenverkehr angegeben werden. Dabei läßt sich die synchrone Phase aus der mittleren Verzögerung einer Pollingabfrage multipliziert mit der mittleren Anzahl der Slave-Abfragen aller Master Stationen pro Tokenrunde berechnen. Eine Pollingabfrage setzt sich aus dem Protokolloverhead und den reinen Nutzdaten zusammen. Hier soll nur die Übertragung der zusätzlichen Frame-Informationen wie die Angabe von Ziel- und Quelladresse sowie die Framekontrolle (FC) als Protokolloverhead betrachtet werden. Verzögerungen, die durch die Implementierung des Protokolls auf den Master bzw. Slave Stationen verursacht werden, sollen hier nicht berücksichtigt werden, da sie implementierungsabhängig und somit nicht in erster Linie dem Protokoll zuzurechnen sind. Außerdem können Timereinstellungen bei der Mittelwertanalyse genausowenig berücksichtigt werden wie Prioritäts-Mechanismen.

Somit ergibt sich die Formel für die mittlere Polling-Verzögerung für das vereinfachte Token-Passing:

$$Tp := [T + n\,(m \cdot t_W' + t_W)] \,/\, (1 - S)$$

mit *T = Verzögerung durch die Übertragung der Polling-Nutzdaten*
n = Anzahl der Master Stationen im logischen Ring
m = mittlere Anzahl der angepollten Slave Stationen pro Master Station
t_W' = Verzögerung durch die Übertragung des Frame-Overheads + Stationsverz.
t_W = Verzögerung durch die Tokenweitergabe
S = Durchsatz der asynchronen Daten

Die genaue Herleitung der Formel ist in /SCH89a/ nachzulesen.

Zieht man diese Formel zum Vergleich der beiden Feldbussysteme PROWAY C und PROFIBUS, die beide verschiedene Versionen des Token Passings als dezentrale Medienzugangskontrolle verwenden, heran, so erhält man einen direkten Leistungsvergleich, der sich allerdings nur auf die Framestruktur und die Kodierungsarten der beiden Systeme bezieht. So schlägt die byteweise asynchrone Kodierung des PROFIBUS mit einem Verzögerungs-Faktor von 1.375 gegenüber der Manchester-Kodierung des PROWAY C zu Buche (vgl. Bild 3.2).

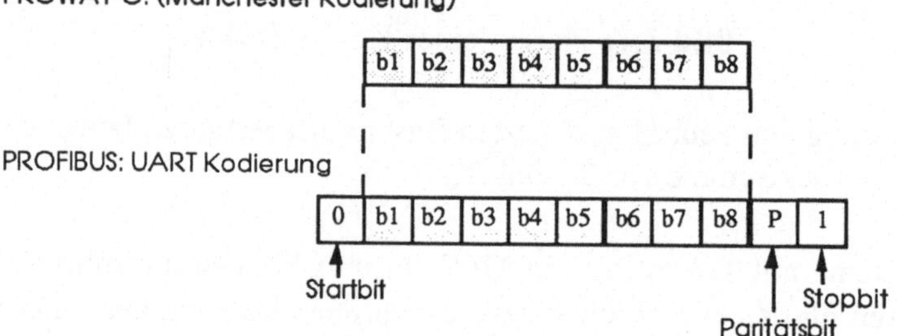

Bild 3.2: Kodierungsarten von PROWAY C und PROFIBUS

Der PROFIBUS profitiert bis zu einer Pollingdaten-Verzögerung von 20 ms bzw. 27,5 ms durch seinen geringeren Frame-Overhead sowie durch die Möglichkeit verkürzte Acknowledges als Kurzantwort zu benutzen (vgl. Bild 3.3).

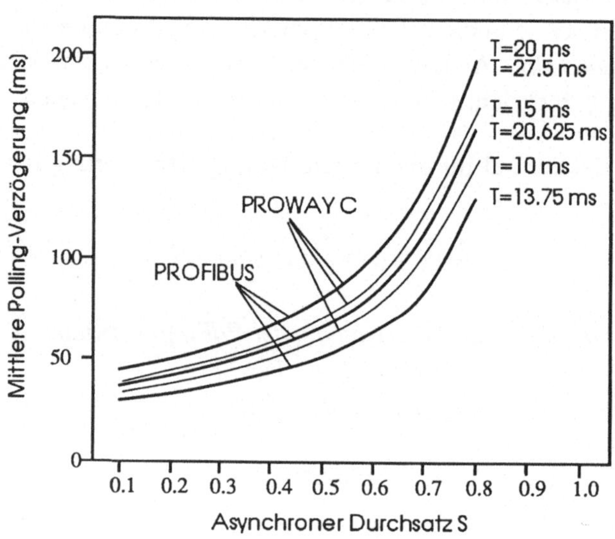

Bild 3.3: Vergleich der mittleren Pollingverzögerung von PROWAY C und PROFIBUS

3.3 Simulation

Endgültig lassen sich so komplexe Medienzugangsprotokolle wie die von PROWAY C und PROFIBUS nur durch Simulationen bewerten. So kann die Verwendung von Token Holding Timern zusätzliche Verzögerungen bei gleichem Durchsatz verursachen. Dies ist immer dann der Fall, wenn die Abarbeitung einer Sendewarteschlange nicht innerhalb der Token Holding Time stattfinden kann. In diesem Fall muß die Abarbeitung unterbrochen werden und kann erst in der nächsten Tokenrunde wieder aufgenommen werden.

Während PROWAY C das wohlbekannte Token-Passing-Verfahren von IEEE 802.4 mit bis zu vier Prioritäten und ihren zugehörigen Timern verwendet, benutzt PROFIBUS ein stark modifiziertes Medienzugangsprotokoll. Dieses Protokoll kommt mit zwei Prioritäten aus, unterstützt das Polling auf LLC-Ebene und macht die Reihenfolge von Pollingnachrichten und Nachrichten niedriger Priorität von der Tatsache abhängig, wie die verschiedenen Nachrichtentypen in der vorherigen Tokenrunde zum Zuge gekommen sind (vgl. Bild 3.4) /SCHü89c/.

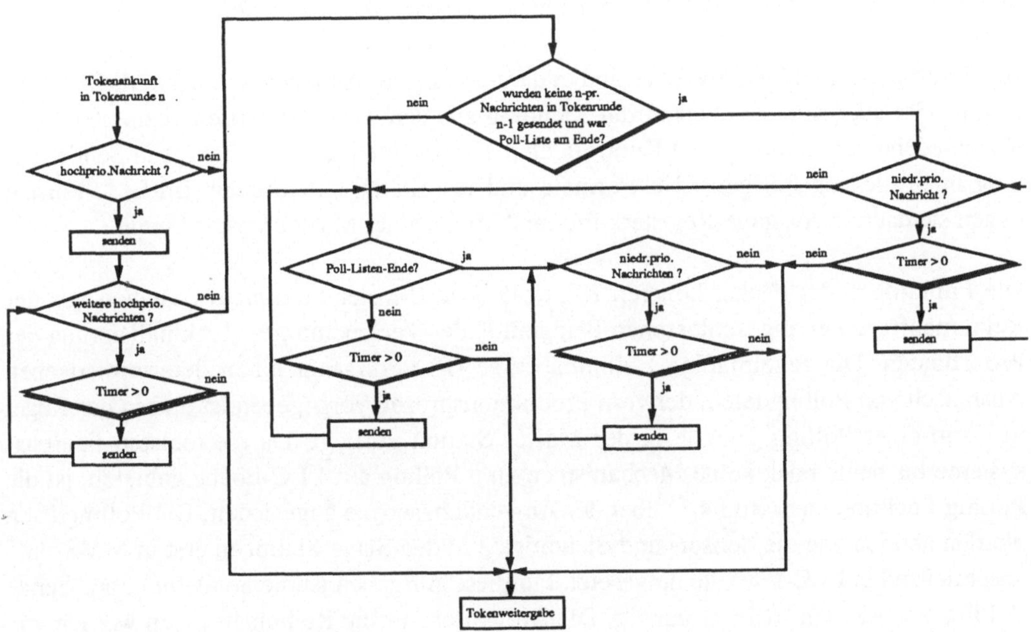

Bild 3.4: Medienzugangsprotokoll des PROFIBUS

4. Simulation von Feldbussystemen

Die recht einfache Architektur von Feldbussystemen erlaubt die Simulation nicht nur des Medienzugangsprotokolls, sondern des ganzen Systems. Bild 4.1 zeigt das Simulationsmodell für Master und Slave Stationen eines Feldbussystems mit allen zugehörigen Prozessen und Umsetzungen.

Die Sensortechnik ist heute so weit ausgereift, daß immer mehr Überwachungsfunktionen unmittelbar am Sensor ausgeführt werden können. So übernehmen die Sensor und Aktorsysteme neben dem Messen und Steuern (MS) auch Teile der Überwachung ihrer Funktionalität (ÜMS - Überwachung Messen Steuern) selbst. Diese Kontrollinstanz veranlaßt dann zu gegebenen Zeitpunkten, daß Meßdaten oder Steuerungszustände für den Nachrichtenaustausch mit den übergeordneten Kontrollgeräten (Master Stationen M1,..., Mn) bereitgestellt werden. Der Funktionsteil "Senden und Empfangen (SE)" von Nachrichten umfaßt die von dem jeweiligen Kommunikationssystem unterstützten Kommunikationsfunktionen wie z.B. die Umsetzung in die verschiedenen Datenformate.

Die Sensordaten und Steuerbefehle sind in die Formate der Anwendungsebene MMS umzusetzen oder aber in der umgekehrten Richtung aus den MMS-Formaten abzuleiten. Den verschiedenen Steuerungs- und Kontrolldaten sind in einem zweiten Schritt in Senderichtung noch die zugehörigen LLC-Formate und Prioritäten zuzuordnen. Im LLC-Format liegen sie dann in Ausgabe-Registern für die Abfrage einer Master Station bereit.

Die Funktionen der nächst höheren Kontrollebene (Master Stationen) bestehen aus der Reihumabfrage der angeschlossenen Feldgeräte, der Verarbeitung und Aktualisierung der Prozeßdaten. Die regelmäßige Reihumabfrage (P) verursacht einen deterministischen Austausch von Pollingdaten, der vom Produktionsprozeß vorgegeben ist und in der Regel in Form einer Polling Tabelle in der Master Station vorliegt. Da die meisten Feldbussysteme bis heute noch keine Mechanismen zum Polling auf LLC-Ebene anbieten, ist die Polling Funktion hier (Bild 4.1) über der Anwendungsebene angesiedelt. Die Pollingdaten werden ähnlich wie die Sensor- und Steuerdaten in den Slave Stationen erst in MMS- und anschließend in LLC-Formate umgesetzt. Für diese Aufgaben ist die Sendefunktion "Sende Polling Nachrichten" (SP) zuständig. Die Antworten auf die Reihumabfragen werden von den Überwachungsfunktionen der Stationen bearbeitet und können je nach Ausprägung der ankommenden Werte neue Nachrichten initialisieren.

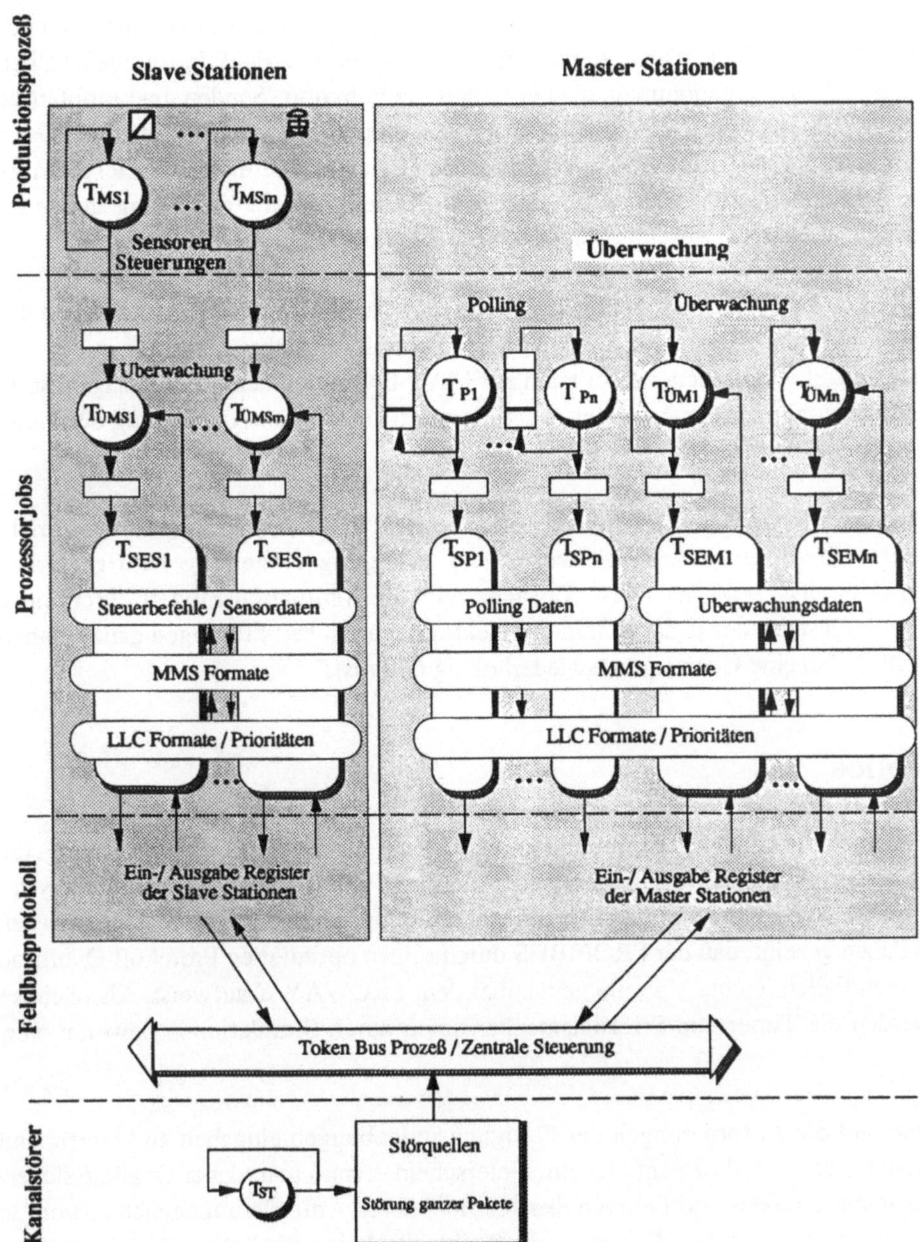

Bild 4.1: Simulationsmodell Feldbussystem

Die Überwachungsfunktion kann aber auch unabhängig von ankommenden Nachrichten einen Informationsaustausch initialisieren, wenn beispielsweise Funktionsstörungen der Master Station eine Neuinitialisierung des Gesamtsystems oder von Teilen des Systems verursachen. Außerdem können zur Optimierung des Fertigungsprozesses der Austausch von Managementdaten anfallen. Diese Funktionen werden von der Funktionseinheit "Überwache Master" (ÜM) vorgenommen, die bei Bedarf die Funktion "Senden und Empfangen Master" (SEM) anstößt oder Daten von dieser Einheit empfängt. Die aufgearbeiteten Daten liegen dann je nach MAC-Protokoll in verschiedenen Senderegistern oder Warteschlangen bereit. Die Schnittstelle zwischen MAC- und LLC-Ebene in Empfangsrichtung stellen die Empfangsregister oder -warteschlangen der Master Stationen dar.

Das Feldbusprotokoll wird hier nicht näher spezifiziert, da die Unterschiede zwischen den einzelnen Protokollen zu groß sind. Die Unterschiede liegen dabei nicht nur in der verschiedenen Anzahl vorgesehener Prioritäten auf MAC-Ebene und dem Medienzugangsprotokoll selbst (zentral oder dezentral gesteuert), sondern auch in der Ausprägung der Funktionalität der einzelnen Geräte.

Zusätzliche Last für das Kommunikationssystem entsteht durch den Verlust von Nachrichten auf dem Übertragungsmedium, das in der Fertigungsumgebung häufig starken Störungen (ST) ausgesetzt ist. Diese Tatsache wird im Simulationsmodell durch einen Kanalstörer dargestellt, der je nach Grad der elektromagnetischen Störungen ganze Datenpakete so stört, daß eine Übertragungswiederholung nötig ist.

5. Ausblick

Feldbussysteme sind adäquate Kommunikationssysteme für die Fertigungsumgebung, die auch hohen Realzeitanforderungen genügen. Allerdings unterliegt bei Multimaster-Systemen die Rechtzeitigkeit der Pollingabfragen starken Schwankungen. Die mathematischen Analysen haben gezeigt, daß der PROFIBUS durch seinen optimierten Protokoll-Overhead in bestimmten Fällen leichte Vorteile gegenüber dem PROWAY C aufweist. Als nächster Schritt werden die Timer und Prioritätsmechanismen durch Simulationen bewertet werden.

Um genauer auf die Anforderungen der Fertigungsumgebungen eingehen zu können sind Szenarien und Lastmodelle zu entwickeln. Unterscheiden muß man dabei Qualitätssicherungs-, Fertigungsstraßen- und Leittechnikszenarien, deren Anforderungen sich sowohl in Bezug auf die Datenmengen, die verlangte Rechtzeitigkeit und die zu überbrückenden Entfernungen unterscheiden. Das in diesem Artikel vorgestellte Simulationsmodell wird für diese Simulationen als Basis dienen, mit dem neben den Mechanismen der MAC-Ebene auch der Umfang der MMS-Dienste und die Zuordnung der Dienste von einer Ebene zur anderen bewertet werden sollen.

Referenzen

/DIN85/ DIN 19241, Messen Steuern Regeln, Bitserielles Prozeßbus-Schnittstellensystem, Serielle Digitale Schnittstelle (SDS), Teil 1-3, Beuth Verlag, Berlin, Juli 1985.

/DIN88a/ DIN V 19245 "PROFIBUS". Teil 1: Übertragungstechnik, Buszugriffs- und Übertragungsprotokoll, Dienstschnittstelle zur Anwendungsschicht, Management. Beuth Verlag GmbH, Berlin, Jan. 1988.

/DIN88b/ DIN, IEC 665C(CO)17, Serieller Prozeßbus (PROWAY C) für Prozeß-Leitsysteme, Beuth Verlag, Berlin, März 1988.

/HEI89/ Heiler K.-U., 'Offene Kommunikation im Feldbereich mit PROFIBUS', VDI-Berichte 728, S.1-22, VDI-Verlag Düsseldorf, März 1989.

/MMS88/ EIA 1393A, MMS - Manufacturing Message Specification, 1988.

/PLE*88/ Pleinevaux P., Decotignie J.-D., 'Time Critical Communication Networks:Field Buses', IEEE Network Magazine, Vol.2, No.3, May 1988.

/SACK88/ Sacks T., 'Battle of the Buses', Electrical Review, Vol.220, No.27, 1987

/SCHÜ89a/ Schümmer M., 'Local Area Networks for Manufacturing Environmets with Real-Time Requirements', erscheint in Proc. of ICCI'89, Intern. Conference on Computing and Information, Toronto, Canada, North-Holland 1989.

/SCHÜ*89b/ Schümmer M., Welzel Th., Martini P., 'Integration of Field Bus and MAP Networks - Hierarchical Communication Systems in Produktion Environments', erscheint in Proc. of CAPE'89, the Third Intern. Conference on Computer Applications in Production and Engineering, Tokyo, Japan, North-Holland, Oct. 1989.

/SCHÜ89c/ Schümmer M., 'Field Bus Systems - Communication Links of the Lowest Automation Level', erscheint in Proc. of ISATA, Wiesbaden, Nov. 1989.

Der Zeitbedarf für Kommunikationsaufträge in MAP-Netzen

A.E. Elnakhal, H. Rzehak
Universität der Bundeswehr München
Werner-Heisenberg-Weg 39
D-8014 Neubiberg

Abstract

This paper reports on an evaluation of real time properties of MAP networks. Measurements for delay and response time of the transport oriented layers (1 .. 4) are presented and some of the most important parameters affecting the real time behaviour of the transport system are discussed. Based on synchronized clocks a distributed test system for testing the application service in a real time environment is presented, which is still in progress.

Zusammenfassung

In diesem Beitrag wird der Zeitbedarf für die Kommunikationsaufträge in MAP-Netzen diskutiert. Anschließend werden Zeitmessungen an den transportorientierten Schichten (1 .. 4) vorgestellt. Hierbei werden die wichtigsten Einflußgrößen auf den Zeitbedarf herausgearbeitet. Schließlich wird ein verteiltes Testsystem vorgestellt, das es gestattet mit Hilfe von synchronen Uhren Aussagen über den Zeitbedarf zur Abwicklung der Anwenderdienste in Realzeitumgebung zu treffen.

1. Einführung

Bei geplanten Anwendungen des Manufacturing Automation Protocol (MAP) zur Datenkommunikation in der Fertigungsautomatisierung müssen bei einigen Anwendungen die Realzeiteigenschaften des Netzes bei der Planung berücksichtigt werden. Zur Klärung dieser Eigenschaften wurden Untersuchungen der Zeitverhältnisse des Medienzugriffsverfahrens und der Transportdienste an einem Labornetz durchgeführt. Die Ergebnisse dieser Untersuchungen, über die zum Teil an anderer Stelle bereits berichtet wurde, und die in diesem Beitrag zusammengefaßt werden, betreffen die folgenden Punkte:

- die Zeitverhältnisse in der Medien Zugriffsschicht (MAC-Schicht);
- Abhängigkeit des Zeitbedarfs für Aufträge an die Transportschicht von verschiedenen wählbaren Varianten des Quittierungsverfahrens.

Diese Ergebnisse vermitteln zwar prinzipielle Einsichten, erlauben jedoch nur eine unvollkommene Beurteilung der Zeitverhältnisse bei einer

Nachrichtenübertragung aus der Sicht zweier Anwendungsinstanzen. Der Anwender ist auch an den Leistungsmerkmalen unterschiedlicher MAP-Implementierungen interessiert.

Bei dem seither verwendeten Meßkonzpet war es auch nicht möglich den Zeitbedarf bei der initiierenden und reagierenden Instanz getrennt zu erfassen. Aus diesen Gründen wurde ein neues Meß- und Testsystem konzipiert, das die folgenden Merkmale aufweist:

- In den verschiedenen Knoten werden synchron laufende Uhren verwendet, mit deren Hilfe man den Zeitbedarf von Abläufen über die Knotengrenzen hinaus verfolgen kann.
- Die initiierende und reagierende Instanz werden in Realzeit nachgebildet.
- Das System ist so aufgebaut, daß es auf andere Implementierungen portiert werden kann.

Der Aufbau des Testsystems erlaubt Zugriffe auf die verschiedenen Protokollschichten. Damit wird die Möglichkeit gegeben, Aussagen über die Zeitverhältnisse im Kommunikationskontroller zu treffen.

2. Zeitverhältnisse in MAP-Netzen

Ein MAP-Knoten besteht i.a. aus folgenden Komponenten:

- Host bzw. Device: Es ist das Gebiet, wo die Anwenderprozesse angesiedelt sind.
- Der Kommunikationskontroller (KK): Umfaßt die gesamte Soft- und Hardware zur Abwicklung der Kommunikation zwischen den Anwenderprozessen der unterschiedlichen Netzknoten.

Der Kommunikationskontroller kann in folgende zwei Teile zerlegt werden:

NIU: Dies ist eine intelligente Prozessorkarte mit einem Realzeitbetriebssystem zur Abwicklung der Aktivitäten der einzelnen Schichtenprotokolle (2..7), die als Tasks realisiert sind. Der Datenfluß zwischen benachbarten Schichten geschieht in Form eines Nachrichtenaustausches über taskspezifische Warteschlangen. Die interne Organisation von Tasks und deren Warteschlangen wird von einem Realzeit-Betriebssystemkern übernommen, wie in unserem Fall von VRTX der Firma Ready Systems, vgl. [4]. Der Anschluß von NIU am Host erfolgt über den Systembus, unter Benutzung von Treiber-Routinen.

TAU: Der Anschluß der NIU an den Tokenbus erfolgt mittels des Tokenbus Controllers (TBC) und einem Modem. Der TBC ist ein VLSI Chip, der die Dienste des Mediumzugriffsprotokolls ISO 8804.4 realisiert. Der Nachrichtenaustausch zwischen TAU und NIU erfolgt interruptgesteuert. Bild 1 zeigt den schematischen Aufbau eines MAP-Knotens.

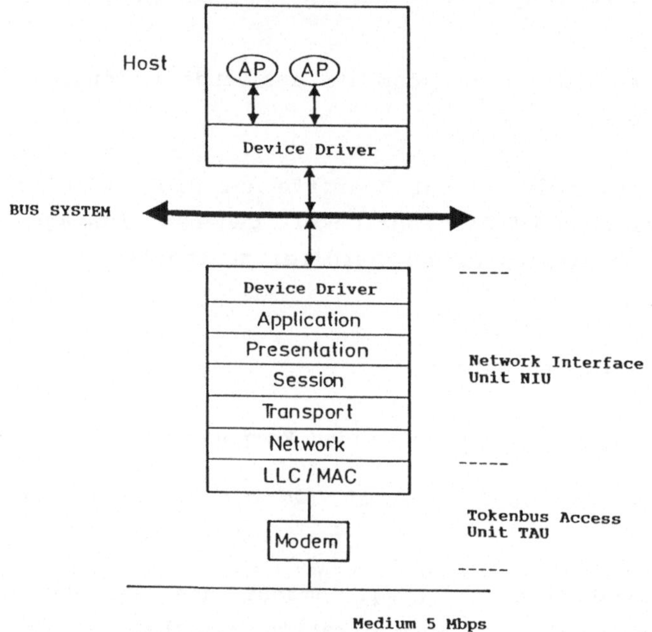

Bild 1 Komponenten eines MAP-Knoten

Das hauptsächliche Interesse gilt dem Zeitbedarf für die Dienste der Anwendungsschicht (Manufacturing Message Standards; MMS). Diese Dienste laufen nach einem typischen Schema ab, das im Server-Client Modell gemäß Bild 2 verdeutlicht wird. Wir sind nun an den Zeitgrößen einer Transaktion interessiert, die sich gemäß Server-Client Modell, vgl. Bild 2, ergeben, nämlich:

- Durchlaufzeit T_D (delay, Einwegverzögerung): Das ist die Zeit von der Auftragserteilung durch den Initiator (client) bis zum Eintreffen der Anzeige beim Ansprechpartner.
- Antwortzeit T_A (Zweiwegverzögerung): Das ist die Zeit zwischen Auftragserteilung und Eintreffen der zugehörigen Bestätigung beim Auftraggeber.

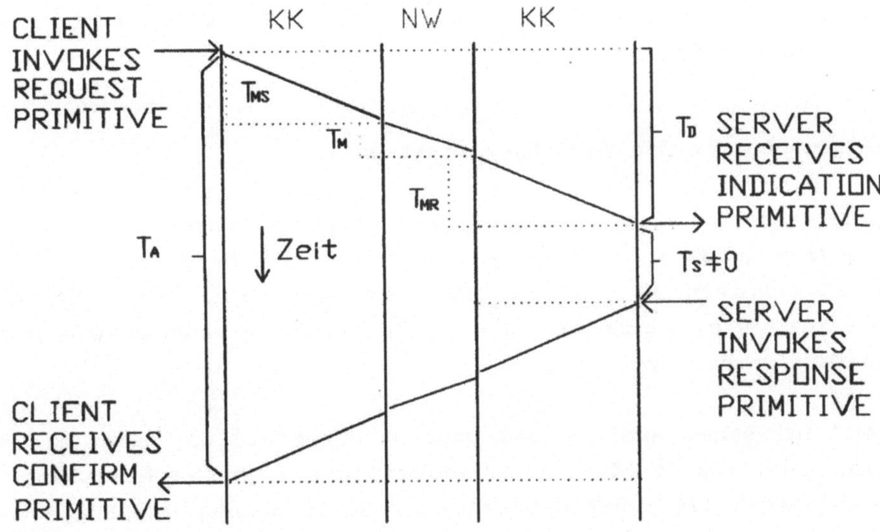

Bild 2 Das allgemeine Kommunikationsmodell zwischen zwei Anwenderprozessen

Um diese Zeiten zu erfassen, müssen alle o.g. Komponenten des MAP-Knotens herangezogen werden. Zur Untersuchung der Zeiteigenschaften der Kommunikationsprotokolle, beschränken wir uns zunächst auf das Kommunikationssystem, das vollständig im KK (NIU und TAU) enthalten ist. Dabei wird zur Untersuchung der Schicht i ein Applikationsprozess direkt im KK kreiert, der als Schicht (i+1) agiert und sich der Schnittstelle der Schicht i so bedient, daß das Kommunikationsmodell nach Bild 1 erhalten bleibt.

2.1 Allgemeine Einflußgrößen

T_D und T_A werden hauptsächlich von folgenden Faktoren beeinflußt:

- Verzögerung durch Mediumzugriff
- Lastmuster und Umfang der Anforderungen
- Hardware des KKs (CPU und Speicher)
- Software des KKs (Betriebssystem, Interprozeßkommunikation IPC)
- Interne Parameter der einzelnen Schichten (Timer, Optionen).

Im Laufe dieses Beitrags werden die einzelnen Faktoren und deren Rollen diskutiert, insbesondere der Overhead durch die IPC, die Optionen und die Last wird meßtechnisch gezeigt.

2.2 Zeiteigenschaften des Zugriffsverfahrens

Eine umfangreiche Analyse des Tokenbus-Zugriffsverfahrens mit Prioritätsmechanismen wurde in unserem Institut durchgeführt, und deren Ergebnisse meßtechnisch an unserem Labornetz (bestehend aus 5 MAP-Knoten) bestätigt. Die Ergebnisse dieser Untersuchung können wie folgt zusammengefaßt werden, vgl. [1], [2]:

- Basierend auf einer Analyse des ungünstigsten Falles, kann man die maximale Zugriffszeit der höchstpriorisierten Nachrichtenklasse 6 bei vorgegebenen Timerwerten bestimmen. Somit könnte die Frage nach der Eignung von MAP-Zugriffsverfahren zum Einsatz für Realzeitapplikationen positiv beantwortet werden.

- Herleiten von Regeln zur Bestimmung der Timerwerte, die die Durchsätze der Klassen 4, 2 und 0 auf eine gewünschte Oberschranke der jeweiligen Klasse begrenzen. Somit ist dem Netzwerkanwender eine Möglichkeit geschaffen, das Tradeoff-Problem zwischen dem Realzeitverhalten der hochpriorisierten Zugriffsklasse 6 und dem Durchsatz der übrigen Klassen optimal zu lösen.

2.3 Zeiteigenschaften des Transportsystems

Um die Zeitverhältnisse innerhalb des KKs zu untersuchen, wurden Antwortzeit und Verzögerungszeitmessungen an allen transportorientierten Schichten (1..4) vorgenommen. Die Einwegverzögerung $T_{D,L}$ der Schicht L gemäß Bild 2 läßt sich folgendermaßen zerlegen:

$$T_{D,L} = T_{MS} + T_{MR} + T_M \quad , L \in \{MAC, LLC, NET; TP\} \tag{1}$$

T_{MS} - Verarbeitungszeit im KK des sendenden Knotens

T_{MR} - Verarbeitungszeit im KK des empfangenden Knotens

T_M - Verzögerung von sendender MAC bis empfangende MAC

Die Antwrotzeit der Schicht L gemäß Bild 2 ergibt sich zu

$$T_{A,L} = 2\, T_{D,L} + T_s + T_q \tag{2}$$

wobei T_q der Quittierungsaufwand der Transportschicht ist, falls eine Quittung generiert wird, und T_S ist die vom Server-Prozeß verbrauchte Zeit zur Ausführung von der Transaktion und stellt in diesen Messungen eine vernachlässigbare kleine Zeitspanne dar, die dem Absorbieren einer Primitive Indication und dem Generieren eines Primitive Confirms entspricht.

Bei der Messung der Transportschicht wurden die folgenden zwei Quittierungsverfahren berücksichtigt, die im Rahmen des ISO Transport-Protocols zulässig sind:

A) Nth acknowledgement (NACK)

Der Sender schickt N Dateneinheiten ohne auf Quittung zu warten, der Empfänger quittiert nur die N-te Nachricht, dabei charakterisiert N in unserem System die Fenstergröße n. Mit der Quittierung der N-ten Nachricht werden die vorigen Nachrichten implizit mitquittiert (acknowledges accumulation).

B) Explicit acknowledgement (SACK)

Der Sender verhält sich wie bei NACK, der Empfänger quittiert jede empfangene Dateneinheit.

Erwartungsgemäß ist die Quittierungsstrategie NACK günstiger als SACK, da bei SACK zusätzlicher Verkehr durch die Quittungen verursacht wird, dessen Umfang durch die Messungen deutlich wird.

Für alle Messungen wurden folgende Optionen eingestellt:

- Datenlänge 1000 Octett
- keine Segmentierung
- keine Prüfsumme (sonst 4 µs pro Octett zusätzlicher Zeitbedarf)
- keine Vorrangdatenübertragung
- keine Priotität bei MAC Schicht (THT ≈ 13 ms)

3. Meßergebnisse und Bewertung

Die Messungen wurden für zwei Ankunftsprozesse durchgeführt. Für den ersten Fall erzeugt der Lastgenerator die Anforderungen in gleichbleibenden Zeitabständen, die so gewählt sind, daß höchstens ein Datenpaket sich im Netz befindet. Dadurch entsteht keine Warteschlangenverzögerung. Im zweiten Fall werden die Anforderungen gemäß dem Poisson Prozess generiert.

3.1 Messungen ohne Wartezeitanteile

Tabelle 1 zeigt die Einwegverzögerung der unterschiedlichen transportorientierten Schichten ohne Wartezeitanteile.

$T_{D,MAC}$	$T_{D,LLC}$	$T_{D,NET}$	$T_{D,TP}$
3 ms	4,5 ms	6 ms	9 ms

Tabelle 1

Es ist zu bemerken, daß die Differenz $T_{D,LLC}$ - $T_{D,MAC}$ und $T_{D,NET}$ - $T_{D,LLC}$ nur 1,5 ms beträgt, während die Differenz $T_{D,TP}$ - $T_{D,NET}$ 3 ms beträgt. Das liegt darin begründet, daß die Funktionalität der Transportschicht zusätzliche Funktionen zur Timer Management- und Flußkontrolle umfaßt, die offensichtlich einen zusätzlichen Overhead von 1,5 ms verursachen.

Der Overhead durch die Interprozeßkommunikation zwischen den Tasks für benachbarte Schichten beträgt 270 µs (vgl. [3]). Dies bedeutet, daß z.B. die Zeitdifferenz ($T_{d,NET}$ - $T_{d,LLC}$ = 1,5 ms) einen Zeitanteil von 0,54 ms enthält, der der IPC zuzurechnen ist.

Die erfaßten Ergebnisse der Antwortzeiten bestätigen Gleichung (2) wobei T_q 4 ms beträgt.

3.2 Messungen mit poissonschem Ankunftsprozeß

In Bild 3 sieht man die Antwortzeiten der unterschiedlichen transportorientierten Schichten über der Ankunftsrate LAM der poissonschen Last, wobei die Messungen der Transportschicht für Quittierungsstrategie NACK bei Fenstergröße W = 8 aufgenommen wurden.

Der Vergleich der Kurven zeigt, welche Leistungseinbußen bei höherer Last durch die steigende Anzahl von Protokollschichten hervorgerufen wird.

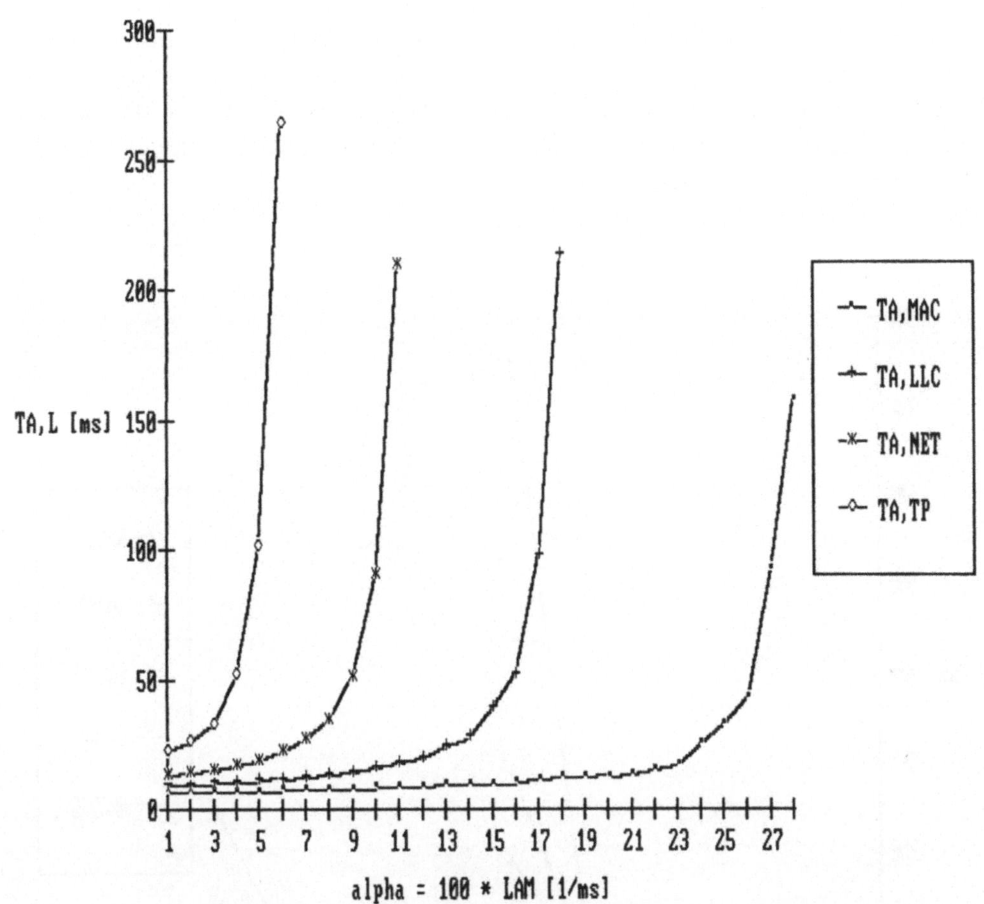

Bild 3 Antwortzeit $T_{A,L}$ der verschiedenen transportorientierten Schichten über der Ankunftsrate LAM

3.3 Messungen bei Variation der Fenstergröße

Bei diesen Messungen handelt es sich um Antwortzeit-Messungen auf der Transportschicht bei Variation der Fenstergröße w für die beiden Quittierungsstrategien NACK und SACK. Die Anforderungsrate LAM wurde schrittweise gesteigert, bis ein Systemzusammenbruch aufgrund der nicht mehr garantierten Stabilitätsbedingung (Angebot < 1) zustande kam. Deshalb veranschaulichen die Kurven nicht nur den Unterschied bei den Antwortzeiten, sondern auch die maximale Anforderungsrate, die das System in den unterschiedlichen Fällen tragen kann. Die Kurven hören daher zu unterschiedlichen Punkten des Angebotes auf.

Bild 4 zeigt die Antwortzeit über die Ankunftsrate LAM einer einzigen Transportverbindung (M=1) für die beiden Quittierungsmechanismen SACK und NACK, die Kurven sind mit der Fenstergröße n=1,8,15 parametrisiert, dabei bedeutet der Schlüssel SACK8 eine Verbindung der Strategie SACK mit der Fenstergröße n=8.

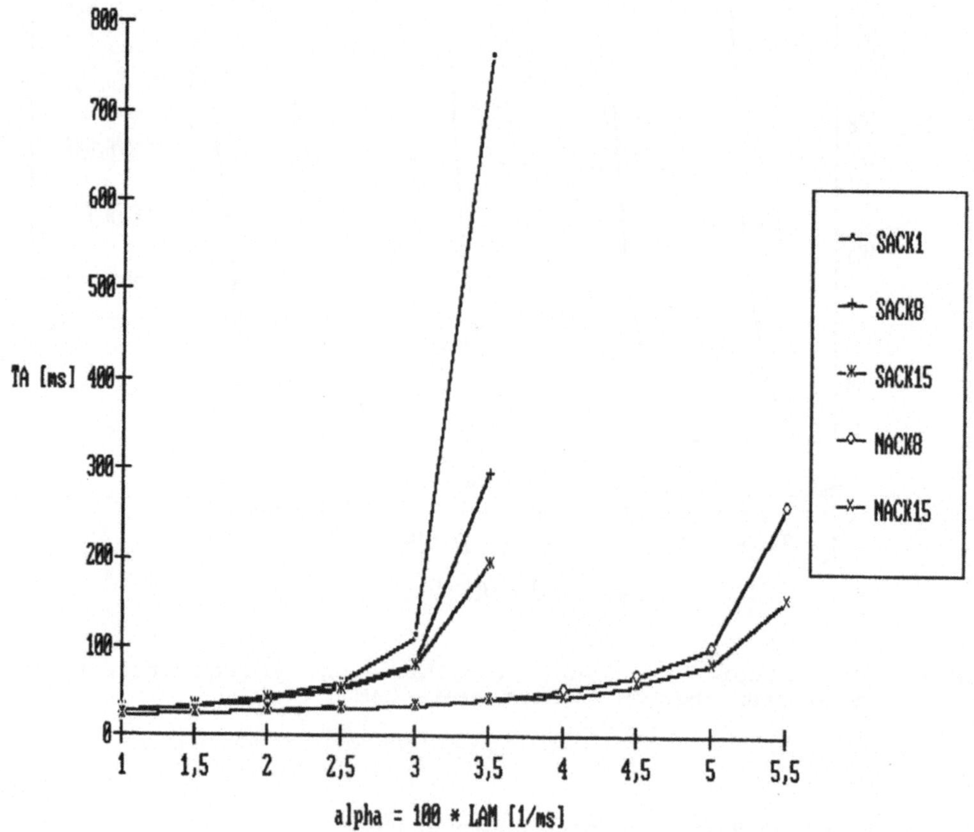

Bild 4 Antwortzeit T_A über dem Angebot einer einzigen Transportverbindung zwischen zwei Knoten bei unterschiedlichen Fenstergrößen n=1,8,15 für die Quittierungsstrategien NACK und SACK

Für die Fenstergröße n=1 geht das Quittierungsverfahren NACK in SACK über, deshalb gibt es nur eine Kurve SACK1.

Die Kurven bestätigen nicht nur den erwarteten Vorteil des Verfahrens NACK mit größerem n gegenüber den anderen (vgl. 2.2), sondern zeigen auch quantitativ den erheblichen Unterschied bei steigender Last. Eine spürbare Verbesserung der Antwortzeiten der einzelnen Quittierungsstrategien mit steigendem n tritt erst dann ein, wenn man genügend Last zum Abbauen hat.

Die Fenstergröße n=1 verursacht offensichtlich eine zu hohe Blockierung, die sich in den Antwortzeiten extrem bemerkbar macht. Es wurden weitere Messungen auf der Transportebene vorgenommen, die den Aufwand durch IPC, Checksum und vielfache Verbindungen zeigen, vgl. [1], [3].

4. Verteiltes Testsystem

Die beiden vorgenommenen Untersuchungen vermitteln zwar prinzipielle Einsichten, erlauben jedoch nur eine unvollkommene Beurteilung der Zeitverhältnisse bei einer Nachrichtenübertragung aus der Sicht zweier Anwendungsinstanzen. Der Anwender ist auch an den Leistungsmerkmalen unterschiedlicher MAP-Implementierungen interessiert. Daher ergab sich die Notwendigkeit ein verteiltes Testsystem zu entwerfen, das folgende Merkmale aufweist:

- In den verschiedenen Knoten werden synchron laufende Uhren implementiert, mit deren Hilfe man den Zeitbedarf von Abläufen über Knotengrenzen hinaus verfolgen kann.
- Die initiierenden und reagierenden Instanzen werden in Realzeit nachgebildet und sollen nicht mehr im KK angesiedelt werden.
- Das System ist so aufgebaut, daß es auf andere Implementierungen portiert werden kann.

In dem bislang zur Verfügung stehenden MAP Netzwerk waren die Anwenderprozesse im Host angesiedelt, der mit dem UNIX Betriebssystem operiert. Aufgrund der fehlenden Realzeiteigenschaften von UNIX ergibt sich die Notwendigkeit, die Applikationsprozesse in separaten Komponenten anzusiedeln, die über einen Realzeit-Betriebssystemkern verfügen. Da aber das zur Kommunikation zwischen Host und MAP-KK verwendete Treiber-Protokoll keinen dritten Kommunikationspartner vorsah, ergab sich automatisch die Aufgabe, dieses Protokoll so zu gestalten, daß die Kommunikation zwischen dem KK und der Realzeitkarte möglich wird.

4.1 Realisierung des Testsystems

In Bild 5 sieht man eine in unserem Labornetz aufgebaute Workstation mit den zugehörigen zum Test erstellten Softwarepaketen und den verwendeten Hardwarekomponenten.

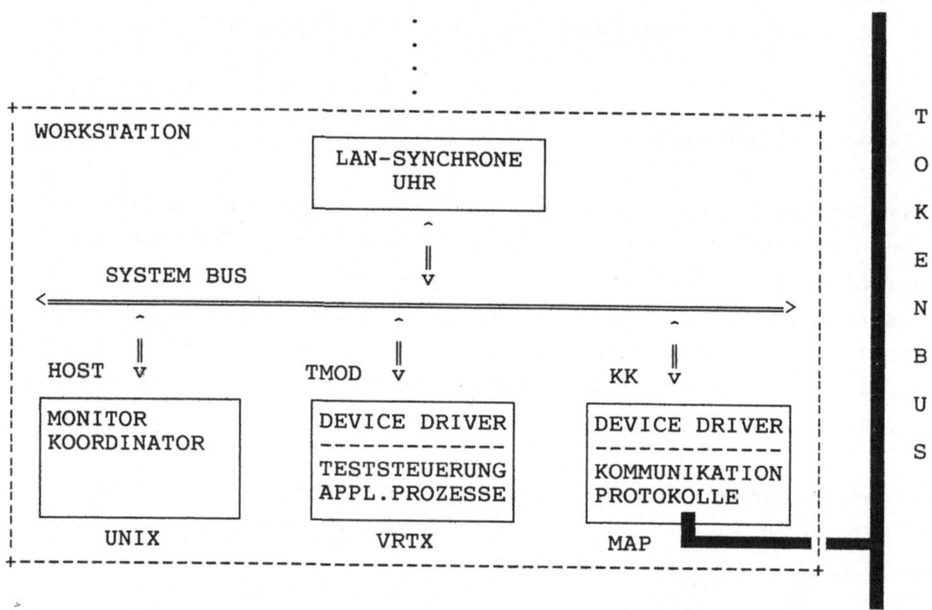

Bild 5 Die Komponenten eines Knoten im aufgebautem MAP-System

Host: Auf dem Host mit dem Betriebssystem UNIX läuft ein Koordinatorprogramm, das es ermöglicht, die Festlegung der Lastverhältnisse auf den unterschiedlichen Netzknoten zentral von einem Knoten vorzunehmen. Der Koordinator kommuniziert mit der Teststeuerung über das Host-Device Protokoll "Hyperlink" und übermittelt dieser den gewünschten Ablauf.

TMOD: Dieser Testmodul verfügt über eine 68020 CPU und den Realzeit-Betriebssystemkern mit erweiterter Treiber Software zur Kommunikation mit dem KK. Der Prozess TESTSTEUERUNG verteilt die vom Koordinator gewünschte Testeinstellung auf die Netzknoten über das MAP-Netz unter Ausnutzung der MMS-Dienste. Er stellt also einen Applikationsprozess dar, der die anderen Applikationsprozesse koordiniert. Die Applikationsprozesse eines Knoten werden nun von ihrer lokalen Teststeuerung angestoßen, um Dienste anzufordern und deren Ausführungszeiten zu erfassen.

KK: Der MAP-Kommunikationskontroller vgl. Kap. 2

Synchrone Uhr: Die Zeiterfassung geschieht mit Hilfe der auf den verschiedenen Knoten angebrachten synchronen Uhren. Sie wurden in unserem Labor auf der Basis von VME-Experimentierkarten entwickelt und haben eine Zeitauflösung von 10 µs.

5. Schlußbemerkungen

Bis zur Fertigstellung dieses Beitrags lagen noch keine neuen Ergebnisse mit dem neuen Testsystemen vor. Trotzdem kann man aufgrund der bislang vorgenommenen Untersuchungen folgende Empfehlungen für den Einsatz der MAP-Systeme für Realzeitaufgaben geben:

- Die Benutzung von Prioritätsoption des ISO 8802.4.
- Die Verwendung von Mini-MAP.
- Eine sorgfältig gewählte Einstellung der Timerwerte der MAC-Schicht.

Im allgemeinen ist ein Optimierungsprozess notwendig, der alle MAP-Komponenten einschließlich deren Software umschließt. Dieser Optimierungsprozess ist von dem Gesichtspunkt der Implementierung anzusehen und betrifft hauptsächlich folgendes:

- den Nachrichtenaustausch zwischen benachbarten Schichten (IPC),
- die Abbildung der Prioritäten von Anwenderebene auf MAC Prioritäten,
- die Berücksichtigung des Realzeitverhaltens beim Einstellen von Netzparametern und Optionen, hierzu gehört eine Abschätzung der Lastmuster und deren Verteilung auf dem Netz.

Literaturverzeichnis

[1] Rzehak, H.; R. Jäger:
Performance Analysis and Real Time Assessment of the Prioritized Tokenbus Access Method According to the Manufacturing Automation Protocol (MAP);
Int. Conference on Software Engineering for Real Time Systems, 18.-20.9.1989 in Cirencester, UK

[2] Rzehak, H.; Elnakhal, A.E.; Jäger, R.:
Analysis of Real Time Properties and Rules for Setting Protocol Parameter of MAP Networks;
REAL-TIME SYSTEMS The International Journal of Time-Critical Computing Systems; Vol. 2
Kluwer Academic Publishers, Boston/Dordrecht/London

[3] Elnakhal, A.E.; Rzehak, H.:
Messungen zur Beurteilung der Realzeitfähigkeit eines Kommunikationskontrollers für ein MAP-Netz;
Messung, Modellierung und Bewertung von Rechensystemen und Netzen, 5. GI/ITG-Fachtagung, Braunschweig, September 1989

[4] Versatile Real-Time Executive - Users Guide;
Ready Systems, Software Release 1,
Document-No. 542101001, April 1987

[5] Marathe, M.; Smith, R.A.:
Performance of a MAP Network Adapter;
IEEE Network, May 1988

[6] Strayer, W.T.; Weaver, A.C.:
Performance Measurement of Data Transfer Services in MAP;
IEEE Network, Vol. 2, No. 3, May 1988

CAM AUF DER BASIS VON IBM PS/2 IM LOKALEN NETZ - EIN PRAKTISCHES BEISPIEL -

V. Tristram

IBM Deutschland GmbH
System Integration
Anzingerstr. 29
8000 München 80

Das Lösungs-Szenario wurde gemeinsam von sechs Softwarehäusern und der IBM erstellt, um darzustellen, wie man mit verschiedensten Partnern kundenindividuelle, maßgeschneiderte Problemlösungen im CAM-Bereich realisiert. Das vorgestellte Konzept zeigt auch, welch zentrale Rolle eine Datenbank im Netzwerk spielt.

Das lokale Netzwerk

Lokale Netze, wie hier IBM Token Ring, sind prädestiniert für den Einsatz in der Fertigung. Sie sind elementarer Bestandteil moderner CAM-Lösungen im Verbund der Unternehmenskommunikation. Netzwerke werden eingesetzt für den Transport wichtiger Daten zwischen einzelnen Produktionszellen untereinander sowie zwischen diesen und den übergeordneten Funktionen wie Produktionsplanung, Konstruktion, Kostenrechnung oder Lohnabrechnung.

Das Beispiel zeigt,

- welche Art von Anwendungen mit PC's (hier IBM PS/2) heute gelöst werden können;
- wie wichtig zentrale "Serverfunktionen" in einem Verbund sind.

Communication Server: Verbindung zu Großrechnern

Der Communication-Server (CS) arbeitet weitgehend automatisch. Er hält, wie sein Name schon andeutet, Verbindung zu anderen, übergeordneten Rechnern. Im gezeigten Fall sind dies einmal der Planungsrechner mit dem Produktionsplanungs-System (PPS), und zum anderen die Computer, auf denen die Konstruktions- und Montagezeichnungen, NC-Programme, Prüfprogramme und Roboterprogramme erstellt und gehalten werden.

Verbindung zu PPS (Produktionsplanung und Steuerung)

Das übergeordnete Planungssystem plant die Werkstattaufträge mit ihren Arbeitsgängen auf den Tag genau und für eine Maschinengruppe. Diese Arbeitsgangdaten stehen nach der Produktionsfreigabe in der Werkstattauftrags-Datenbank im zentralen Planungsrechner. Von dort holt sich der Communication Serve r die Aufträge/Arbeitsgänge für "seinen" Fertigungsbereich und überträgt sie in die gemeinsame Datenbank im Netz, d. h. auf den Datenbank-Server.

Die von den Maschinen zurückgemeldeten AG-Daten überträgt der Communication Server später wieder an den PPS-Rechner.

Beide Kommunikationsfunktionen laufen automatisch ab, d.h. durch einen Zeitgeber oder transaktions-gesteuert.

Verbindung zu CAD

In einem modernen CAD System werden von den Konstruktionszeichnungen maschinell die NC-Programme und/oder Roboter-Geometriedaten erstellt. Diese müssen, nach ihrer Freigabe, von einem bestimmten Datum an für die Maschinen in der Produktion zur Verfügung stehen. Dazu werden sie rechtzeitig auf einen NC-Server - evtl. ein eigener PC im Netz - übertragen. Gleiches gilt auch für Montage- und Rüstzeichnungen. Sie werden durch den Communication Server vom CAD System geholt und zum NC-Server übertragen.

Der Communication Server ist ein Produkt der Firma: *BTB* - Betriebswirtschaftliche und technische Beratungssysteme GmbH, Stuttgart.

Datenbank-Server

Der Datenbank-Server (DBS) ist der zentrale Datenspeicher im Netz. Diese Funktion ist erforderlich, da es zweckmäßig ist, bestimmte Daten zusätzlich zur Speicherung im Zentralrechner, auch im Produktionsbereich (hier: im LAN) zu halten.

Die wesentlichen Gründe dafür sind:

- Verfügbarkeit der Daten während drei Schichten,
- Schutz gegen Verlust der Daten,
- schneller Zugriff zu allen relevanten Daten durch die Produktionsfunktionen.

Der Datenbankserver muß in hohem Maße gegen Ausfall gesichert sein. Dies kann dadurch erreicht werden, daß man gleichzeitig auf zwei Plattenlaufwerke schreibt (Spiegeldateien) und dadurch, daß man für den Fall des Zusammenbruchs einen automatischen Wiederanlauf auf den Stand unmittelbar vor dem Ausfall programmiert.

Wenn ein Ausfall des Datenbank Servers auch nur für eine Viertelstunde nicht zulässig ist, kann man den Server mit allen seinen Funktionen auf einen zweiten Server spiegeln. Wenn der "Master" ausfällt, übernimmt der bisherige "Slave" ohne Verzug die Arbeit. Die Anwendungen im Netz spüren von dem Austausch nichts.

Der DB-Server hat aber noch eine wichtige, aktive Komponente, das "message routing". Es sorgt dafür, daß, wenn sich Daten auf dem DB-Server verändert haben, z. B. durch eine der Anwendungen im Netz, daß andere Anwendungen (= Programme auf anderen PS/2 im Netz), automatisch von der Veränderung erfahren. Sie brauchen also nicht ständig die Datenbank abzufragen, ob sich etwas "getan" hat, was auch sie angeht.

Datenbank und Message-Routing sind Produkte der Firma: *WERUM* Datenverarbeitungssysteme GmbH, Lüneburg.

Leitstand = elektronische Plantafel

Der Leitstand ist im Fertigungsnetzwerk die zentrale Steuerstelle. Er erhält Daten von allen anderen Teilnehmern im Netz - über die gemeinsame Datenbank -, und sie erhalten von ihm ihre Anweisungen.

Der Leitstand ist ein PC Programm, das auf einem Farbbildschirm mit hoher Auflösung die wesentlichen Funktionen einer Plantafel abbildet. Wie auf einer solchen nimmt der Planer seine Arbeitsgangzuteilung vor. Diese Aufgabe kann er nur erfüllen, wenn er stets den aktuellen Stand der Vorgänge in der Werkstatt auf seinem Bildschirm sieht. Dazu ist der Leitstand mit den Maschinen, die er steuert, über den Datenbank-Server und das LAN verbunden. Auf dem Wege über die Datenbank werden die zugeteilten Aufträge an die Maschinen gegeben und Rückmeldungen empfangen.

Mit dem Produktionsplanungssystem auf dem Großrechner ist der Leitstand über den Communication Server und den Datenbank-Server verbunden. Der ComServ "füttert" die Datenbank mit neuen und "entsorgt" sie von (teil-)abgearbeiteten Arbeitsgängen.

Der "Leitstand" ist ein Produkt der Firma: *AHP* - Havermann und Partner, Planegg.

DNC-Steuerung / Robotersteuerung

Der hier zur DNC-Steuerung eingesetzte IBM PS/2 als DNC-Zellenrechner ist mit einer Fräsmaschine bzw. einem Fertigungsroboter direkt verbunden und versorgt sie und ihren Bediener mit den für die Produktion notwendigen Daten. Er erhält seine Fertigungsaufträge vom Leitstand (über die Datenbank) und meldet Status und Arbeitsergebnisse über den Datenbankserver an den Leitstand zurück. NC-Programme werden durch den NC-Server (auf dem Datenbankserver oder ein eigener NC-DB-Server) im Netzwerk verwaltet. Neue oder geänderte NC-Programme fordert der Leitstand bei Auftragszuteilung automatisch vom Zentralrechner an. Sie werden auf dem NC-Server gespeichert. Der DNC-Zellenrechner lädt bei Arbeitsgang-Anfang das NC-Programm vom NC-Server direkt in die Maschinensteuerung.

Der DNC-Zellenrechner ist ein Produkt der Firma: *rwt* - Rechnersysteme für Wissenschaft und Technik GmbH, Krailling.

Die Steuerung der Roboterzelle besteht aus einem IBM-Industriecomputer, von ihm aus wird die Bestückungszelle bedient. Er erhält Auftrag und Steuerprogramm vom Leitstand bzw. NC-Server und gibt diesem Statusinformationen zurück.

Der Roboterzellenrechner ist ein Produkt der Firma: *MANZ* GmbH, Filderstadt.

Qualitätsüberwachung (CAQ)

Die Qualitätsüberwachung als wesentlicher Bestandteil der Fertigung muß vollständig in die Ablaufplanung der Produktion eingegliedert sein.

Was NC-Programme für die NC-Maschine, sind Prüfanweisungen für den Prüfer bzw. das Meßgerät. Sie werden zentral auf dem Host verwaltet und durch den Communication-Server auf die Datenbank im Netz übertragen. Die Prüfaufträge gelangen wie Fertigungsaufträge vom zentralen System über Communication- und Datenbankserver zum Leitstand und werden ebenso zurückgemeldet. Vom Leitstand werden die Prüfarbeitsgänge an die Zellenrechner der Prüfarbeitsplätze übermittelt.

Der Prüfplatz meldet Start und Ende des Prüfvorgangs über die Datenbank an den elektronischen Leitstand zurück.

Die Qualitätsüberwachungs-Hard- und -software sind Produkte der Firma: *Leipold*, Wolfach i. Schwarzwald.

Nutzenbetrachtungen

Nutzen des Datenbank-Servers

Der Datenbank-Server hat in einem Verbundsystem, wie es oben beschrieben wurde, einen mehrfachen Vorteil:

- Er hält alle für die Teilnehmer wichtigen Daten schnell und sicher bereit.
- Er ist für die Sicherheit der Daten vor unbefugtem Zugriff sowie vor Verlust / Vernichtung verantwortlich. Die Anwendungsprogramme können diesen Aspekt der Datenhaltung vernachlässigen.
- Er sichert die Kosistenz und Integrität der Daten.
- Er informiert *von sich aus* die betroffenen Anwendungen von allen Datenänderungen auf der Datenbank und vermeidet so unnötige Anfragen (Bringprinzip). Dies trägt sehr zur Gesamtleistungsfähigkeit der verbundenen Anwendungen bei.
- Er ist die *einzige* Schnittstelle für alle Anwendungen im LAN. Neue Anwendungen müssen nur auf den DB-Server abgestimmt werden, um sofort lauffähig zu sein. Konfigurationsänderungen in anderen Anwendungen, auch solchen, die von der neuen Anwendung betroffen werden, sind aus Datensicht nicht nötig. Umstellungen in laufenden Installationen werden so sehr erleichtert.

Der Datenbank-Server hat seinen Nutzen in der oben beschriebenen Weise und in Zusammenhang mit der Installation auf der CeBIT'89 eindrucksvoll bewiesen.

Nutzen des LAN in der Fertigung

Der Nutzeffekt des lokalen Netzwerks ergibt sich aus der Kombination dieses schnellen, intelligenten Kommunikationsmittels mit vielseitigen und leistungsfähigen Vor-Ort-Rechnern (PCs).

Viele Funktionen sind nur durch das LAN möglich:

- Restart-Unterstützung durch DB-Server
- Zentrale Verteilung von Programmen
- "Routing" von Nachrichten statt z. B. Trigger Dateien oder unnötige Zugriffe zum Datenbankserver.

Im LAN sind alle Teilnehmer gleichberechtigt ("peer to peer") d.h.

- ihre Selbständigkeit bleibt erhalten,
- sie können sich gegenseitig unterstützen, Funktionen eines ausgefallenen "Kollegen" kurzzeitig mitübernehmen, dadurch wird die Gesamtausfallsicherheit des LAN größer,
- der Großteil der Netzwerkfunktionen wird durch den eigenen Prozessor auf der Netzwerkadapterkarte unabhängig vom PC-Hauptprozessor erledigt; letzterer bearbeitet schon den nächsten Vorgang.

Durch die Verwendung von DB-Servern, in denen Daten gespeichert sind, die auch im Großrechner gehalten werden, ergibt sich eine, wenn auch begrenzte, Unabhängigkeit vom Großrechner.

Einerseits kann man - durch den Communication Server - jederzeit an seine Daten heran, andererseits kann man mit den transferierten Daten eine Zeit lang selbständig leben.

Auch für den Großrechner wirkt sich dies vorteilhaft aus. Er bekommt mehr Zeit für Aufgaben, die seine Stärke, komplexe Zusammenhänge zu bearbeiten, besser ausnutzen. So kann er z. B. vermehrt für Planungsarbeiten eingesetzt werden.

Die schnelle, preiswerte Verbindung durch das LAN macht auch die Betriebs- und Maschinendatenerfassung besser nutzbar. Die Daten stehen vor Ort für Steuerungszwecke zur Verfügung und sind gleichzeitig auch am Großrechner für Planungszwecke zugänglich.

Viele Funktionen, die bei früheren BDE Installationen noch vom Großrechner übernommen werden mußten, z. B. die Abfrage der BDE Terminals, die Speicherung der eingehenden Daten, werden jetzt durch das Netz und seine PCs ausgeführt. Dadurch ist BDE/MDE schneller und preiswerter.

Fazit:
Mit lokalen Netzwerken und PCs ist es möglich, alle Vorgänge in der Produktion stets voll "im Griff" zu haben. Der Einsatz von PCs und LAN in der Fertigung ist damit wichtiger Bestandteil eines Computer Aided Manufacturing Konzeptes (CAM).

Die ISO-Transaktionsverarbeitung als Grundlage für den Nachrichtenaustausch in Verteiltem PEARL

Gabriele Heß
Ulrich Bohnert
Peter Holleczek

Universität Erlangen-Nürnberg
Regionales Rechenzentrum
Martensstraße 1, D-8520 Erlangen
Telefon: (09131) 85-7031

Zusammenfassung:

Dienste zur Unterstützung verteilter Anwendungen müssen hohe Anforderungen in Bezug auf Kommunikation und Synchronisation erfüllen. Die Standardisierung eines Dienstes für verteilte Transaktionsverarbeitung eröffnet nun die Möglichkeit, solche Anwendungen auf heterogene Systeme zu verteilen und die bisherigen Individuallösungen abzulösen.

Ziel des hier vorgestellten Projekts 'Verteilte Anwendungen im DFN' ist die Bereitstellung eines Dienstes für verteilte Transaktionsverarbeitung und die Entwicklung einer Beispielanwendung.

Die Realisierung des Dienstes und des unterlagerten Protokolls erfolgt entsprechend dem internationalen Ansatz 'ISO-Transaction Processing, 2nd Draft Proposal'. Der ISO-TP-Dienst wird in der Anwendungsebene des ISO-Referenzmodells erbracht. Er stellt als Kommunikationsmittel Dialoge zur Verfügung und bietet Unterstützung für Transaktionsverarbeitung.

Die Kommunikationsmechanismen verteilter Transaktionen lassen sich als Austausch von Botschaften im Sinne von Verteiltem PEARL betrachten. Der ISO-TP-Dienst stellt also eine (standardisierte) Basis für das Kommunikations- bzw. Synchronisationskonzept von Verteiltem PEARL dar. Ziel des Projektes ist es auch, Verteiltes PEARL auf den ISO-TP-Dienst aufzusetzen.

Als Beispiel wird eine Anwendung aus dem Bereich der Hochenergiephysik entwickelt. Sie soll die Online-Auswertung von Experimentdaten ermöglichen und eine möglichst rasche Einflußnahme auf die Parametrisierung des Experiments gewährleisten.

Die Entwicklung der TP-Service-Maschine wird für einen IBM-Großrechner mit dem Betriebssystem IBM-VM durchgeführt. Teile der Anwendung werden ebenfalls für diese Anlage entwickelt. Als zweiter Rechner soll eine VAX-VMS zum Einsatz kommen, welcher für die Datenaufnahme vom physikalischen Experiment eingesetzt wird.

Für die Realisierung der TP-Service-Maschine wird die Programmiersprache PEARL eingesetzt, da sie sich als Strukturierungsmittel für die unabhängige Realisierung der Dialoge eignet.

1. Einleitung

Dienste zur Unterstützung verteilter Anwendungen müssen hohe Anforderungen in Bezug auf Kommunikation und Synchronisation erfüllen.

In der Praxis treten immer häufiger Anwendungen auf, welche eine Verteilung der Verarbeitung auf verschiedene Systeme erzwingen oder aus Effizienzgründen nahelegen.

Die Standardisierung eines Dienstes für verteilte Transaktionsverarbeitung eröffnet nun die Möglichkeit, solche Anwendungen auf heterogene Systeme zu verteilen und die bisher existierenden Individuallösungen abzulösen.

2. Modellvorstellungen

2.1. Der Dienst 'Transaction Processing' (TP)

Ziel der Entwicklung des TP-Dienstes /ISO88/ ist die Unterstützung verteilter Transaktionen. Unter einer Transaktion ist ein abgeschlossener, nicht unterbrechbarer Verarbeitungsschritt zu verstehen, welcher von einem konsistenten Zustand ausgehend in einem neuen konsistenten Zustand endet, wobei seine Auswirkungen nachträglich nicht mehr beeinflußt werden können. Als Kommunikationsmittel zwischen den an der Transaktion beteiligten Programmen wird der Dialog eingesetzt, welcher wahlweise als halb-duplex- oder voll-duplex-Verbindung aufgebaut werden kann.

Als Voraussetzung für die Benutzung des TP-Dienstes gilt:

- Es muß berücksichtigt werden, daß die Transaktionsprogramme durch Dialoge nur zu einer Baumstruktur verknüpft werden können (siehe Bild 1).
- Jedes durch einen Dialogaufbau dem Baum neu hinzugefügte Transaktionsprogramm befindet sich im Initialzustand.

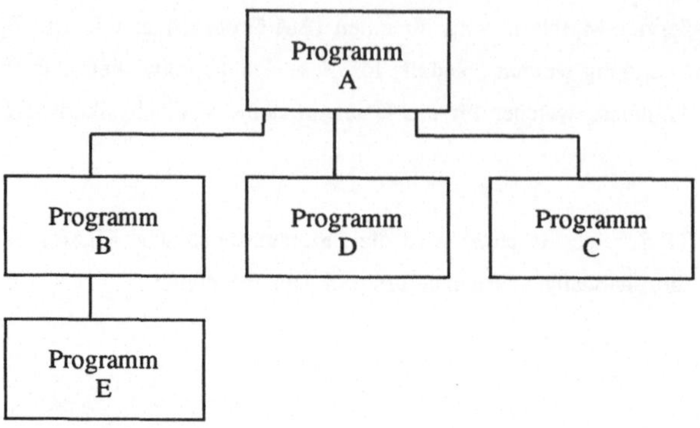

Bild 1: Beispiel eines Dialogbaumes für verteilte Transaktionsverarbeitung

Der TP-Dienst setzt sich zusammen aus Diensten für

- Aufbau, Abbau, Abbruch von Dialogen,
- asynchronen Datentransfer,
- Synchronisation über einen Dialog,
- Fehlermeldungen,
- Anforderungen über Übergabe der Sendeberechtigung,
- Erzeugen von baumübergreifenden Sicherungspunkten,
- Rücksetzen einer Transaktion.

Hinter dem asynchronen Datenaustausch verbirgt sich die Möglichkeit, anwendungsspezifische Dienste (z.B. Remote Operation Service - ROS) zu integrieren. Für Synchronisation wird ein Handshake-Mechanismus angeboten. Durch das Hilfsmittel, Sicherungspunkte zu erzeugen, ergibt sich die Möglichkeit, eine verteilte Anwendung in eine Folge von Transaktionen zu zerlegen. Ein Sicherungspunkt entspricht dem Abschluß einer Transaktion der Folge.

Das Zurücksetzen einer Transaktion ist gleichbedeutend mit dem Wiederaufsetzen auf den letzten Sicherungspunkt.

2.2. Verteiltes PEARL (VP), Kommunikation und Synchronisation

Verteiltes PEARL /FHKK83/ unterstützt Anwendungen, welche in parallele Prozesse unterteilt sind. Zur Kommunikation steht ein Botschaftskonzept zur Verfügung, welches synchrone und asynchrone Nachrichtenübertragung ermöglicht.

Die Definition eines Wartebereichs für die Botschaften von einem Sendeprozeß zu einem Empfangsprozeß erzwingt asynchrone Kommunikation, solange im Wartebereich Platz für die Einlagerung einer Botschaft ist. Davon unabhängig kann in der Gegenrichtung synchrone Kommunikation erfolgen, wenn für diese Richtung kein Wartebereich definiert wurde (siehe Bild 2).

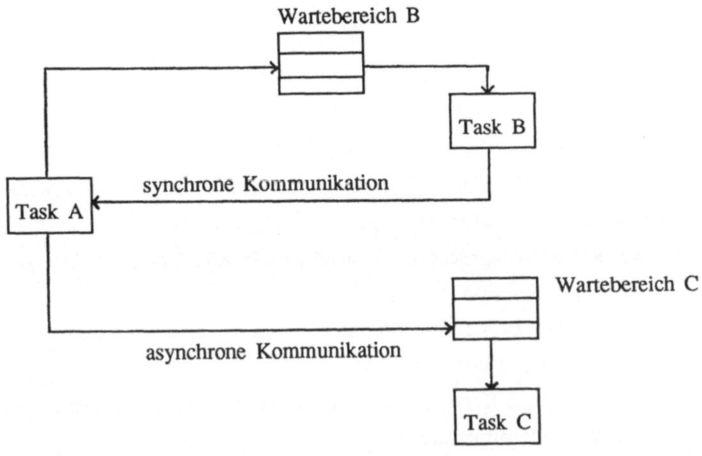

Bild 2: Beispiel einer verteilten Anwendung in Verteiltem PEARL

Außer dem bisher vorgestellten Botschaftskonzept beinhaltet Verteiltes PEARL nichtdeterministische Kontrollanweisungen (guarded statements). Ein guarded statement setzt sich aus mehreren guards (Wächtern) zusammen, welche exklusiv ausgeführt werden. Jeder guard besteht aus einem Bedingungsteil und einem Reaktionsteil. Letzterer kommt nur dann zur Ausführung, wenn alle im Bedingungsteil enthaltenen Bedingungen erfüllt sind.

Ein guarded statement kann von einem Timeout-Zweig abgeschlossen werden (guarded region) oder einen Default-Zweig enthalten (guarded command). Im Timeout-Zweig wird die maximale Wartezeit einer Task angegeben für den Fall, daß kein guard ausführbar ist. Ein guarded region ohne Timeout-Zweig entspricht einem guarded region mit Timer-Wert unendlich. Wenn ein guarded command einen Default-Zweig enthält, wird für den Fall, daß kein guard sofort ausführbar ist, die Default-Anweisung durchgeführt. Ein guarded command ohne Default-Zweig wirkt wie eine leere Anweisung, wenn kein guard sofort ausführbar ist. Mit Hilfe der nichtdeterministischen Kontrollanweisungen läßt sich das Senden bzw. Empfangen beliebig vieler Botschaften synchronisieren.

3. Abbildung von VP auf TP

Die Abbildung von Verteiltem PEARL auf TP soll einer Verteilten PEARL-Anwendung die Unterstützung durch TP-Dienste ermöglichen.

3.1. Unterschiede

Dabei sind folgende Unterschiede zu beachten:

- Verteiltes PEARL läßt beliebige Verbindungsstrukturen zwischen Tasks zu. In TP können Transaktionsprogramme nur zu einer Baumstruktur verbunden sein.
- TP-Dialoge sind in zwei Richtungen einsetzbar, während eine PEARL-Botschaft einer gerichteten Verbindung entspricht.
- Die Anzahl der Dialoge zwischen zwei Transaktionsprogrammen ist auf einen Dialog begrenzt. Die Anzahl der Botschaften zwischen zwei Tasks ist nicht beschränkt.
- In Verteiltem PEARL ist synchrone Kommunikation möglich. TP bietet einen Dienst ohne Benutzerdaten für die Synchronisation zweier Dialogpartner an.
- Das Erzeugen von und Rücksetzen zu baumweit gültigen Sicherungspunkten wird nur von TP unterstützt. Der Anwendungsprogrammierer von Verteiltem PEARL muß solche Sicherungspunkte und Rücksetzmechanismen ohne Systemunterstützung realisieren.

3.2. Einschränkungen bei Abbildung

Die Abbildung von Verteiltem PEARL auf TP läßt sich auf Grund der Unterschiede nur mit Einschränkungen ermöglichen.

- Eine Anwendung für Verteiltes PEARL, welche auf der Funktionalität von TP aufbaut, muß der in TP geforderten Baumstruktur gehorchen.
- Ein Dialog wird als Träger aller Botschaften zwischen zwei Tasks definiert.
- Synchrone Botschaften sind nur dann zulässig, wenn sie auf eine Folge von TP-Diensten abgebildet werden.
- Der Anwendungsprogrammierer muß sicherstellen, daß das Erzeugen von Sicherungspunkten und das Zurücksetzen auf einen Sicherungspunkt alle Tasks des Teilbaumes erfaßt.

Die Anbindung von Verteiltem PEARL an den ISO-TP-Dienst ermöglicht die Kommunikation Verteilter PEARL-Tasks untereinander und mit Nicht-PEARL-Anwendungsprogrammen. Zur Zeit wird geprüft, in wie weit sich die Protokolle für Verteiltes PEARL und TP decken. Der TP-Service kann für verteilte Anwendungen im PEARL in drei Formen realisiert werden (siehe Bild 3). Die Möglichkeiten 1 und 2 im Bild bieten einer PEARL-Task die Schnittstelle von Verteiltem PEARL für TP an. Diese beiden Realisierungen unterscheiden sich in der Art der Abbildung. Möglichkeit 1 bewirkt eine Umsetzung zwischen dem Dienst für Verteiltes PEARL und dem TP-Dienst. Bei der Möglichkeit 2 wird das Protokoll für Verteiltes PEARL mit den genannten Einschränkungen dem TP-Protokoll unterlagert. Die dritte Möglichkeit beinhaltet einen Verzicht auf die Schnittstelle von Verteiltem PEARL. Um den TP-Dienst direkt zu nutzen, müssen die PEARL-Anwendungen verändert werden.

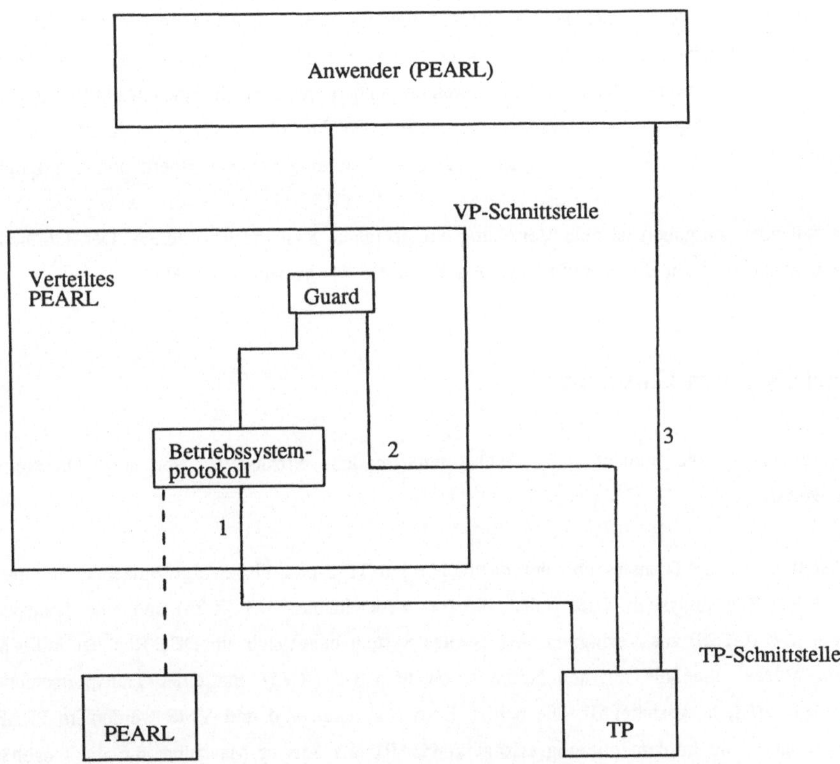

Bild 3: Möglichkeiten für die Anbindung einer Verteilten PEARL-Anwendung zu den TP-Service

4. Das Projekt

Die Realisierung des TP-Dienstes ist Gegenstand eines DFN-Projekts am RRZE.

4.1. Sinn und Zweck

Ziel dieses Projektes ist der Einsatz des TP-Dienstes für eine Anwendung aus der Hochenergiephysik. Bei der Durchführung von Experimenten aus diesem Bereich fallen am Ort des Experiments hohe Datenraten an, welche nach einer Vorverarbeitung mit Datenreduktion durch ein rechenintensives Analyseverfahren ausgewertet werden. Die für die Analyse nötige Rechenkapazität steht nur an einer Großrechenanlage zur Verfügung. Die Kontrolle und Beeinflussung des Meßverlaufs ist durch schnelle Aufbereitung der Analyseergebnisse möglich.

Für die anfallenden Aufgaben ist eine Verteilung auf geeignete Systeme unerläßlich. Der TP-Dienst bietet die geeignete Unterstützung für die Koordination und Kontrolle des geschilderten Ablaufs.

4.2. Betriebssystem-Einbettung

Der TP-Dienst ist in die Schicht 7 des ISO-Referenzmodells einzuordnen und setzt Dienste unterlagerter Schichten voraus.

Die Realisierung des TP-Dienstes und des dazugehörigen TP-Protokolls erfolgt zunächst für eine IBM 3090-Anlage mit VM-Betriebssystem. Hier stehen die Netzwerkschichten 1-3 (X.25) und eine Transportschicht für Tranportklasse 0 (OTSS) zur Verfügung. Als zweites System bietet sich ein DEC-Rechner mit VMS-Betriebssystem an, welcher ebenfalls mit den Netzwerkschichten 1-3 (X.25) und einer Transportschicht für Transportklasse 0 (VOTS) ausgestattet ist. Die beiden Betriebssysteme VM und VMS werden im PEARL-Betriebssystem überlagert. Die Implementierung erfolgt in PEARL als Service-Maschine, um die Unabhängigkeit der Transaktionsprogramme von der Programmiersprache PEARL zu erreichen.

4.3. Gesamt-Konfiguration

Die Auswahl der beteiligten Systeme wurde auf die Anforderungen der physikalischen Anwendung abgestimmt. Es ergibt sich daraus eine typisch heterogene Hardware-Konfiguration mit räumlicher Trennung.

Der Einsatz von standardisierten Protokollen gemäß der Idee von OSI gewährleistet die Kommunikation für solche Anwendungen.

5. Implementation der Protokollautomaten und Betriebssystem-Einbettung

5.1. Programmierumgebung

Als Spezifikationsmethode für die Entwicklung der TP-Service-Maschine wurde PASS (Parallel Activities Specification Scheme) /FLEI84/ eingesetzt. PASS benutzt als Strukturierungsmittel den Begriff des Prozesses. Als Kommunikationsmittel der Prozesse sind sowohl gemeinsame Objekte als auch Botschaften vorgesehen. Bei der Implementierung wurden PASS-Prozesse in PEARL-Tasks umgesetzt. PASS und PEARL bieten durch das Prozeß- bzw. Task-Konzept Vorteile für die Verwaltung unabhängiger Verbindungen bei der Spezifikation und Implementierung von Protokollen. PASS und Verteiles PEARL sind Teil einer Programmierumgebung für verteilte Anwendungen /HA89/.

5.2. Sprachschale

Für die Einbettung einer PEARL-Benutzermaschine über dem VM-Betriebssystem ist eine Sprachschale erforderlich. Die Sprachschale bildet die Schnittstelle zu den Benutzermaschinen der Anwendung sowie zum unterlagerten OTSS (siehe Bild 4). Die Portierung der TP-Service-Maschine auf das VMS-Betriebssystem ist geplant.

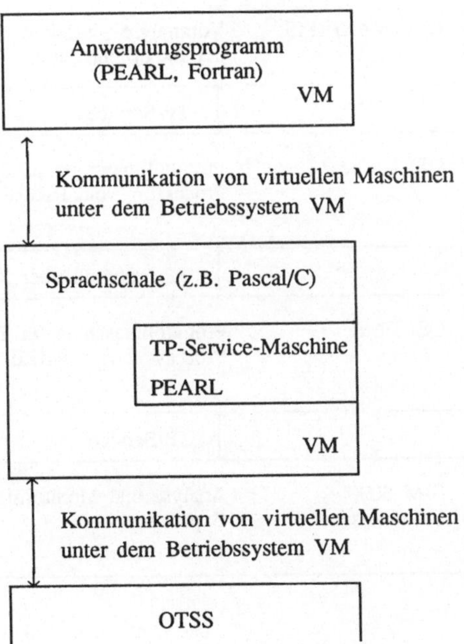

Bild 4: Einbettung der TP-Service-Maschine in eine Sprachschale

6. Implementation einer exemplarischen Anwendung

Als Anwendung wurde die Auswertung eines physikalischen Experiments gewählt, das im Rahmen eines Projekts des Physikalischen Instituts der Universität Erlangen am CERN durchgeführt wird (siehe Bild 5).

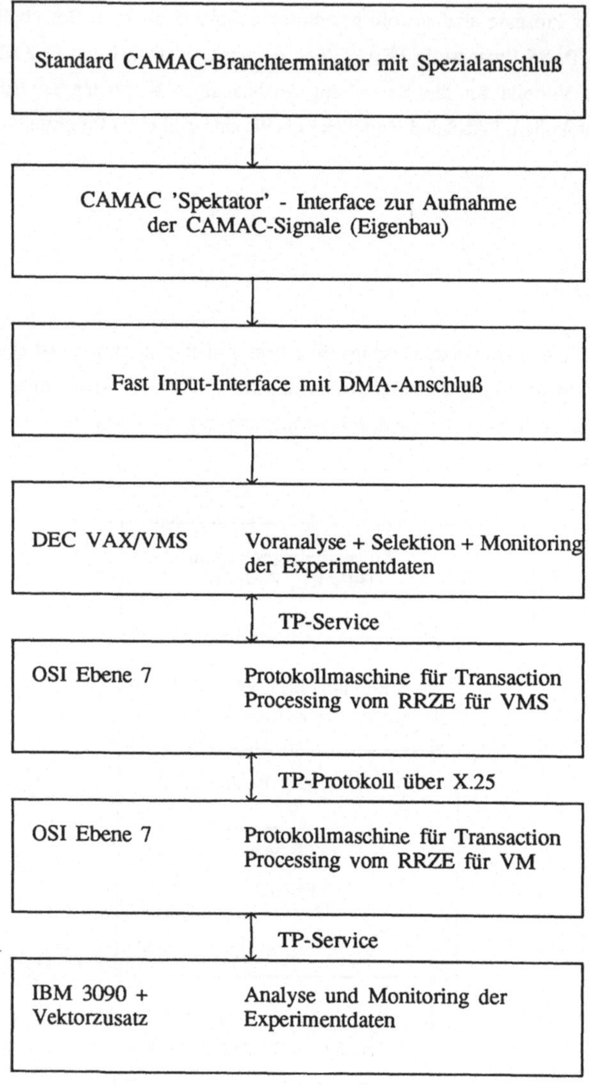

Bild 5: Erfassung und Verarbeitung der Experimentdaten

6.1. VMS

Für die Datenaufnahme am Ort des Experiments wird ein DEC-Rechner mit VMS-Betriebssystem eingesetzt. Die Meßdaten werden durch eine Vorverarbeitung auf diesem System auf die physikalisch relevanten Ereignisse reduziert. Für die Analyse werden die Daten über einen Zugang zum öffentlichen Netz an die IBM-Anlage der Universität Erlangen übertragen. Die Darstellung der Analyseergebnisse soll graphisch erfolgen, um für die Überwachung und Einflußnahme auf den Experimentverlauf einen möglichst umfassenden Einblick zu gewährleisten.

6.2. VM

Der rechenintensive Teil der Anwendung wird auf der IBM 3090 der Universität Erlangen ausgeführt. Die Anlage besitzt das Betriebssystem VM, einen Vektorrechnerzusatz und einen Zugang zu einem öffentlichen X.25-Netz. Die Implementierung dieses Teils der Anwendung erfolgt in Fortran, um die Fähigkeiten des Fortran-Compilers bei der Vektorisierung von Programmen auszunutzen. Die bereits existierenden Analyseprogramme sind ebenfalls in Fortran programmiert, so daß sie ohne Änderung in die Anwendung eingebunden werden können.

7. Diskussion

Die Bedeutung eines standardisierten Dienstes für verteilte Transaktionsverarbeitung zeigt sich bei Anwendungen, welche sehr unterschiedliche Anforderungen beinhalten. Der Vorteil einer Verteilung von Anwendungsprogrammen liegt in der anforderungsspezifischen Auswahl der geeigneten Hardware und Software für jedes Programm.

Für die Entwicklung der TP-Protokollmaschine bietet der Prozeßbegriff als Strukturierungsmittel große Vorteile. Die unabhängige Verwaltung von Verbindungen wird daher von PASS und PEARL gut unterstützt. Für die Entwicklung einer Testumgebung bieten PASS und PEARL Vorteile bei der Simulation unabhängiger Anwendungsprogramme.

Literatur

/ISO88/ Information Processing Systems - Open System Interconnection - Distributed Transaction Processing, Second Draft Proposal Part 1-3, 9. Dec. 88, ISO/IEC DP 10026 1-3

/FHKK83/ A. Fleischmann, P. Holleczek, G. Klebes, R. Kummer: Synchronisation und Kommunikation verteilter Automatisierungsprogramme; Angewandte Informatik 7/83, 290-297

/FLEI84/ A. Fleischmann: Ein Konzept zur Darstellung und Realisierung von Verteilten Prozeßautomatisierungssystemen; Dissertation, Universität Erlangen-Nürnberg, 1984

/HA89/ P. Holleczek, C. Andres: A Programming Environment for Distributed Realtime Applications; IEEE/acm - Hawaii International Conference on System Sciences, 1989

BETRIEB, FEHLERSUCHE UND ERWEITERUNGEN BEI EINEM ZENTRALEN NETZLEITSYSTEM DER STADTWERKE HANNOVER AG

J. Rehmer U. Gutt
Stadtwerke Hannover, 3000 Hannover

Zusammenfassung

In diesem Vortrag wird über den Betrieb eines großen Rechnerverbundsystems berichtet, welches in den zurückliegenden drei Jahren rund um die Uhr verfügbar war. Dabei werden Erfahrungen und Anregungen weitergegeben, die zum größten Teil nicht anlagenspezifisch sind und daher für einen großen Teil der PEARL-Anwender interessant sein könnten.
Darüberhinaus wird der Themenkomplex der Erweiterung von Software an einem bestehenden System unter Prozeßbedingungen behandelt.

1.0 Vorstellung des Unternehmens Stadtwerke Hannover AG

Die Stadtwerke Hannover AG sind ein kommunales Querverbundunternehmen mit den Sparten Strom, Gas, Wasser, und Fernwärme. Das Zentrale Netzleitsystem -ZLS- ist ein Projekt des Elektrizitätswerkes.
Das ZLS dient hauptsächlich zur Betriebsführung eines ausgedehnten Hoch- und Mittelspannungsnetzes und als Werkzeug zur Kraftwerkseinsatzplanung. Die anfallenden Aufgaben gehören zum Standard der Prozeßrechentechnik und werden hier nicht weiter diskutiert.

1.1 Struktur des Zentralen Netzleitsystems

Die Struktur der Hardwarekonfiguration zum Zeitpunkt der Übergabe an den Betrieb im Jahre 1986 ist dem Bild 01 zu entnehmen. Der jetzige Stand des Systems unterscheidet sich schon gravierend von der Anfangsphase und wird in den kommenden Jahren einer ständigen Wandlung unterliegen.
Im Dezember 1989 stellt sich das System wie folgt dar:

- 1 Synchron Duplex Rechner SDR 1300 als Betriebsrechner
- 1 Prozeßrechner EPR 1300 als Hintergrundrechner
- 1 Synchron Duplex Rechner SDR 1300 als Datenkonzentrator
- 4 Prozeßrechner EPR 1300 als Bedienplatzrechner
- 1 Prozeßrechner EPR 1300 zur Datenpflege und Archivierung
- 11 Prozeßrechner EPR 1300 in den Umspannwerken (max 40 UR's)

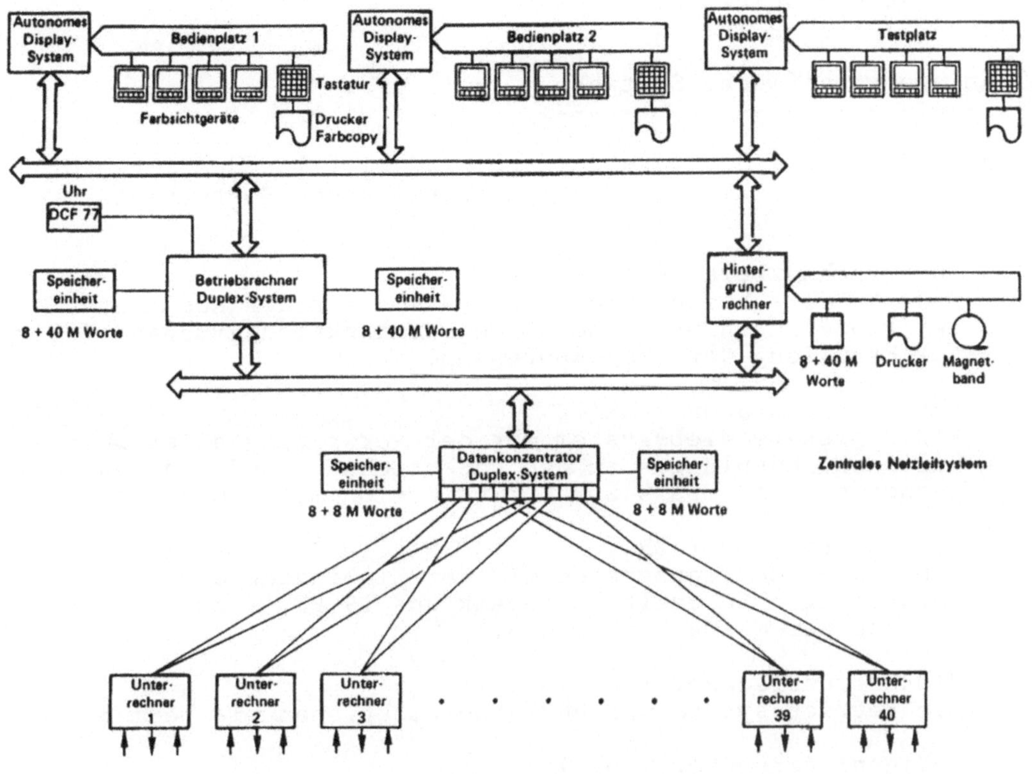

Bild 01

1.2 Berichtszeitraum

Mit den oben angegebenen Zahlen und dem Ansatz, Betriebserfahrung ist das Produkt aus der Anzahl der Prozeßrechner multipliziert mit der Betriebszeit, läßt sich eine Aussage über 60 Prozeßrechnerjahre machen. Die Inbetriebnahmezeit ist hier nicht mit einbezogen worden.
An dieser Stelle muß gesagt werden, daß im EVU-Bereich die Betriebszeiten für die Primärtechnik, also Transformatoren, Schalter usw. bei mehr als 30 Jahren liegen, während auf der Herstellerseite von Prozeßrechenanlagen mit einem Generationswechsel von 7 Jahren argumentiert wird.
Hier bahnt sich ein Generationenkonflikt besonderer Art an: " Wenn die Prozeßrechenanlage richtig läuft, wird sie durch eine Neue mit den gerade beseitigten Fehlern ersetzt". Unsere Vorstellung von der Hardware-Lebensdauer geht auf der Basis der kompatiblen Komponenten bis zum Jahre 2005, die Software muß in dem gleichen Zeitbereich einsatzbereit, wartbar und erweiterbar sein.

2.0 Aufbau der Software

2.1 Anlagenspezifische Software

Die prozeßbezogene Software des ZLS wird im folgenden kurz vorgestellt, um einen Einblick in die zu pflegende Software zu geben.

Unterrechnerbereich (UR)
Max. 40 verschiedene Betriebssysteme mit der Konfiguration der Prozeßanschlüsse und 3 Programmfunktionsgruppen (PFG's) zur Erfüllung der Prozeßaufgaben.

Datenkonzentrator (DK)
Ein Duplex-Betriebssystem mit der Verwaltung aller physikalischen Kopplungen zu den Unterrechnern und den Zentralrechnern. Drei PFG's zur Kommunikation mit den Rechnern.

Betriebsrechner (BR)
Ein Duplex-Betriebssystem mit der Einbindung der relationalen Echtzeit-Datenbank und 19 PFG's zur Erfüllung der SCADA Funktionen.

Hintergrundrechner (HR)
Ein Betriebssystem und ähnliche Funktionen wie beim BR.

Bedienplatzrechner (BP)
Vier Betriebssysteme und je 18 PFG's zur Prozeßdarstellung, Prozeßsteuerung und Datenpflege.

Für diesen Rechnerverbund stehen uns einige Dienst- und Anlagenprogramme zur Verfügung, die das Anlagenmanagement ermöglichen.

2.2 Software für das Anlagenmanagement

Unter diesem Titel soll die gesamte Software verstanden werden, die es dem Betreiber erlaubt, eine 100%ige Verfügbarkeit der oben beschriebenen Funktionen zu gewährleisten.
Es sind Softwareprodukte, die zum Teil als Dienstprogramme wie File-Manager, Editor usw. bekannt sind und Sonderentwicklungen, die als Ergebnis auf der Suche nach einer guten Lösung entstanden sind. Eine zentrale Aufgabe im Anlagenmanagement nimmt die zentrale Kommunikation und der Software-Bus ein, der im folgenden näher vorgestellt wird.

Der Begriff Software-Bus ist bislang nicht eindeutig definiert; deshalb soll hier erörtert werden, was im Projekt ZLS bei den Stadtwerken Hannover damit gemeint ist:

- Der Software-Bus erlaubt es uns, jede PFG im laufenden Prozeß zu beenden oder zu starten, ohne daß mit ihr kommunizierende Programme beeinträchtigt werden.

- Andere Programmversionen können als Testversion eingebunden werden, ohne die alten (bewährten) Programme zu löschen. Dabei besteht die Möglichkeit, Ausgaben über Taskzustände, Pointer und Variable zur Anzeige zu bringen.Zusätzlich sind bei dieser Startmethode Bedienerinterventionen möglich, um z.B. einen künstlichen Jahreswechsel anzustoßen.

- Neue Programme können im laufenden Prozeß gestartet werden, ohne das Gesamtsystem abzufahren.

- Programmfunktionsgruppen können ohne Softwareumstellung von einem Rechner auf einen anderen Rechner verlagert werden.

- Jede PFG kann mit einer festgelegten Struktur aus Rechnernummer, PFG-Nummer und Tasknummer mit jedem anderen Softwareteil kommunizieren, ohne sich um die Abwicklung der Kommunikation kümmern zu müssen.

Ein Teil der oben beschriebenen Leistungen wird durch eine spezielle PFG erzielt, die hier näher betrachtet werden soll. Die PFG KM (Kommunikation) initialisiert das Kommunikationssystem auf dem jeweiligen Rechner. Ferner baut KM die lokalen und die remote-Kommunikationswege auf. Eine eigene Task dient zur Komunikation mit den Nutzern der KM-Dienstleistungen und zur Steuerung des Kommunikationssystems.
Im Modul Querschnittskommunikation (QKOM), welches in jede Programmfunktionsgruppe eingebunden werden muß, befinden sich Prozeduren, die die Task/Task-Kommunikation auf der Basis von Nachrichten und Rückmeldungen realisieren. Der Datenaustausch wird über das Queueing-bzw. Remote-Queueing-System unabhängig von Rechner- und Programmgrenzen durchgeführt. Eine komfortable Bedienerfunktion stellt dabei für das Systemmanagement die Zustände aller physikalischen und logischen Verbindungen dar und erlaubt im Fehlerfall eine Fehlersuchstrategie durch gezielte Manipulationen, die in jedem Fall der Versuchung des Rechnerneustarts ohne vorherige Analyse vorzuziehen ist.

Damit wäre die Vorstellung eines Teils der Arbeitsumgebung für den täglichen Kampf mit Bits und Bytes beendet.
Unter der Prämisse, daß auch kein überdurchschnittlich begabter Systembediener das Detailwissen jeder Programmfunktionsgruppe haben kann, ergeben sich einige Forderungen, die generell für jede Prozeßrechenanlage gelten:

- Bei der Spezifizierung der betrieblichen Funktionen muß mehr Wert auf die Fehlerbehandlung gelegt werden. Eine Fehlermeldung muß während der gesamten Projektlaufzeit verständlich sein.

- Aussagekräftige Protokolle über das Systemverhalten müssen jederzeit abrufbar sein.

- Telegrammschnittstellen müssen leicht aktivierbar und lesbar sein.

- Der Anwender muß schnell mit Entscheidungswissen versorgt werden, um Fehlereingrenzungen vornehmen zu können. Die notwendige Information muß sich im Rechnersytem befinden. Eine Papierdokumentation ist in den meisten Fällen gerade verlegt oder nicht aktuell.

- Dienstprogramme müssen mit komfortablen Help-Funktionen eine echte Hilfe in Streßsituationen bieten.

- Ein-Ausgabe-Aktivitäten während einer Fehlerbehandlung müssen auf einem Drucker protokollierbar sein. Im ungünstigsten Fall muß die Hardcopy-Funktion des Terminals genutzt werden können.

- Programme müssen mit Aktivierungsfunktionen ausgerüstet sein, um zeitliche Einplanungen zu simulieren oder ein Fehlverhalten zu produzieren.

- Sämtliche Telegramme zur Task/Task- und Rechner/Rechner-Kommunikation müssen vom Systemoperator generierbar sein.

- Prozeßrechner müssen selbst in anormalen Betriebszuständen die Möglichkeit zum Erstellen des Fehlerbildes haben, um u.U. eine Struktur des Fehlers zu finden.

Die oben genannten Forderungen erheben keinen Anspruch auf Vollständigkeit; sie sind als Ergebnis einer langen und fruchtbaren Zusammenarbeit mit dem Lieferanten und dem Abnehmer als Langzeitnutzer des Produktes zu verstehen.

Die sinnvolle Nutzung einiger der beschriebenen Funktionen war ein wesentlicher Teil bei dem Bemühen, für unsere Anlage eine Verfügbarkeit rund um die Uhr zu erzielen.
Dabei lag der Ehrgeiz der Kundenseite nicht beim reinen Nachweis des Fehlers, sondern im Reproduzieren des Fehlverhaltens. Die überaus guten Erfahrungen mit dieser Modalität der Fehlerbehebung fanden ihren Niederschlag in einem finanziell sehr günstigen Softwarevertrag, der nur dann greift, wenn sich ein Fehler dingfest machen läßt.

Die Quote der nicht aufgeklärten Fehler liegt im Bereich zwischen 2 - 5 Prozent. In diesen Fällen hilft nur noch der Weg zum Restart-Knopf, ein Mittel welches in der Vergangenheit sehr selten eingesetzt werden mußte.

3. Fehlerbehandlung im ZLS

3.1 Fehlererkennung

Beim Betrieb einer Prozeßrechenanlage können Fehler z.B. aus den folgenden Gründen auftreten:

- Hardwarefehler
- fehlerhaftes Prozeßdatenmodell
- fehlerhaftes Betriebssystem
- Fehler in der Anwendersoftware

10 Prozeßrechner mit 10 Terminals können an 10 verschiedenen Orten ihre Fehlermeldungen ausgeben. Damit ist keine schnelle Fehlererkennung bzw. Fehlerbehebung möglich. Aus diesem Grund ist beim ZLS auf jedem Rechner ein User installiert, der die lokalen Fehlermeldungen über den oben beschriebenen Softwarebus an die zentrale Fehlerbehandlung des Hintergrundrechners sendet und im Systemfehlerprotokoll ausdruckt (Bild 02).

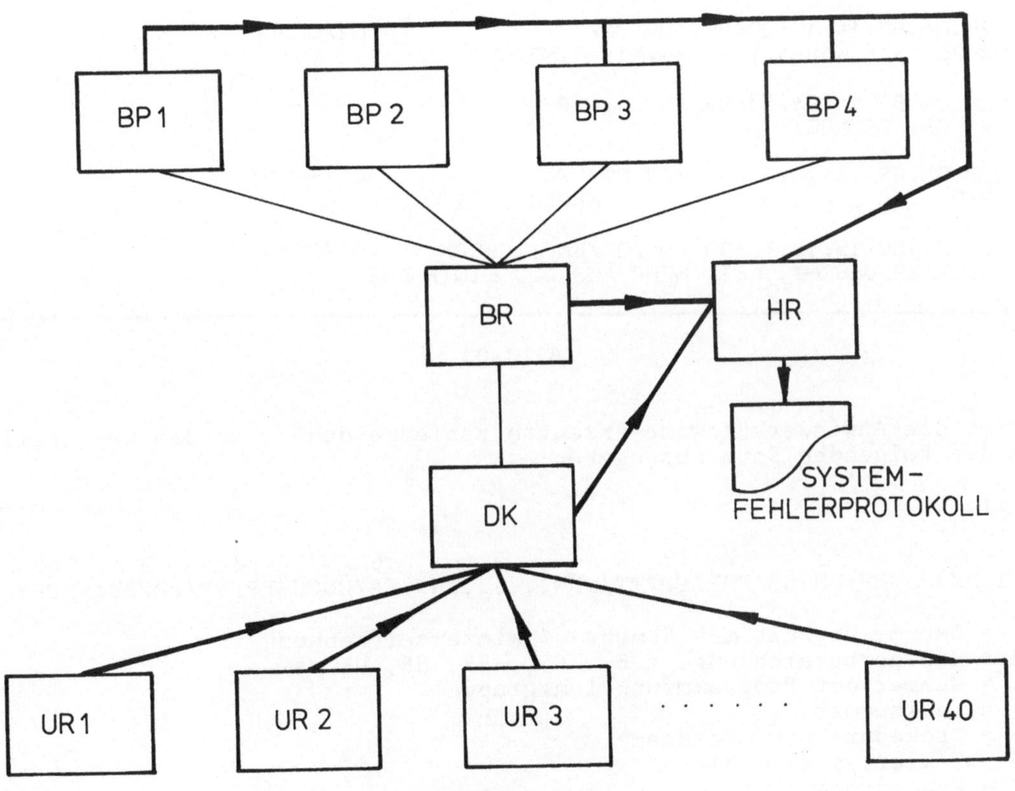

Bild 02

Fehlermeldungen sind hier sämtliche Meldungen aus der META- und PEARL-Ebene die in eine Queue geschrieben werden. Diese System- und Anwenderprogrammfehler werden einer Referenztabelle gesendet, die aus einem Zahlencode eine aussagekräftige Meldung macht.

3.2 Das Systemfehlerprotokoll

Neben den Fehlermeldungen wird im Systemfehlerprotokoll das Beenden und Starten von Programmfunktionsgruppen sowie die Zustandsänderungen der Kopplungen zu den Unterrechnern ausgedruckt, um für eine Analyse einen lückenlosen Ablauf der Ereignisse zu dokumentieren. Da die Ausgabe des Systemfehlerprotokolls räumlich von der Netzleitwarte getrennt ist, werden einige Fehlermeldungen, die auch für das Leitstellenpersonal von Bedeutung sind, ebenfalls im laufenden Betriebsprotokoll ausgegeben.

Bild 03 zeigt einen Ausschnitt aus der Liste des Systemfehlerprotokolls.

```
S28.06.89-14:12:33/BR /07/03/BILVER          /02/0005/
118   1   0   0   UNGUELTIGER OPERANDENTYP (WERTE FUER POS,ART,WERT1:2)

S28.06.89-14:15:20/DK /09/02/                /02/0006/
UR 06     : Kanal 1 aktiv,M1:--,M2:OK

S28.06.89-15:06:33/BR /MV  .NOR
(ST 08) BEENDET

S28.06.89-15:10:05/BR /09/02/URAUF           /02/1620/
UR:01 TRA/EFD FEHLER          KARTE : 02

S28.06.89-15:12:52/BR /01/06/KM / CHECK      /02/0046/
QUEUE GELOESCHT, WEIL MEHR ALS 600 EINTRAEGE
```

Bild 03

Durch die Anwendersoftware erzeugte Fehlermeldungen werden zweizeilig in der folgenden Form ausgegeben:

Zeile 1:

```
          1            2   3  4        5        6   7    8      9     10
KTT.MM.JJ-HH:MM:SS/RRR/PP/TT/NNN.....NNN/FF/CCCC/PPPPP/PPPPP/PPPPP
```

```
 1 = Datum, Uhrzeit mit Sommer- / Winterzeitkennung
 2 = Rechnerbezeichnung, z.B.  BP1, BR, HR, DK usw.
 3 = Nummer der Programmfunktionsgruppe
 4 = Tasknummer
 5 = Prozedur- bzw. Taskname
 6 = Fehlertyp (1 - 3)
 7 = Fehlercode
 8 = Parameter 1 -----+
 9 = Parameter 2      |--- Diese 3 Parameter werden nur bei
10 = Parameter 3 -----+    Fehlertyp 3 ausgegeben.
```

Zeile 2:

```
                                  11
TTTTTTTTTTTTTTTTTTTTTTTTTTTTTT...........TTTTTTTTTTTTTTTTTTTTTTT
```

11 = Anwendertext, max. 80 Zeichen lang

Bei Fehlertyp 2 und 3 wird der im Programm festgelegte Anwendertext ausgegeben, bei Fehlertyp 1 wird der Text dem File "SYSERR" entnommen. Dieser Textfile enthält eine Referenztabelle für die Zuordnung von Fehlercode und Ausgabetext.Hiermit besteht die einfache Möglichkeit, Systemmeldungen im Text zu verändern, neue Meldungen einzufügen bzw. zu sperren.

Durch die Angabe des Rechners, der Programmfunktionsgruppe und der Task bzw. Prozedur läßt sich der Fehlerort im Quellprogramm eindeutig bestimmen. Der Fehlercode und die Parameter 1 bis 3 sind abhänging von dem Fehlertyp und werden im Programm gesetzt.

3.3 Beispiel einer Fehlerbehandlung

Bei der Inbetriebnahme eines neuen Unterrechners wurden im Systemfehlerprotokoll die folgenden Meldungen ausgedruckt:

```
S16.06.89-10:40:13/DK /09/02/UPMES MESSUN/02/0000/
 Zaehler-Messwerteingabe defekt (SYSPR)                   UR32

S16.06.89-10:40:13/DK /09/02/UPMES MESSUN/02/1304/
 Zaehler-Messwerteingabe defekt (QS) Queuenr,Qs-Status,-  UR32
```

Diese Fehlermeldung war zunächst nicht deutbar, da für den Unterrechner keine Zählerkarte vorgesehen war und daher auch nicht im Einschub steckte.

Erst ein Blick in das Quellprogramm konnte einen eindeutigen Hinweis auf die Fehlerursache geben. Die Fehlermeldung weist einen Fehlerort in der Programmfunktionsgruppe für die Messwertverarbeitung im Unterechner aus.

Aus dem Quellprogramm ist ersichtlich, daß diese Fehlermeldungen nur erzeugt werden können, wenn in der Datenbasis des Unterrechners Zählwerte eingetragen sind.

Die Fehlerursache war ein Analog-Messwert, der im Prozeßdatenmodell als Zählwert beschrieben war. Nach der Korrektur des Prozeßdatenmodells trat der Fehler nicht mehr auf.

Die Erfahrung hat gezeigt, daß bei vielen Fehlern eine Analyse durch den Anwender mit Hilfe des Programmquelltextes notwendig ist. Dies liegt darin begründet, daß die Anwendersoftware des Gesamtsystems ca. 2000 verschiedene Fehlermeldungen erzeugen kann und die Bedeutung jeder Fehlermeldung wegen ihrer hohen Anzahl nicht bekannt ist.

Änderungen, die durch eine neue Parametrierung von Initialisierungsfiles der Programme möglich sind, werden vom Anwender selbst durchgeführt. Als Beispiel sei die Änderung von Protokollen oder die Einbindung von neuen Tasten in die Funktionstastatur der Bedienplätze genannt.

Es können aber auch Funktionserweiterungen notwendig werden, die nach Auftragsvergabe vom Lieferanten durchgeführt werden.Bei Erweiterungen sind in der Regel mehrere Programmfunktionsgruppen betroffen, die von einer Gruppe von Programmierern bearbeitet werden. Das Implementieren neuer Funktionen ist im Hinblick auf einen störungsfreien Betrieb der Rechenanlage mit Gefahren verbunden.

Die Komplexität der Programme ist so groß, daß Erweiterungen nur von Programmierern durchgeführt werden sollten, die die Auswirkungen von Programmänderungen auf das Gesamtsystem beurteilen können. Die Anzahl der mit der Prozeßrechenanlage vertrauten Programmierer nimmt aber wegen der großen Fluktuation der Mitarbeiter der Prozeßdatenverarbeitungsindustrie mit dem Alter des Netzleitsystems ab.

Die Erfahrung hat gezeigt, daß daher eine enge Zusammenarbeit von Anwender und Softwarelieferant bei Programmerweiterungen und deren Implementierung notwendig ist. Der Anwender sollte auch auf Programmebene die Erweiterung nachvollziehen können. PEARL bietet hierfür ideale Voraussetzungen.

4. Programmpflege am ZLS

Für die Archivierung und Pflege der Anwendersoftware und Betriebssysteme steht ein eigener Datenpflegerechner zur Verfügung.
Die Anwendersoftware des Gesamtsystems besteht aus:

- 218 PEARL-Modulen
- 120 META-Modulen
- 12 Initialisierungsfiles für Programmfunktionsgruppen
- 261 Formularen für die Dateneingabe an den Bedienplätzen

Auf der Festplatte des Datenpflegerechners sind alle aktuellen Quellprogramme mit ihren Übersetzungs-Jobfiles abgelegt. Alle Änderungen werden, ausgehend von diesen Quellprogrammen, hier durchgeführt. Damit ist sichergestellt, daß der Ausgangspunkt der Änderung immer die neueste Version des Programms ist. Als Querschnittssoftware werden Module bezeichnet, die in mehreren Programmfunktionsgruppen eingebunden sind. Die Querschnittssoftware befindet sich auf einer eigenen Plattenarea, auf die bei der Übersetzung der Programme zugegriffen wird. Auf diese Weise ist die Änderung der Querschnittsmodule nur einmal notwendig und zieht sich nicht durch sämtliche betroffenen Programmfunktionsgruppen.

5. Schlußwort

Eine Prozeßrechenanlage von dieser Größe ist nur mit hoch motivierten Mitarbeitern zu beherrschen, die ihr Aufgabengebiet nicht der Arbeitsplatzbeschreibung entnehmen, sondern das Ziel in einer Anlage sehen, die jederzeit verfügbar ist und zudem die Herausforderung durch neue Funktionen erfüllen kann.

PEARL in der hybriden Simulation

Gerhard Seibert
IMR - Institut für Mechanik und Regelungstechnik
(Prof. Dr.-Ing. M. Köhne)
Universität - Gesamthochschule - Siegen
5900 Siegen, Paul-Bonatz-Straße 9
Tel. (0271) 740-4630

Zusammenfassung

Die Echtzeit-Simulation wird in der Regelungstechnik zur Erprobung und Inbetriebnahme von Reglern und Regelsystemen angewendet. Dabei werden immer häufiger digitale und analoge Komponenten gemeinsam in der hybriden Simulation eingesetzt.

Die zur Programmierung der Digitalrechner verfügbaren Hochsprachen besitzen in der Regel keine Echtzeitelemente, weil die Betriebssysteme diese nicht unterstützen. Deshalb müssen maschinennahe Sprachen verwendet werden. Damit ist aber keine algorithmische Beschreibung der Aufgabe möglich. Durch den Einsatz von PEARL in Verbindung mit einem echtzeitfähigen Betriebssystem werden diese Nachteile vermieden.

Im vorliegenden Anwendungsfall wird ein in PEARL programmierter Digitalrechner in der hybriden Simulation eingesetzt. Dabei werden die nichtlinearen Übertragungsglieder digital simuliert, weil sie in analoger Technik teilweise nur mit hohem Aufwand und dazu meist unvollkommen realisierbar sind.

1. Einleitung

Am Institut für Mechanik und Regelungstechnik (IMR) wird die Programmiersprache PEARL auf ATARI-Rechnern unter dem Betriebssystem RTOS-UH der Universität Hannover zur Lösung regelungstechnischer Probleme eingesetzt. Die bisherigen Arbeiten befaßten sich mit der Implementierung von Regelalgorithmen /1/, der Regelung einer Laboranlage /2/ und dem industriellen Einsatz zur Klimaschranksteuerung /3/. Die überwiegend positiven Erfahrungen waren der Anlaß, PEARL auch für andere Aufgaben einzusetzen.

Ein wichtiges Werkzeug der Regelungstechnik ist die Echtzeit-Simulation. Dabei wird das dynamische Verhalten einer Anlage möglichst realistisch nachgebildet. Sie eignet sich deshalb besonders zur Erprobung und Inbetriebnahme von Reglern und Regelsystemen. Üblicherweise wird das Verhalten eines analogen oder digitalen Reglers an einer analog simulierten Strecke untersucht.

Die hybride Simulation erfordert den Einsatz echtzeitfähiger Digitalrechner. Hardwareseitig sind die Voraussetzungen dazu meist vorhanden. Schwieriger ist dagegen die Bereitstellung geeigneter Software. Bei den bisher eingesetzten Programmiersprachen mußten die fehlenden Echtzeitelemente durch spezielle Systembefehle oder maschinenspezifische Assemblerprogrammierung ausgeglichen werden. Die für Regelungsaufgaben vorteilhafte algorithmische Beschreibung ist im allgemeinen nur in den Hochsprachen möglich. Die günstigste Problemlösung ergibt sich deshalb oft nur durch Kombination verschiedener Programmiersprachen.

Die Bereitstellung von Echtzeitsprachelementen und die algorithmische Beschreibung des Problems waren wesentliche Ziele bei der Entwicklung der Programmiersprache PEARL. Aus der Sicht eines Anwenders müßte deshalb der direkte Einsatz von PEARL den Programmieraufwand reduzieren und die Entwicklungszeit verkürzen. Um diese Fragestellung zu untersuchen, wurde PEARL in der hybriden Simulation eingesetzt.

Die zu simulierenden Regler und Regelstrecken enthalten häufig Nichtlinearitäten. Beispiele sind die Hysterese bei schaltenden Reglern und die Lose bei mechanischen Getrieben. Diese lassen sich in analoger Technik nur unvollkommen oder gar nicht realisieren. In den meisten

Fällen gelingt aber eine algorithmische Beschreibung und die Programmierung auf dem Digitalrechner. Für diese spezielle Aufgabe wird PEARL eingesetzt. Darüber hinaus werden unterschiedliche Regelalgorithmen und ein Laufzeitglied mit online veränderlicher Laufzeit erprobt.

2. Der Einsatz von PEARL in der Simulation

Die am Institut vorhandene Simulationsanlage (Bild 1) wurde bisher für unterschiedliche Aufgaben der Systemanalyse und Regelung eingesetzt. Die laufenden Arbeiten beschäftigen sich mit der Untersuchung der Regeleigenschaften industrieller Kompaktregler. Unter Verwendung des Programms HYBRIS /4/ können dazu mit einer auf dem Analogrechner realisierten universellen Rechenschaltung (Übertragungsfunktion 4. Ordnung) allein durch programmierbare Parameteränderungen nahezu alle Standardregelstrecken (Verzögerungsglieder, Allpaß, schwingungsfähige Systeme) simuliert werden. Die Parametrierung des Analogrechners erfolgt über eine serielle und eine parallele Schnittstelle mit dem Digitalrechner. Simulatoren mit ähnlichen Möglichkeiten werden auch in der Industrie als Kompaktgeräte zur Prüfung von Reglern und für Schulungszwecke eingesetzt /5/.

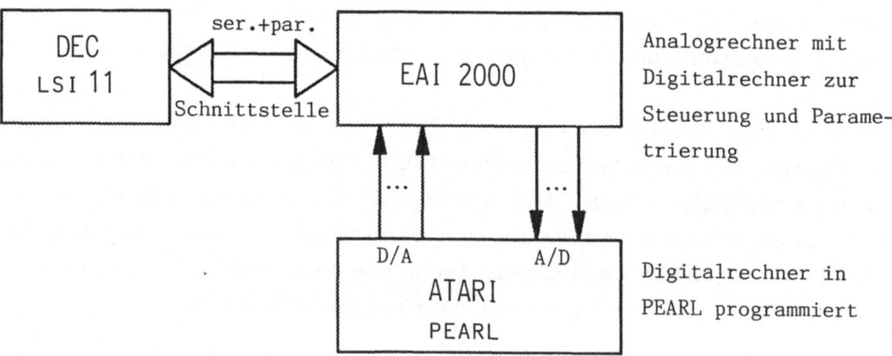

Bild 1: Hybrider Simulator

Eine Schwäche der analogen Rechentechnik ist die aufwendige und teilweise unbefriedigende Realisierung spezieller Übertragungseigenschaften wie Laufzeiten und Nichtlinearitäten. An einigen Beispielen wird gezeigt, wie sich dieser Mangel durch den Einsatz von PEARL beseitigen läßt. Für die praktische Realisierung stand ein ATARI-Rechner mit Erweiterungskarten für die Ein- und Ausgabe der Prozeßsignale zur Verfügung (Bild 2).

Das PEARL-Programm besteht aus vier Modulen. Diese enthalten die Prozeduren für die Ein- und Ausgabe der Prozeßsignale (ca. 20 Prozeduren), für die Bildschirm- und Druckerausgabe (ca. 30 Prozeduren), für die Ablauforganisation (ca. 20 Prozeduren) und zur Zeit etwa 20 spezielle regelungstechnische Prozeduren. Es laufen zwei Tasks, eine zur Ablaufsteuerung und Parameterverwaltung und eine zweite für die eigentliche Simulation.

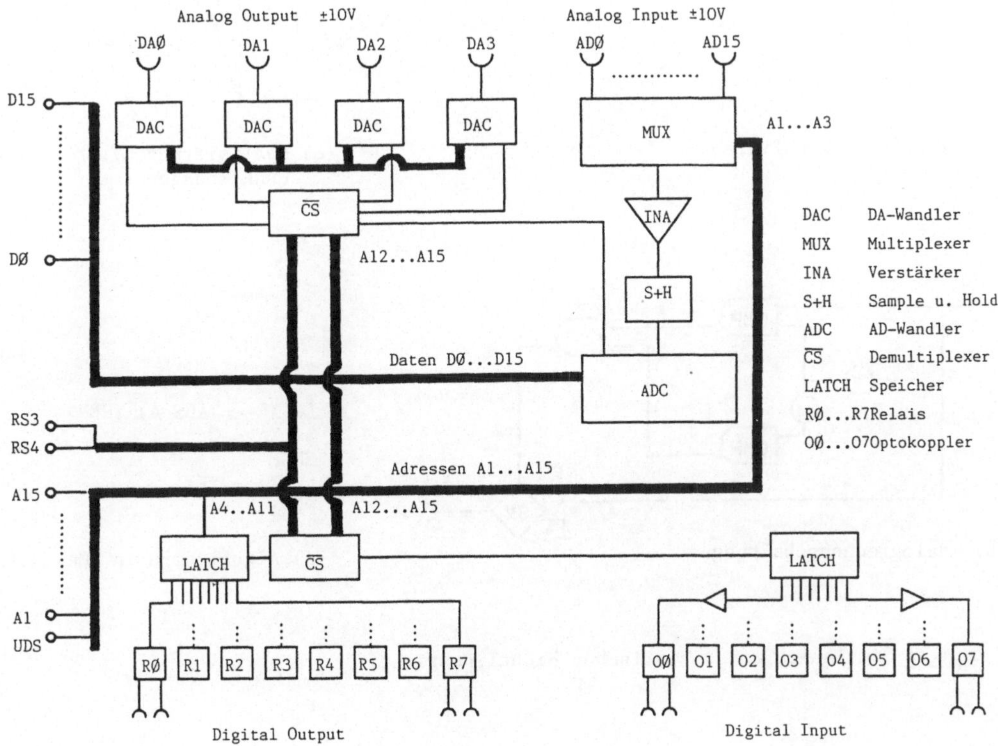

Bild 2: Blockschaltbild der Erweiterungskarte für ATARI

2.1 STATISCHE NICHTLINEARITÄTEN

Die im Bild 3a skizzierte statische Kennlinie kann entweder als Analogrechenschaltung (Bild 3b) oder mit Hilfe eines programmierbaren Funktionsgenerators realisiert werden. Bei dieser Kennlinie ist die Rechenschaltung sehr einfach und liefert exakt das gewünschte Ergebnis. Dagegen tritt beim Funktionsgenerator wegen der Verwendung äquidistanter Stützstellen eine Verzerrung der beiden Schaltpunkte auf (Bild 3c). Die digitale Realisierung führt auf einen sehr einfachen Algorithmus, der die Kennlinie exakt nachbildet (Bild 3d).

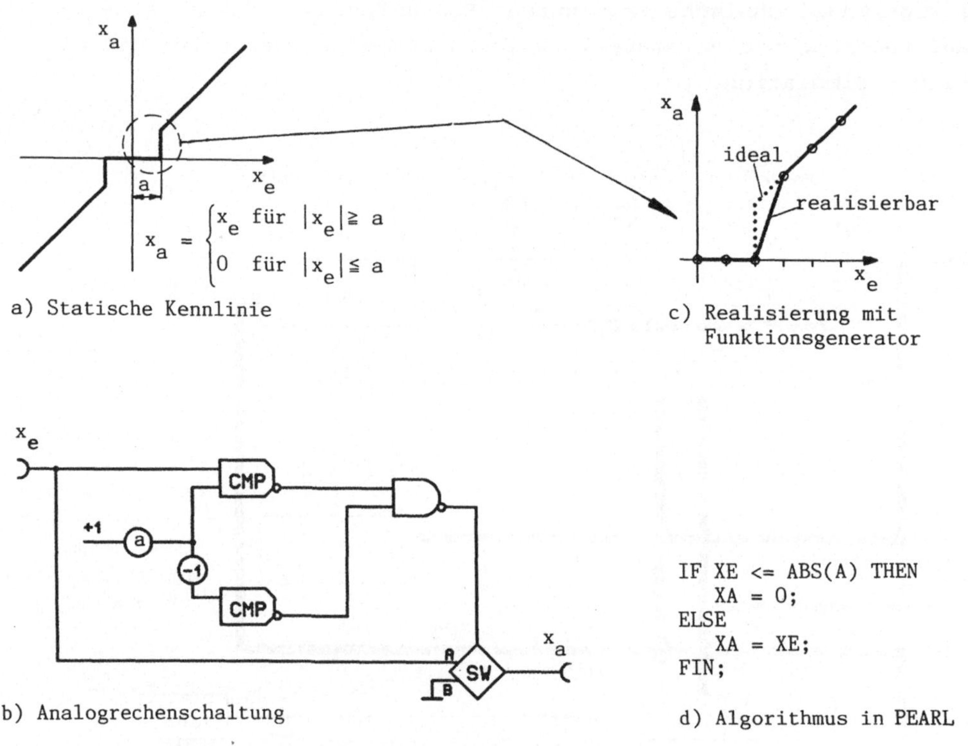

Bild 3: Simulation einer statischen Nichtlinearität

2.2 LAUFZEITGLIED

Für die analoge Simulation einer Laufzeit wird üblicherweise ein Allpaßglied höherer Ordnung eingesetzt (Padè-Approximation). Damit ist aber nur eine sehr grobe Näherung der Übertragungseigenschaften möglich /6/. Deshalb wurde bereits 1982 der digitale Laufzeitgenerator LZG entwickelt /7/, der das Systemverhalten nahezu exakt realisiert. Das Signalverzögerungsprinzip ist im Bild 4 erläutert.

Der Entwicklungsaufwand für dieses Gerät war wegen der erforderlichen Assemblerprogrammierung verhältnismäßig hoch. Deshalb wurde auf eine Weiterentwicklung mit dem Ziel online veränderlicher Laufzeiten vorläufig verzichtet. Beim Einsatz einer echtzeitfähigen Hochsprache ist die Realisierung eines solchen Laufzeitgliedes vergleichsweise einfach. Der Algorithmus wurde in PEARL programmiert (Bild 5a) und das Ein- / Ausgangsverhalten mit Testsignalen überprüft (Bild 5b).

Das analoge zeitabhängige Eingangssignal $x_e(t)$ wird mit der Frequenz f abgetastet, digitalisiert und im Speicher abgelegt. Nach einer Laufzeit T_L werden die Abtastwerte aus dem Speicher entnommen und durch D/A-Wandler als Ausgangssignal $x_a(t) = x_e(t - T_L)$ ausgegeben.

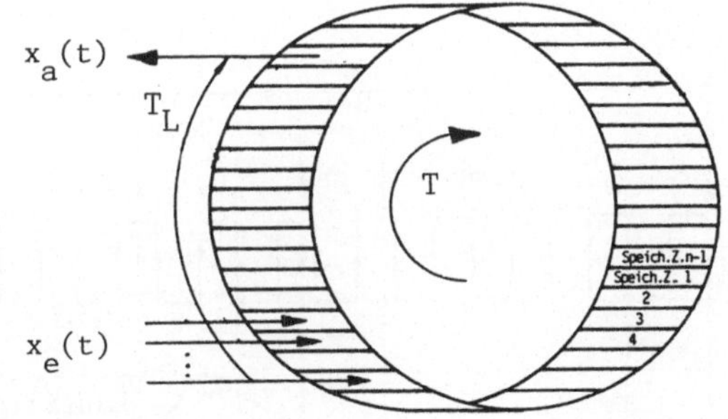

Bild 4: Signalverzögerungsprinzip

```
/**********************************************************************/
/*                                                                    */
/*                   LZG = LAUFZEITGLIED                              */
/*                                                                    */
/**********************************************************************/

LZG: PROC (XE FLOAT       ,
           TL FLOAT       ,
           XA FLOAT IDENT,
           N  FIXED       ,
           DT FLOAT , IW FIXED IDENT, BUFFER( ) FLOAT IDENT);
   DCL L FIXED, J FIXED;
/* Speicherplatz Eingang */
   L = IW//N;
   IW = IW - L * N + 1;
   BUFFER(IW) = XE;
   L = ENTIER(TL/DT);
/* Grenzwertkontrolle Laufzeit */
   IF L LT 0 THEN
      L = 0;
   FIN;
   IF L >= N-1 THEN
      L = N - 1;
   FIN;
/* Speicherplatz Ausgang */
   J = IW - L - 1 + N;
   L = J // N;
   J = J - L * N + 1;
   XA = BUFFER(J);
END;                                        /* Prozedur LZG */
```

Variablen

XE	- Eingangssignal
XA	- Ausgangssignal
TL	- Laufzeit
DT	- Abtastzeit
BUFFER(N)	- Speicherbereich
N	- Speichergröße
IW	- Adresse für XE
J	- Adresse für XA
L	- Hilfsvariable

a) Algorithmus in PEARL

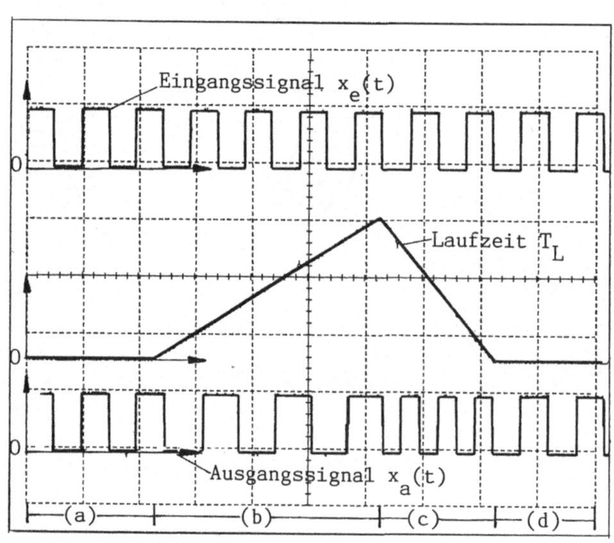

(a) Die Laufzeit ist gleich Null. Ein- und Ausgangssignal sind identisch.

(b) Die Laufzeit nimmt zu. Das Ausgangssignal wird gegenüber dem Eingangssignal verschoben und gleichzeitig gedehnt.

(c) Die Laufzeit nimmt ab. Das Ausgangssignal wird gegenüber dem Eingangssignal komprimiert. Die Verschiebung nimmt ab.

(d) siehe (a).

b) Ein-/Ausgangsverhalten

Bild 5: Digital realisiertes Laufzeitglied

3. Anwendungsbeispiel: Modifizierter PID-Regler

Zur Lösung regelungstechnischer Standardaufgaben werden Regler mit PID-Struktur eingesetzt. Bei Untersuchungen an einer verfahrenstechnischen Anlage stellte sich heraus, daß aufgrund von Meßrauschen unerwünschte Schwingungen in der Stellgröße auftreten. Dadurch kommt es zu einem unruhigen Lauf der dort eingesetzten Motoren und zum vorzeitigen Verschleiß der Stellglieder.

Das Meßrauschen gelangt durch den P-Kanal ungedämpft oder sogar verstärkt zum Ausgang des Reglers. Der D-Anteil rauht das Signal noch weiter auf. Bei industriellen Reglern werden deshalb zur Rauschunterdrückung unterschiedliche Methoden wie Filterung des Meßsignals oder eine Tote Zone am Reglereingang eingesetzt. Dadurch werden aber die dynamischen Eigenschaften des Reglers verschlechtert, oder die stationäre Genauigkeit wird beeinträchtigt.

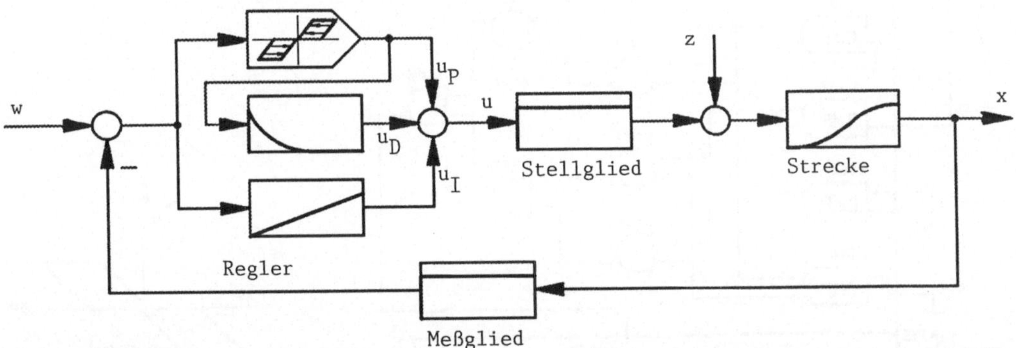

Bild 6: Signalflußbild des Regelkreises

Mit Hilfe einer speziellen Nichtlinearität in Form einer aufgespaltenen Lose (Bild 7a) lassen sich diese Nachteile vermeiden. Sie wird im P- und D-Kanal des Reglers eingesetzt (Bild 6). Zur Untersuchung des dynamischen Verhalten dieses Reglers wurden Simulationsstudien durchgeführt. Mit der zunächst eingesetzten Analogrechenschaltung (Bild 7b) war kein exakter Nulldurchgang der Kennlinie gewährleistet (Bild 7c). Deshalb wurde ein Rechenalgorithmus in PEARL programmiert (Bild 7d) und die Nichtlinearität auf dem Digitalrechner simuliert. Das Ein- / Ausgangsverhalten wurde mit Testsignalen überprüft (Bild 7e) und anschließend in der hybriden Simulation das Verhalten des geschlossenen Regelkreises untersucht (Bild 8).

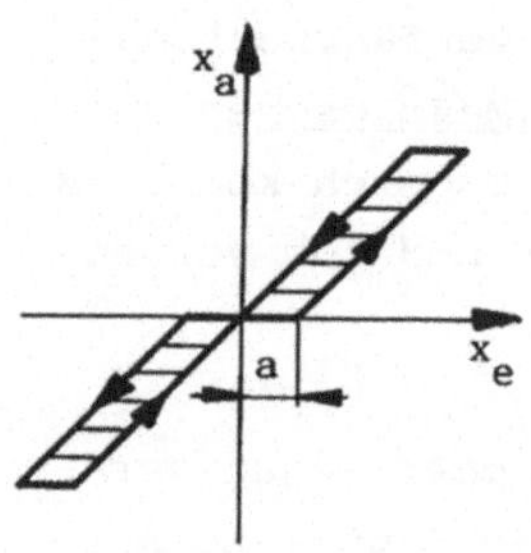

a) Kennlinie

```
S1 = SIGN(XE);
IF ABS(XE) GE ABS(XA) THEN
   S2 = 1.0;
ELSE
   S2 = 0.0;
FIN;

IF ABS(XE) GE ABS(XA)  THEN
   IF ABS(XE)-ABS(XA) <= A THEN
      S3 = 1.0;
   ELSE
      S3 = 0.0;
   FIN;
ELSE
   S3 = 0.0;
FIN;

XA = S1*(1.0-S3)*(ABS(XE)-S2*A)+S3*XA;
```

d) Algorithmus in PEARL (Kern)

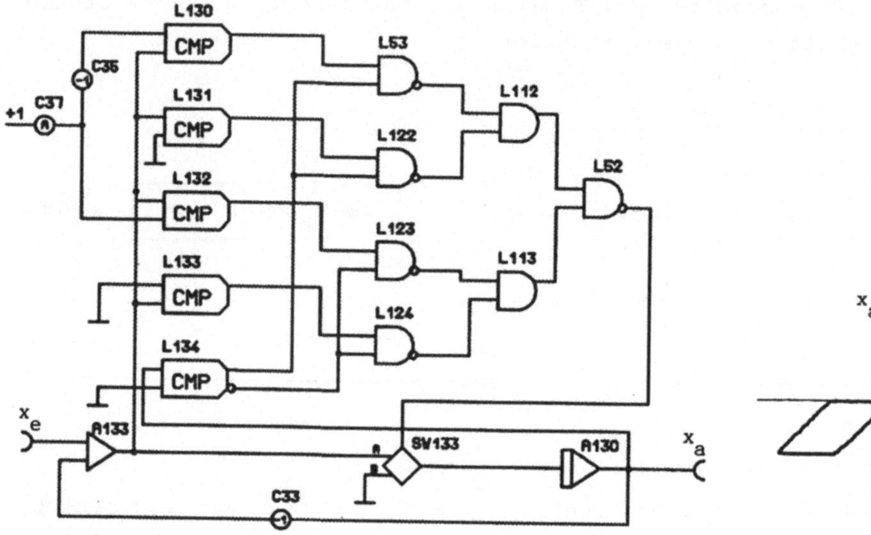

b) Analogrechenschaltung

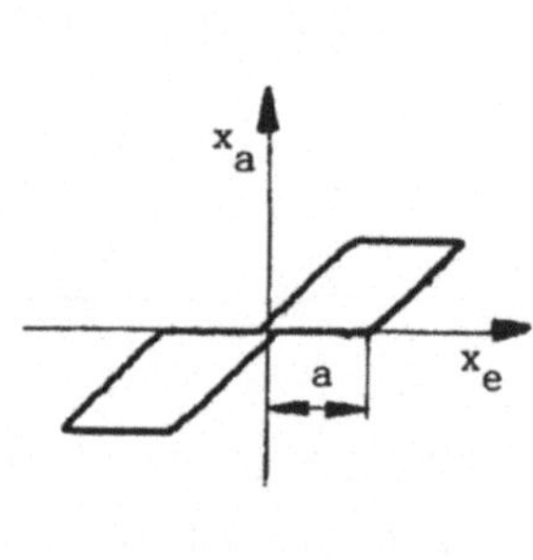

c) Analoge Simulation

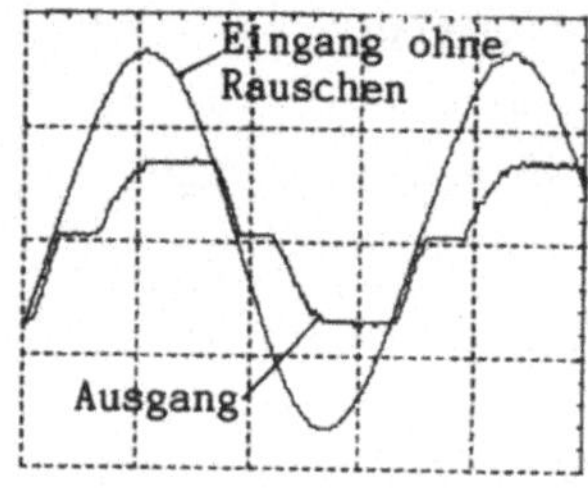

e) Ein-/Ausgangsverhalten

Bild 7: Aufgespaltene Lose

Standard-PID-Regler

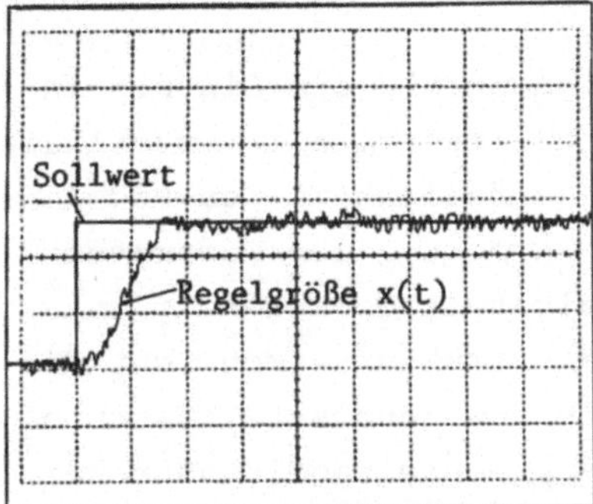

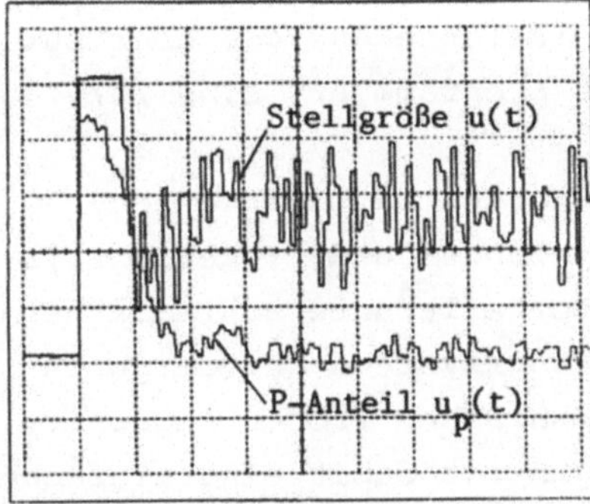

Modifizierter PID-Regler

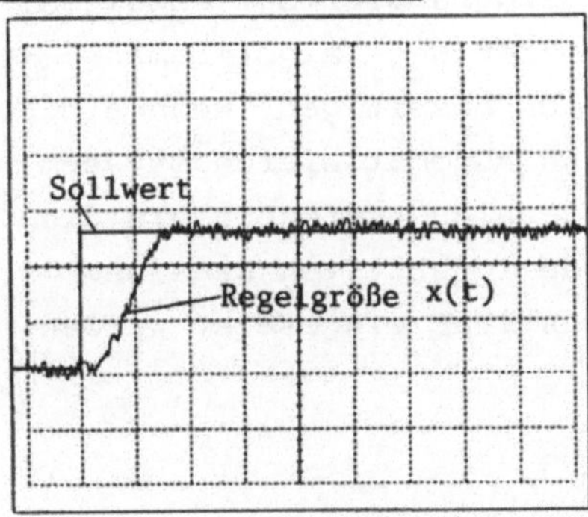

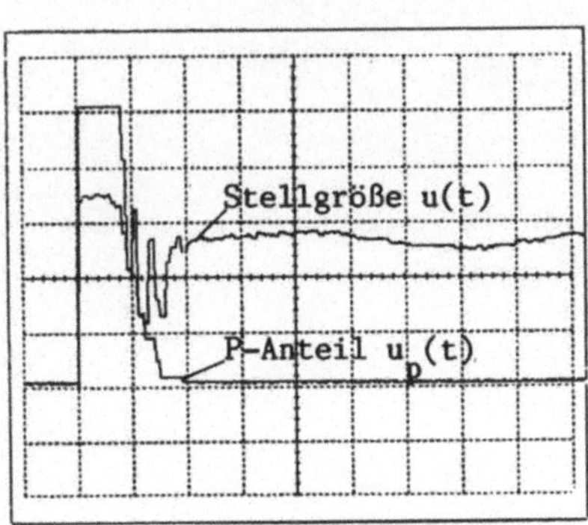

In der Simulation wurde der modifizierte Regler mit dem Standard-PID-Regler verglichen. Als Regelstrecke wurde eine Verzögerungsstrecke 3.Ordnung mit gleichen Zeitkonstanten gewählt. Zur Simulation des Meßrauschens wurde dem Meßsignal ein Rauschsignal überlagert.

Es wurden mehrere Simulationen mit unterschiedlichen Testsignalen durchgeführt. Als Beispiel wurde die Sprungantwort des geschlossenen Regelkreises (Führungssprung) ausgewählt.

Beim Standard-PID-Regler gelangt das Meßrauschen ungedämpft oder teilweise verstärkt zum Reglerausgang und verursacht dort starke Schwingungen der Stellgröße. Im stationären Fall entspricht der Mittelwert des Stellsignals gerade dem I-Anteil des Reglers. Der P- und D-Anteil bewirken ausschließlich die Schwingungen. Zur Verdeutlichung ist der P-Anteil getrennt dargestellt.

Beim modifizierten Regler treten nur beim transienten Übergang noch Schwingungen in abgeschwächter Form auf. Im stationären Fall werden der P- und der D-Anteil durch die Lose quasi abgeschaltet.

In beiden Fällen wurden die gleichen Reglerparameter verwendet. Bei dem modifizierten Regler wurde die Breite der Lose etwa so groß wie die Amplitude des Rauschsignals gewählt.

Bild 8: Simulation des geschlossenen Regelkreises (Führungssprung)

4. Schlußfolgerungen und Ausblick

Die Erwartungen an PEARL hinsichtlich der Eignung für den Einsatz in der Regelungstechnik haben sich grundsätzlich erfüllt. Als vorteilhaft erwiesen sich die algorithmische Beschreibungsmöglichkeit des Problems und die Multitasking-Eigenschaften, die eine Änderung der Parameter während des laufendes Programms oder die gleichzeitige Regelung mehrerer Strecken zulassen. Die modulare Programmstruktur ermöglicht die Trennung zwischen der Ablaufsteuerung und den anwendungsspezifischen Programmteilen. Nachteilig ist, daß bisher nur wenig regelungstechnische Software in PEARL zur Verfügung steht. Denkbar wäre z.B. die Implementierung regelungstechnischer Standardbibliotheken, die aber zur Zeit noch überwiegend in FORTRAN oder PASCAL programmiert sind /8/.

Die Echtzeit-Simulation mit PEARL läßt sich vorteilhaft einsetzen, um den Funktionsumfang industrieller Automatisierungs- und Prozeßleitsysteme zu erweitern. Das Ziel ist dabei, die Vorteile unterschiedlicher Systeme optimal zu kombinieren. Automatisierungssysteme werden durch Konfigurierung und Parametrierung an den technischen Prozeß angepaßt. Bei der überwiegenden Mehrzahl der Anwendungen ist damit eine einfache und schnelle Problemlösung möglich. Eine bekannte Schwäche von Automatisierungssystemen sind die eingeschränkten Programmiermöglichkeiten. Deshalb können damit grundsätzlich keine höheren Regelalgorithmen realisiert werden /9/. Dieser Mangel läßt sich beseitigen, wenn ein zusätzlicher Rechner über den Datenbus an das Automatisierungssystem gekoppelt wird. Dieser kann dann spezielle Regelungsaufgaben wie die Simulation einer Anlage mit dem Ziel der modellgestützten Regelung übernehmen. Dafür soll PEARL demnächst am Institut eingesetzt werden.

LITERATUR

/1/ Latzel, S.:
Realisierung und Erprobung digitaler Regler mit der Echtzeitprogrammiersprache PEARL
Universität-GH Siegen, IMR-Bericht 3-87 (unveröffentlichte Diplomarbeit)

/2/ Zech, H.:
Realisierung und Erprobung eines digitalen Reglers in der Echtzeitprogrammiersprache PEARL für eine Laboranlage
Universität-GH Siegen, IMR-Bericht 1-88 (unveröffentlichte Diplomarbeit)

/3/ Theis, M.:
Entwicklung eines Führungsgrößengenerators für Klimakammern
Universität-GH Siegen, IMR-Bericht 9-89 (unveröffentlichte Diplomarbeit)

/4/ Che, G.:
HYBRIS - Hybrider Simulationsrahmen
Universität-GH Siegen, IMR-Bericht 7-89 (unveröffentlichter Bericht)

/5/ Siemens AG, Fürth
SITRAIN-DR-20, Schulungsgerät für Regelungstechnik
Automatisierungtechnische Praxis 31(1989) S. 245

/6/ Giloi, W., Herschel, R.:
Rechenanleitung für Analogrechner
AEG-TELEFUNKEN, Energie- und Industrietechnik, Fachbereich Prozeßdatenverarbeitung, Konstanz

/7/ Köhne, M.:
Datenblatt - Laufzeitgenerator LZG
Universität-GH Siegen, Hannover-Messe-Exponat 1982

/8/ Schumann, R.:
CAE von Regelsystemen mit IBM-kompatiblen Personal Computern
Automatisierungtechnische Praxis 31(1989) S. 349 - 359

/9/ Kurz, H.:
Gehobene Methoden der Regelungstechnik für verfahrenstechnische Prozesse, Statusbericht des NAMUR-Arbeitskreises "Höhere Regelalgorithmen"
NAMUR-Statusbericht 87, Sonderheft der Zeitschrift Automatisierungtechnische Praxis 1987, S. 172 - 179

Mehrrechner-PEARL

Ein Wegweiser zu Multiprozessor_Ada ?

Karlotto Mangold

ATM Computer GmbH

Bücklestraße 1-5

7750 Konstanz

Telefon:(07531) 807-235

Zusammenfassung:

Zunächst werden die Anforderungen an verteilte Systeme aus Sicht höherer Sprachen dargestellt, wobei drei unterschiedliche Modelle charakterisiert werden. An Hand dieser Anforderungen wird dann die Funktionalität von Mehrrechner-PEARL beschrieben und bewertet. Insbesondere werden die Beschreibungsmöglichkeiten zur statischen und dynamischen Rekonfigurierbarkeit dargestellt. Zum Abschluß werden drei Wege skizziert, wie in Ada verteilte Systeme realisiert werden können.

Anforderungen an verteilte Systeme

In zunehmendem Maße werden heute verteilte Systeme zur Prozeßsteuerung und für embedded systems eingesetzt.
Dabei wird meist implizit unterstellt, daß durch die Verwendung verteilter Systeme automatisch bestimmte Anforderungen erfüllt werden. Schlagwortartig sollen zunächst einige dieser Anforderungen aufgezählt werden:

- Unterstützung beim Aufbau fehlertoleranter Systeme
- Fähigkeit zur Rekonfigurierung des Systems
- Realisierbarkeit von Rückstufungskonzepten
- Möglichkeit zur Erhöhung der Rechenleistung
- Erweiterbarkeit des Systems
- Mischbarkeit von Produkten unterschiedlicher Hersteller

Aus der letzten Anforderung folgt sofort die Forderung, daß die Anwendungssysteme in standardisierten Programmiersprachen implementiert werden können. Obwohl diese von verschiedenen Herstellern angeboten werden, sollten die Sprachen und die verwendeten, ebenfalls standardisierten Kommunikationsmechanismen miteinander verträglich sein. Aus Anwendersicht bieten sich zur Kommunikation Ein-/Ausgabe-Anweisungen an, die in jeder Programmiersprache verfügbar sind und die auf logischer Ebene durch Verwendung geeigneter Kanäle den Datenaustausch ermöglichen. Dabei ist es für die Anwenderprogramme unerheblich, über welche Medien und mit welchen Protokollen der Transport erfolgt.

Aus funktionaler Sicht können verteilte Systeme sowohl durch mehrere Prozessoren an einem Bussysytem (möglicherweise in einem Gehäuse) als auch durch mehrere Rechnersysteme, die über ein Wide-Area-Network gekoppelt sind, realisiert werden. Zur Vereinfachung werden hier nur solche Systeme behandelt, bei denen die Transferzeiten zwischen den einzelnen Stationen vernachlässigt werden können.

Anforderungen an Sprachen zur Programmierung verteilter Systeme

Die Anforderungen an die Programmiersprachen zur Programmierung von verteilten Realzeitsystemen sind äußerst unterschiedlich. Das gesamte Spektrum läßt sich vielleicht am besten durch die Beschreibung zweier konträrer Szenarien charakterisieren, wobei hierbei die PEARL-Begriffe verwendet werden.

Das vollautomatische Load_Sharing_Modell:

Es wird ein Realzeitsystem konzipiert, entworfen, konstruiert, codiert, getestet und schließlich auf einem verteilten System installiert, ohne daß die Struktur des zugrundeliegenden Systems irgendwo berücksichtigt wurde. Das Multiprozessor_System soll nun während des Betriebs die einzelnen Tasks oder gar nur Teile davon gemäß ihrer Priorität auf die gerade verfügbaren Prozessoren verteilen und gegebenenfalls dynamisch Umverteilungen durchführen, falls zum Beispiel ein Prozessor ausfällt, oder falls auf einem anderen Prozessor Überlast-Situationen auftreten.
Dieses volldynamische Loadsharing stellt sicher eine Extremforderung dar. Das System ist einerseits so flexibel, daß im Bedarfsfall ein oder mehrere Prozessoren nachgerüstet werden können und somit die Verarbeitungsleistung fast beliebig vergrößert werden kann, ohne daß dies von der Anwendungsprogrammierung überhaupt bemerkt wird. Außerdem ist dieser Automatismus für Rückstufungs-Situationen geradezu ideal.
Unterstellt man, daß die kleinste Einheit, die beim Verteilen erhalten bleibt, eine Task ist, so ist der Nachteil dieses Modells der Verlust deterministischen Systemverhaltens. Sämtliche Objekte, die außerhalb von Tasks deklariert wurden, müssen wegen der Sichtbarkeitsregeln stets von allen Prozessoren aus erreichbar sein. Dadurch entsteht ein zusätzlicher Transfer- und Synchronisationsaufwand in Abhängigkeit von der aktuellen Verteilung der Tasks auf die Prozessoren. Zusätzlich muß bei jeder Neuverteilung von Tasks der zugehörige Code von einem Prozessor bzw. von einem zentralen Speicher auf den ausführenden Prozessor transferiert werden, wodurch die internen Kommunikationswege des Systems zusätzlich in nicht abschätzbarem Umfang belastet werden. Durch diese impliziten Vorgänge ist eine Abschätzung der Systemlast oder die Sicherstellung vorgegebener Reaktionszeiten nicht mehr möglich.

Die Vernetzung dedizierter Prozessoren:

Bei der Vernetzung dedizierter Prozessoren wird von Anfang an die Hardware-Struktur festgelegt, und den einzelnen Prozessoren werden bestimmte Aufgaben fest zugeordnet. Zwischen den Prozessoren findet die Kommunikation mit normalen Ein-/Ausgabe-Anweisungen statt. Bei der Implementierung eines solchen Systems läßt sich nun jeder dieser einzelnen Funktionsblöcke auf ein PEARL-Programm abbilden. Dieser statische Ansatz hat den Vorteil, daß keine impliziten Transferbelastungen auftreten, die das System in unvorhergesehener Weise beeinflussen. Der Nachteil dieser statischen Lösung besteht jedoch darin , daß zwei Tasks mit unterschiedlichen Mechanismen miteinander kommunizieren müssen, je nach dem, ob diese Tasks auf einem gemeinsamen Prozessor oder auf zwei verschiedenen Prozessoren liegen. Während innerhalb eines Prozessors und damit innerhalb eines PEARL-Programms die üblichen Task-Operationen angewandt werden können, müssen zur Kommunikation zwischen Prozessoren Ein-/Ausgabe-Operationen verwendet werden. Das bedeutet, daß die Vorteile einer Realzeitsprache bei Verwendung über Prozessorgrenzen hinweg zumindest deutlich reduziert werden. Hinzu kommt, daß, falls irgendwann während des Lifecycles eine Umverteilung von Tasks erforderlich werden sollte, zumindest im Quellprogramm Ein-/Ausgabe-Anweisungen in Task-Operationen geändert werden müssen oder umgekehrt. Wegen der unterschiedlichen Mächtigkeit der beiden Anweisungsklassen werden dadurch oft auch Änderungen im Algorithmus notwendig, was zumindest Rückwirkungen auf die Dokumentation hat. Es ist offensichtlich, daß bei diesem Ansatz keine einfache Rekonfigurierung des Systems möglich ist.

Diese beiden Extremfälle dienten lediglich der Charakterisierung des Anforderungsspektrums. Eine realistischere Anforderung ist ein Kompromiß zwischen diesen beiden Szenarien. Er läßt sich etwa wie folgt beschreiben:
Das Problem wird applikationsorientiert in Funktionsblöcke zerlegt. In jedem dieser Funktionsblöcke werden die Tasks und Daten zusammengefaßt, die eng miteinander verzahnt sind und die so intensiv zusammenarbeiten, daß eine Verteilung über Prozessorgrenzen hinweg nicht sinnvoll erscheint. Diese Funktionsblöcke kommunizieren nun über spezielle Ein-/Ausgabe-Anweisungen miteinander. Die Aufteilung in Funktionsblöcke und die Anwendung der unterschiedlichen Mechanismen ist natürlich statisch, und eine Änderung erfordert zumindest Eingriffe auf Quellebene, wahrscheinlich aber sogar in früheren Entwicklungsphasen.

Um trotzdem eine flexible Zuordnung der Funktionsblöcke zu den Prozessoren zu ermöglichen, müssen die Kommunikationsmechanismen herstellerseitig so implementiert werden, daß mehrere Funktionseinheiten auch innerhalb eines Prozessors ablaufen können, ohne daß die Anwendungssoftware davon betroffen ist. Das heißt, das Kommunikationssubsystem kennt die Topologie des verteilten Systems und die Verteilung der Funktionsblöcke. Damit kann das Subsystem Kommunikationsaufträge zwischen den Blöcken ausführen, ohne daß der Auftraggeber die aktuelle Verteilung kennen oder gar berücksichtigen muß. Mit dieser Funktionalität des Kommunikationssystems wird es möglich, die Verteilung der Funktionsblöcke auf die Prozessoren statisch bei der Generierung des Systems, in der Start-Phase des Systems oder quasidynamisch in einer sogenannten Rekonfigurationsphase durchzuführen. Damit ergibt sich die gewünschte Möglichkeit einer einfachen Rekonfigurierung des Anwendersystems bei gleichzeitigem deterministischem Transferverhalten.

Die Funktionalität von Mehrrechner-PEARL

Bei der Definition von Mehrrechner-PEARL [1] konnte oder mußte man von der existierenden Sprache PEARL in den beiden Varianten Full-PEARL [2] und Basic-PEARL [3] ausgehen, um ähnliche Anforderungen zu erfüllen, wie sie oben dargestellt wurden.
In Ergänzung des existierenden Systemteils definierte man eine Architekturbeschreibung. Diese Beschreibung stellt ein Abbild der Hard- und Software-Konfiguration dar, wobei sich diese abhängig vom Betriebszustand dynamisch ändern kann. Während PEARL als ablauffähige Einheit das PEARL-Programm hat, das aus PEARL-Moduln besteht, kennt Mehrrechner-PEARL noch die COLLECTION als Zusammenfassung von Moduln. Im Gegensatz zu PEARL, wo globale Objekte das ganze Programm als Gültigkeitsbereich haben, ist bei Mehrrechner-PEARL der Gültigkeitsbereich auf die Collection eingeschränkt, zu der der Modul gehört, der die Deklaration des Objektes enthält. Durch diese Einschränkung werden Collections auch während des Betriebs von einer STATION zu einer anderen verlagerbar. Dabei entsprechen Collections und Stations ziemlich genau den oben definierten Begriffen Funktionsblock und Prozessor.
In der Architekturbeschreibung werden die Stations mit ihren Eigenschaften in der STATION_Division beschrieben. Auf Grund der eingeschränkten Gültigkeit globaler Objekte wird sofort erkennbar, daß eine Task nun nicht mehr programmglobal ist und damit von jeder Stelle ei-

nes PEARL-Programms aus mit einer Task-Anweisung (ACTIVATE, TERMINATE,...) referiert werden kann, sondern nur noch innerhalb der Collection, zu welcher der Modul gehört, in dem die TASK deklariert wurde. Dasselbe gilt natürlich auch für Objekte vom Typ SEMA. De facto wurde mit der Einführung der Collection das Objekt "PEARL-Programm" lediglich umbenannt und der Begriff "PEARL-Programm" als Menge von Collections neu definiert. Da aus PEARL-Sicht bisher das Programm alles umfaßte und außerhalb davon nichts definiert war, existieren auch keine herkömmlichen Sprachelemente zur Verbindung von Collections zu einem PROGRAMM. Zur Kommunikation zwischen Collections werden nun in Mehrrechner-PEARL Ports, Botschaften und Übertragungsanweisungen definiert. PORTs sind die Kommunikationsobjekte, die die Ein- und Ausgänge für Botschaften benennen. Dabei wird zwischen Sende- und Empfangsports unterschieden. Mit den speziellen Übertragungsanweisungen TRANSMIT und RECEIVE kann eine Task Botschaften (Daten) an einen Port senden bzw. von einem Port empfangen. Dabei hat eine Task zunächst nur Zugriff auf Ports, die in ihrer Collection definiert sind. Eine TRANSMIT-Anweisung hat sich an einen Ausgabeport und eine RECEIVE-Anweisung an einen Eingabeport zu wenden. Zwischen den Ports werden nun gerichtete Verbindungen als logische Kanäle definiert. Die Gesamtheit dieser Kanäle stellt die Verbindungsstruktur dar, wobei nicht nur Punkt-zu-Punkt-Verbindungen vom Sende- zum Empfangsport sogenannte (1->1)-Verbindungen möglich sind, sondern auch (1->n)- und (n->1)-Verbindungen. Diese Struktur und Topologie wird in der NET-Division beschrieben, wobei Beschreibungselemente verwendet werden, wie sie aus dem Systemteil von Full-PEARL als Verbindungsspezifikationen bekannt sind. Um Ports in den Übertragungsanweisungen verwenden zu können, müssen die Ports im Problemteil spezifiziert werden. Analog zur DATION-Spezifikation werden den Ports dabei Attribute zugeordnet. Zu diesen Attributen gehören Übertragungsrichtung, Botschaftstyp, Protokolltyp und Ausnahmebehandlung. In Abhängigkeit von der Verbindungstopologie gibt es die folgenden unterschiedlichen Protokolltypen:
Bei (1 -> 1)- und (n -> 1)- Verbindungen gibt es die drei Protokolle "No_Wait_Send", "Blocking_Send" und "Send_Reply", während es bei (1 -> n)- Verbindungen lediglich "No_Wait_Send" und "Blocking_Send" gibt. Für die genaue Beschreibung der Protokoll-Mechanismen sei auf [1] verwiesen. Es sei lediglich noch angemerkt, daß abhängig von den Protokollen bei den Übertragungsanweisungen Selektions-Kriterien und Time-Out-Bedingungen angegeben werden können.

In der CONFIGURATION-Division werden die einzelnen Collections beschrieben. Hier werden alle Moduln, die eine Collection bilden, sowie die Ein- und Ausgänge, das heißt die Ports dieser Collection aufgelistet. Außerdem wird zu jeder Collection die zugehörige Station benannt. Dabei wird unterschieden zwischen der jeweiligen Initialstation der die Collection beim Systemstart zugeordnet wird und sogenannten Rekonfigurationen. Abhängig von Systemzuständen können mit Aktionsfolgen DISCONNECT, REMOVE, Rekonfiguration-LOAD, CONNECT bedingte Verlagerungen von Collections vordefiniert werden. Um für die Verlagerung von Collections notwendige prozessorabhängige unterschiedliche Hardware-Konfigurationen nutzen zu können, kann der Systemteil aus einem Modul ausgelagert werden. Diese aus allen Moduln eines Programms ausgelagerten Systemteile werden dann, nach Stationen gruppiert, in der Architekturbeschreibung angegeben. Damit enthält diese die vier Teile: STATION-, NET-, SYSTEM- und CONFIGURATION-Division.

Ada für verteilte Systeme

In gewisser Weise liegt bei Ada eine ähnliche Situation vor, wie bei PEARL bevor Mehrrechner-PEARL definiert wurde. Ada ist zwar vom Ansatz her für "embedded systems" und damit auch für verteilte Systeme konzipiert, es wird jedoch in der Sprachbeschreibung [4] nirgends auf verteilte Systeme Bezug genommen. Beim Übergang von Ada80 [5] zu Ada83 [4] wurde sogar das Modulkonzept verwässert, so daß jetzt nur noch die strengen Sichtbarkeits- und Gültigkeitsregeln einer blockorientierten Sprache gelten und kein Konstrukt verfügbar ist, das dem GLOBAL-Attribut von PEARL entspricht. Eine weitere Schwierigkeit bei der Verteilung von Ada-Programmen auf mehrere Prozessoren liegt in der Vorschrift über die Elaboration von library_units in Abschnitt 10.5 des Language Reference Manuals [4]. Soll bei der Verteilung von library_units nicht auf die vorgegebene Semantik verzichtet werden, so entsteht die Forderung nach zusätzlichen effizienten Koordinationsmechanismen. Untersucht man nun die Möglichkeiten Ada, multiprozessorfähig zu machen, so gibt es prinzipiell drei Ansätze:

1. Ohne Eingriffe in die Sprache ist es prinzipiell möglich, die Sprache mit allen Konstrukten auf verteilten Systemen nach Art des oben beschriebenen Load_sharing_Modells zu implementieren. Analog zu PEARL ist auch in Ada die ablauffähige Einheit ein Programm. Es ist nun denkbar, ein Ada-Programm auf mehrere Prozessoren zu verteilen. Dabei ist es unerheblich, ob diese Verteilung statisch oder dynamisch erfolgt. In beiden Fällen bedeutet dies, daß durch die Blockstruktur der Sprache und die Existenz geschachtelter Tasks alle nicht-lokalen Daten gemäß ihren Gültigkeit- und Sichtbarkeitsbereichen zugreifbar sein

müssen. Außerdem muß die Task-Kommunikation bzw. -Synchronisation, das Rendez-Vous, so implementiert werden, daß es auch über Prozessorgrenzen hinweg funktioniert. Es erscheint heute noch zweifelhaft, ob eine solche Implementierung ausreichend effizient sein kann.

2. Ohne die Sprache zu ändern oder gegen Vorschriften zu verstoßen, die bei der Validierung geprüft werden, läßt sich ein Ansatz realisieren, der die Tatsache ausnützt, daß in Ada das umfassendste Objekt das Ada-Programm ist. Es lassen sich nun Kommunikationsmechanismen definieren, die zwischen Programmen wirken. Ordnet man jedem Programm einen Prozessor zu, so hat man im wesentlichen die oben beschriebene Vernetzung dedizierter Prozessoren mit allen Vor- und Nachteilen. Besonders kritisch muß dieser Ansatz betrachtet werden, wenn mit Hilfe des adaspezifischen Package-Konzepts und des implementierungsabhängigen Package MY_NET_OPERATING_SYSTEM die Funktionalität des herstellerspezifischen Kommunikationssystems in die als portabel geplanten Ada-Programme eingeschleust werden. Eine Ada-konforme Lösung wäre die Definition spezieller implementierungsunabhängiger Ein-/Ausgabeprozeduren zur Kommunikation zwischen Ada-Programmen. Diese Prozeduren könnten dann zusammen mit den Protokollen in herstellerabhängigen Packages implementiert werden. Dadurch wäre eine effiziente Implementierung bei gleichzeitiger Portabilität der Programme möglich. Schafft man nun eine Implementierung, die es erlaubt, mehrere Ada-Programme auf einem Prozessor so zu installieren, daß diese Programme über die Ein-/Ausgabe-Schnittstelle kommunizieren, so ist damit die statische Funktionalität von Mehrrechner-PEARL fast gegeben. Da Ada weder dem Systemteil vergleichbare Angaben noch von der Programmstruktur her den Modulbegriff kennt, können entsprechende Informationen nicht im Quellprogramm angeben und vom Compiler automatisch verarbeitet werden. Deshalb ist für die statische Konfigurierbarkeit zumindest ein Verteilwerkzeug notwendig. Mit diesem Werkzeug könnten Benutzerangaben in Steuerinformationen für Lader und Kommunikationssoftware umgesetzt werden. Ein solcher Ansatz wird in [6] beschrieben und bezüglich einiger wichtiger Kriterien wie Compiler-Unabhängigkeit, Spracheinschränkungen, Parallelität bewertet.

3. Im Rahmen des Ada9x-Projekts, das die Überarbeitung der Sprachdefinition zum Ziel hat, gibt es Forderungen nach entsprechenden Spracherweiterungen. Bei einem Requirements Workshop [7],[8] wurden entsprechende Anforderungen diskutiert und zumindest als Anforderungen fixiert. Über die Berücksichtigung dieser Forderungen und ihre Erfüllung in der revidierten Sprache muß im Rahmen der Sprachrevision entschieden werden. Ausgehend von den bei PEARL gemachten Erfahrungen und den

mit Mehrrechner-PEARL realisierten Projekten, sollte dieser Ansatz bei Ada9X eingebracht werden.

Literaturverzeichnis

[1] DIN 66253 Teil 3 Mehrrechner-PEARL, Berlin 1989

[2] DIN 66253 Teil 2 Full-PEARL, Berlin 1980

[3] DIN 66253 Teil 1 Basic-PEARL, Berlin 1978

[4] Reference Manual for the Ada Programming Language, ANSI/MIL-STD-1815A, US DoD, January 1983

[5] Reference Manual for the Ada Programming Language, Proposed Standard Document, US DoD, July 1980

[6] Derichs,H., Programmierung von Realzeit-Mehrprozessor-Systemen, in "4. Deutscher Ada Anwender Kongreß", München, 1989

[7] Barnes,J., ADA 9X Project Forum, ADA-USER, Vol.10 No 3, 1989

[8] Taylor,B., Distributed Systems in Ada9X, ADA-USER, Vol.10 No 3,1989

PEARL 90

Die Weiterentwicklung von PEARL

Klaus Stieger

Universität der Bundeswehr München
Fakultät für Informatik - Inst. 3.3
Werner-Heisenberg-Weg 39
8014 Neubiberg

Zusammenfassung:

Die Entwicklung von PEARL begann 1969 mit dem Ziel, eine Programmiersprache zu definieren, die neben dem algorithmischen Teil auch Sprachelemente bereitstellt, die zur Steuerung technischer Prozesse wie z.B. industrieller Fertigungsprozesse geeignet sind. Die diesbezüglichen Anforderungen an die Sprache betreffen die Abwicklung zeitlich paralleler Aktivitäten und die Möglichkeit, ein breites Spektrum von Peripheriegeräten kontrollieren zu können. Dies führte zur Definition einer virtuellen Betriebssystemschnittstelle. Die Entwicklung wurde 1982 mit der Normung von PEARL abgeschlossen [DIN 66 253].

Dieser Beitrag befaßt sich mit der Weiterentwicklung von PEARL unter Berücksichtigung der Erfahrungen, die inzwischen in vielen PEARL-Projekten gewonnen wurden. Erste Ergebnisse aus einem Arbeitskreis des PEARL-Vereins, der entsprechende Sprachvorschläge erarbeitet hat, liegen vor. Der Sprachumfang der Weiterentwicklung, für die der Begriff PEARL 90 geprägt wurde, ist bis auf wenige Ausnahmen der von Full PEARL. Darüber hinaus sind einige Erweiterungen vorgesehen. Besonders ausführlich wird das 'exception handling'-Konzept zum Schreiben fehlertoleranter Programme behandelt. Diese Arbeit ist auch als Vorbereitung einer Normrevision aufzufassen.

1. Einführung

PEARL (Process and Experiment Automation Real-Time Language) liegt seit Oktober 1982 als DIN-Norm [DIN 66 253] vor. Die Norm sieht eine Abstufung des Sprachumfangs in der Form vor, daß sie eine Untermenge (Basic PEARL) definiert. Basic PEARL ist derjenige Sprachumfang, der von jedem PEARL-System akzeptiert werden muß.

Nun hat sich in der Realität einerseits gezeigt, daß der volle Sprachumfang (Full PEARL) bis heute von keinem am Markt erhältlichen PEARL-System erreicht wurde, andererseits aber die Abstufung zwischen Basic und Full PEARL (aus heutiger Sicht und unter Berücksichtigung der Rechenleistung, die selbst Mikrocomputer zu Verfügung stellen) nicht mehr zeitgemäß ist. Unter diesem Aspekt ist der Untertitel "Die Weiterentwicklung von PEARL" noch genauer zu erläutern, insbesondere da seit Januar 1989 auch Mehrrecher-PEARL als DIN-Norm [DIN 66 253-3] vorliegt.

1.1 Ziel der Weiterentwicklung

Als Ergebnis der Überarbeitung wird eine einheitliche Sprachdefinition von PEARL angestrebt. Zur Zeit ist Full PEARL als attributierte Grammatik beschrieben, wohingegen in Mehrrechner-PEARL nur die Syntax in einem Regelwerk ausgedrückt ist (BNF), die Semantik aber verbal (deutsch) beschrieben ist.

Das Verhältnis des angestrebten neuen Standards zu den drei nebeneinander bestehenden Norm-Dokumenten ist in der folgenden Grafik gezeigt, wobei der neue Srachumfang besonders hervorgehoben ist. Zur Basic PEARL-Norm ist anzumerken, daß diese formal zurückgezogen wurde, wegen der besseren Lesbarkeit im Vergleich zur Full PEARL-Norm aber immer noch benützt wird.

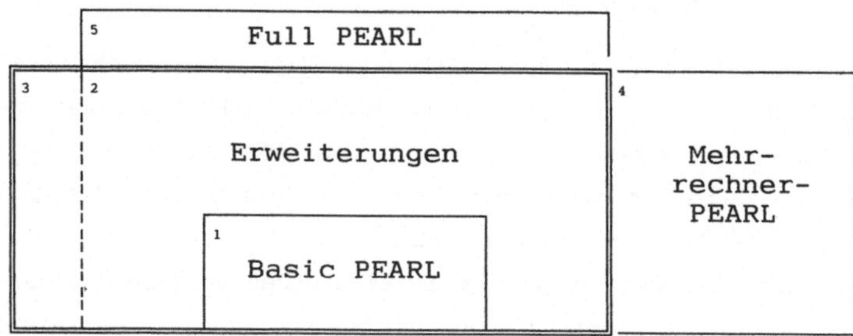

In dieser Grafik sind mehrere Bereiche zu unterscheiden:

1. Basic PEARL,
2. Erweiterungen von Basic PEARL um Sprachelemente aus Full PEARL,
3. Erweiterungen, die nicht in Full PEARL enthalten sind (z.B. verbesserte CASE-Anweisung),

4. Mehrrechner-PEARL und

5. Teile aus Full PEARL, die in keinem der Punkte 1.-4. enthalten sind.

Die Grundidee für das Vorgehen ist zunächst eine deutliche Verschiebung der Grenze zwischen Basic und Full PEARL in Richtung Full PEARL. Die so entstandene Untermenge wird um neue auch über Full PEARL hinausgehende Sprachelemente erweitert. Darüber hinaus sollen bestehende Implementationsabhängigkeiten abgebaut werden. Für diesen neuen Sprachumfang hat sich inzwischen der Begriff PEARL 90 eingebürgert. Da zu erwarten ist, daß die Differenz zwischen der neuen Untermenge (Bereich 2) und Full PEARL nur wenige Sprachelemente enthält, ist zu überlegen, ob eine Abstufung der Sprache noch sinnvoll ist. Es soll an dieser Stelle nicht verschwiegen werden, daß es durchaus Überlegungen gibt, Sprachelemente von Full PEARL, die nicht in PEARL 90 enthalten sind, in der neuen Norm nicht mehr zu berücksichtigen.

1.2 Die ersten Schritte sind getan

Der Anstoß zur Weiterentwicklung der Programmiersprache PEARL kam von Anwendern wie von Herstellern von PEARL-Systemen gleichermaßen. Am Anfang der Arbeit stand eine Stoffsammlung des PEARL-Anwender-Ausschusses. Die einzelnen Punkte dieser "Wunschliste" wurden dann in einem Arbeitskreis, in dem unter der Federführung des PEARL-Vereins Vertreter aller Compiler-Anbieter mitarbeiteten, detaillierter diskutiert. Im Vordergrund stand dabei nicht so sehr die formale syntaktische Definition, auch wenn gelegentlich Syntax-Vorschläge gemacht wurden, sondern vielmehr eine möglichst genaue Beschreibung des Umfangs der Erweiterungen von Basic PEARL. Diese Arbeit ist zu einem gewissen Abschluß gekommen. In einem nächsten Schritt - dem Normungsverfahren des DIN - muß die endgültige Entscheidung über den Umfang der Sprache und die konkrete syntaktische Ausprägung fallen.

Dieser Aufsatz gliedert sich in eine kurze Übersicht, einen Teil, in dem die meisten neuen Spracheigenschaften von PEARL 90 vorgestellt werden und ein längeres Kapitel über 'exception handling'. Dem letztgenannten Punkt wurde ein eigenes Kapitel gewidmet, da bei einer sehr ausführlichen Diskussion über dieses Thema grundsätzliche Probleme behandelt wurden, die zu mehreren Lösungsvarianten führten.

2. Übersicht

2.1 Erweiterungen von Basic PEARL

Zunächst ein Überblick in Stichworten, der im Wesentlichen auch die Gliederung dieses Aufsatzes enthält:

- Erweiterung des Zeichensatzes für Identifier

- Zeilenkommentar
- Modifikation der Modul-Schnittstelle
- Konstanten-Definition und deren Verwendung
- Verbesserte String-Verarbeitung
- Typ-Definition
- Initialisierung von zusammengesetzten Variablen (Felder und Strukturen)
- Referenzen
- Operator-Definition
- lokale geschachtelte Prozeduren
- Rekursion
- trigonometrische Funktionen
- Abfrage von Systemgrößen
- Änderung der Voreinstellung bei CLOSE
- Einführung neuer 'Control's: S, SOP und RST
- Verringerung der Implementationsabhängigkeit beim LIST-Format
- Semaphore und Bolts
- Attribut für Start-Task(s)
- Deadline Scheduling
- Algorithmische Operationen aus Full PEARL, z.B. DUR/DUR
- Zuweisung von Feldern und Strukturen
- Überlagerung von unterschiedlich strukturierten Objekten
- Prozeduraufruf ohne CALL
- Verbessertes CASE-Statement
- EXIT-Statement zum Verlassen von Schleifen
- Trigger-Anweisung
- SIGNAL-Handling bzw. Exception-Handling
- dynamische Prioritäten in Zusammenhang mit ACTIVATE und CONTINUE
- Suspendierung von Fremd-Tasks
- Pufferung von Task-Aktivierungen
- Round-Robin für gleichpriore Tasks
- Genauigkeitsangabe bei nicht deklarierten Größen

2.2 Einschränkungen gegenüber Full PEARL

Dies sind die Sprachelemente aus Full PEARL, die nicht in PEARL 90 enthalten sind.

- Interfaces
- dynamische Felder
- INLINE-Attribut
- ONEOF Type
- zyklische Einplanung mit EVERY

Ausgehend von Aufzählung unter 2.1 werden im Folgenden die einzelnen Punkte detaillierter beschrieben. Insbesondere für die Sprachkonstrukte, die nicht in Full PEARL enthalten sind, wird die vom Arbeitskreis PEARL 90 vorgeschlagene Lösung wiedergegeben. Gelegentlich werden auch Lösungsvarianten vorgestellt. Auf eine strikte Trennung zwischen der Beschreibung neuer Sprachelemente und Sprachelementen aus Full PEARL (die Bereiche 3 und 2 in der obigen Grafik) wurde, insbesondere wenn beide Aspekte eine Rolle spielen, zugunsten einer zusammenhängenden Darstellung verzichtet.

3. Lexikalische Elemente

3.1 Erweiterung des Zeichensatzes

Der Zeichensatz wird um die kleinen Buchstaben und das '_'-Zeichen erweitert. Diese Zeichen dürfen in Bezeichnern verwendet werden. Zusätzlich werden zwei neue Zeichen \ und ! für die lexikalische Analyse benötigt. Der Zeichensatz von PEARL 90 ist eine Untermenge des ISO-7-Bit Zeichensatzes [ISO 646].

Anmerkung: Im Text sind Terminalsymbole durch Unterstreichung gekennzeichnet.

3.2 Bezeichner

Die Länge der Bezeichner ist auf maximal 64 Zeichen festgelegt, wobei alle Zeichen signifikant sind. Groß- und Kleinschreibung ist zu beachten, d.h. PEARL 90 ist 'case sensitive'. Abweichend von diesen Regeln kann es für Bezeichner von globalen Objekten und für Modulnamen implementationsabhängige Einschränkungen geben.

3.3 Zeilenkommentar

Neben dem bisherigen Kommentar, der durch /* und */ geklammert ist und alle Zeichen außer */ enthalten kann, gibt es den sogenannten Zeilenkommentar, der mit ! beginnt und mit dem Zeilenende abgeschlossen wird.

Beispiel:

```
/* This kind of comment is not
   restricted to one line.     */
!  This kind of comment is restricted to one line
```

3.4 MODUL-Schnittstelle

Zur Erhöhung des Dokumentationswertes dürfen in der Spezifikation von Modul-Schnittstellen - optional - die Prozedur-Köpfe ausgeschrieben werden, d.h. die Spezifikation und die Deklaration dürfen von der Aufschreibung her identisch sein. Somit kann statt ENTRY dann PROC nach dem Prozedurbezeichner stehen, und die (hoffentlich aussagekräftigen) Bezeichner der formalen Parameter können wiederholt werden.

An der Aussage über die Überprüfbarkeit von Schnittstellen zur Übersetzungszeit soll nichts geändert werden. Eine entsprechende Vorschrift wie sie z.B. in "Extended Pascal" [ISO Pascal] geplant ist, soll in PEARL 90 nicht nachgeahmt werden. Die Verwaltung von Moduln und deren Schnittstellen kann mit entsprechenden Werkzeugen zur Spezifikation und Versionskontrolle besser, weil nicht notwendig sprachspezifisch, durchgeführt werden. Es besteht keine Notwendigkeit, eine Programmiersprache mit diesen Funktionen zu belasten. Die Angabe, was exportiert (GLOBAL) und was importiert (SPECIFY) wird, genügt zur Schnittstellenbeschreibung und ermöglicht die getrennte Übersetzbarkeit von Moduln.

In letzter Konsequenz ist noch nicht einmal wichtig, ob alle Moduln PEARL-Moduln sind, oder ob sich Moduln aus anderen Übersetzersystemen darunter befinden, sofern die Aufrufmechanismen zusammenpassen.

4. Algorithmik

4.1 LENGTH-Klausel

Die LENGTH-Klausel ist nicht automatisch eine Modul-globale Größe wie bisher in Basic PEARL, sondern es gelten die blockorientierten Sichtbarkeitsregeln von Full PEARL.

4.2 Konstanten-Definition

Der Begriff Konstante wird weiter gefaßt. Neben den Konstanten, die immer über ihren Wert ('const_denot') angesprochen werden, können auch Basis-Typ-Objekte mit

```
DCL id INV basic_type INIT( ... )
```

als Konstanten definiert werden. Die Verwendung solcher "*benannter Konstanten*" soll überall da erlaubt sein, wo bisher Konstanten im Sinn von 'const_denot' entsprechenden Typs erlaubt oder gefordert waren. Benannte Konstanten müssen vor ihrer Verwendung deklariert werden. Sie dürfen nicht in Spezifikationen verwendet werden. Damit können definiert werden:

- Zahlkonstanten:

```
id INV FIXED INIT( ... )
id INV FLOAT INIT( ... )
```

- Stringkonstanten:

```
id INV CHAR() INIT('...')
id INV BIT() INIT('...'Bx)   x = 1,2,3,4
```

- Zeitkonstanten:

```
id INV DUR INIT( ... )
id INC CLOCK INIT( ... )
```

Sonderregelungen gelten bei der Definition von FIXED-Konstanten, für die auch die Bildung von Ausdrücken mit den Grundrechenarten, d.h. +, -, * , // und Modulo-Bildung, erlaubt ist. Z.B.:

```
DCL (L,B) INV FIXED INIT(2,3);
DCL F     INV FIXED INIT(L*B);
```

Bei konstanten benannten Zeichenreihen (CHAR-Strings) darf die Zahl für die Längenangabe entfallen:

```
DCL 'id' INV CHAR() INIT ('string_const_denot');
```

Es wird (vom Compiler) die Länge der String-Konstanten ergänzt.

4.3 Verbesserte String-Verarbeitung

Strings sind, wie bisher auch, durch drei Eigenschaften charakterisiert:

- den Typ der Objekte, aus denen der String aufgebaut ist,
- den Index-Bereich und
- den Zugriff zu Objekten vom Typ String, bzw. den Teilobjekten

Strings können aus zwei Arten von Objekten aufgebaut sein: BIT und CHAR.

Der Index-Bereich ist entweder leer (Nullstring), oder er beginnt bei 1 und endet bei 1 oder größer 1. Der maximale Index-Bereich (den ein Compiler akzeptieren soll) ist für CHAR-Strings 32767 (= 2^{15}-1) Zeichen und für BIT-Strings 32 Bit. Der Index läuft von links nach rechts.

Der Zugriff kann nur lesend (konstante Strings) oder lesend und schreibend (String-Variablen) sein.

Vergleichsoperation:

Strings können, wie auch bisher in der Norm festgelegt, auf Gleichheit und Ungleichheit geprüft werden. Zusätzlich werden auch die anderen Vergleichsoperationen (< <= > >=) gewünscht, wobei die dadurch induzierte Ordnung vom zugrunde liegenden Alphabet abgeleitet wird, also implementationsabhängig ist. Damit das Ergebnis dieser

Vergleichsoperation vom Anwender nachvollzogen werden kann, ist der verwendete Algorithmus im Implementationshandbuch anzugeben.

Weitere Operationen:

- Konkatenation von zwei Strings.
- Bildung von Teilstrings mit Hilfe des in Full PEARL vorhandenen Mechanismus der 'slices'.
- Abfrage der Länge eines Strings (Erweiterung):
  a) Die Größe eines String-Objekts gemäß Deklaration kann mit SIZEOF (vgl. 4.8) bestimmt werden.
  b) Die aktuelle Länge eines Strings, z.B. nach dem interaktiven Einlesen, kann mit dem neuen 'S'-Format bestimmt werden.

```
TYPE Command_line STRUCT [ line CHAR(80), lgth FIXED ];
DCL Command Command_line;
GET Command.line FROM Terminal BY S(Command.lgth), SKIP;
```

Die Genauigkeit der Ergebnisvariablen 'Command.lgth' muß so gewählt sein, daß das Ergebnis aufgenommen werden kann. Der Satz-Terminator, z.B. 'cr' oder 'crlf', wird nicht mitgezählt. Bei der Ausgabe wird das S-Format wie ein A-Format interpretiert.

Abkürzungen:

Werden CHAR-Strings als formale Parameter mit IDENT deklariert, kann die Zahl für die Längenangabe weggelassen werden. Es ist dann bei jedem Aufruf die Länge des aktuellen Parameters gültig.:

```
...: PROC (id [ INV ] CHAR() IDENT, ...);
```

Diese Abkürzung ist für BIT-Strings nicht vorgesehen.

Konvertierung:

Zur Umwandlung von (geeigneten) Strings in Zahenwerte stehen in PEARL die vordefinierten Operatoren TOFIXED s, TOFLOAT s und TOCHAR v zur Verfügung. Sie sind wie bisher implementationsabhängig.

Zusätzliche Konvertierungsmöglichkeiten:

Für die komfortable Umwandlung von Zahlenwerten in Strings und umgekehrt ist an eine speziell dafür vorgesehene Pseudo-E/A-Anweisung gedacht, die z.B. für den Aufbau von Bildschirm-Masken unter Verwendung der PEARL-Formate bequeme Formatierungsmöglichkeiten bietet. In syntaktischer Anlehnung an PUT und GET ist die Anweisung CONVERT vorgesehen, wobei 'trf_exp' und 'DATION_exp' nach TO/FROM (vgl. Herleitung im Anhang 1) auf Strings bzw. Variablen vom Typ String reduziert werden müssen:

CONVERT trf_variable_list FROM *string*_expr_list BY BY_ctrl_list;
CONVERT trf_expr_list TO *string*_variable_list BY BY_ctrl_list;

In 'BY_ctrl_list' sind alle 'alphic control's (A-, B-, D-, E-, F- und T-Format), das X- und POS-Format ('positioning control'), sowie SOP (vgl. 4.9.2) zulässig. POS und SOP sind nur in der dimensionalen Variante sinnvoll.

Bei der Konvertierung können, wie bei GET- und PUT-Anweisungen, Formatfehler vorkommen. Daher ist es zweckmäßig, ggf. auch in der CONVERT-Anweisung die RST-Abfrage (vgl. 'exception handling' 5.6) zuzulassen.

Beispiel:

```
DCL Zstring CHAR(10) INIT('0123456789');
DCL Zwert   FIXED(31);
DCL Zahl1   FIXED(15) INIT(12345);
DCL Zahl2   FIXED(31) INIT(67890);
...
CONVERT Zwert FROM Zstring BY F;
CONVERT Zahl1 * 2.0, Zahl2 TO Zstring BY F(5), F(5);
```

Steuerzeichen und -sequenzen:

Es soll eine geeignet Notation festgelegt werden, die es ermöglicht, nicht druckbare Steuerzeichen in Strings einzufügen. Der Vorschlag sieht vor, die Sondersymbole ('lexical token's) '\ zum Umschalten und \' zum Zurückschalten zu verwenden. Die Produktion für String-Konstanten

```
char_const_denot ::= ' { character } '
```

muß geändert werden in:

```
char_const_denot ::=
        ' { character } { ctrl_const_denot_seq } '
ctrl_const_denot_seq ::=
        '\ { ctrl_const_denot } \' { character }
crtl_const_denot ::= sedecimal_digit sedecimal_digit
```

'crtl_const_denot' ist eine lexikalische Einheit ('lecical token'), d.h. es darf kein Leerzeichen zwischen den beiden B4-Ziffern stehen. Diese Herleitung hat den kleinen Nachteil, daß bei Zeichenketten, die mit 'crtl_const' beginnen oder enden, zwei ' zu schreiben sind.

Beispiele:

```
''\1B\'xy'
'adbd'\1B\'P'/*das ist ein String, der Steuerzeichen enthält*/
 'Der Schalter kann auch dazu benutzt werden, um, unabhängig'\ 20
\'vom verwendeten Editor, sehr lange CHAR-String-Konstanten'\ 20
\'zu erzeugen.'
```

4.4 Typ-Definition

Die Vereinbarung von Bezeichnern für neue Datentypen ist wie in Full PEARL möglich. Insbesondere sollen Strukturen in Strukturen und Felder in Strukturen, d.h. 'compound_type', definiert werden können. Eine pragmatische Festlegung betrifft Felder. Diese dürfen sowohl in Typ-Definitionen als auch in Deklarationen maximal vier Dimensionen haben.

4.5 Initialisierung von Variablen, inkl. Felder und Strukturen

Die Initialisierung von Variablen, auch zusammengesetzten Variablen, orientiert sich an der Schreibweise von Full PEARL. Jedoch ist kein Wiederholungsfaktor vorgesehen, und die Werte in der Initialisierungsliste sind auf '*int*_expr' und 'const_denot' beschränkt.

```
DCL A STRUCT [ x(5) FLOAT,
               y(2,2) FIXED,
               z STRUCT [ v CHAR
                          w CHAR] ]
      INIT (/*A.x  */ 1.0, 2.0, 3.0, 4.0, 5.0,
            /*A.y  */ 1, 2, 3, 4,
            /*A.z.v*/ 'V',
            /*A.z.w*/ 'W' );
```

oder

```
   ... INIT ( 1.0,2.0,3.0,4.0,5.0,    !A.x
              1,2,3,4,                !A.y
              'V',                    !A.z.v
              'W'                 ); !A.z.w
```

In [KfK-PDV 130], einem Vorläuferdokument der PEARL-Norm, war als zusätzliches Strukturierungsmerkmal eine Klammerung in der Initialisierungsliste vorgesehen, und zwar (( )) für Felder und [ ] für Verbunde. In PEARL 90 ist die Strukturierung der Initialisierung ebenfalls vorgesehen. Es gilt die Festlegung, daß Felder mit ( ) und Verbunde mit [ ] geklammert werden, und zwar gemäß der Schachtelung des Objektes, also Vektoren mit ( ), zweidimensionale Felder mit (( ),...,( )), usw. Obige Liste bekommt damit folgende, gut lesbare Struktur.

```
... INIT ([ (1.0, 2.0, 3.0, 4.0, 5.0),
            ((1,2),(3,4)),
            ['V','W'] ]);
```

4.6 Referenzen

Referenzen werden aus Full PEARL übernommen. Aus Gründen der Programmiersicherheit ist bei Zuweisungen und bei Parameterübergabe auch für Referenzen 'strong typing' wünschenswert.

4.7 Operator-Definition

Operator-Definition wird aus Full PEARL übernommen, jedoch ist kein Überladen der vordefinierten Operatoren erwünscht, d.h. die in den Tabellen 7 und 8 auf Seite 489-494 der Full PEARL-Norm [DIN 66 253] aufgeführten Operatoren dürfen nicht redefiniert werden. Dagegen ist z.B. '+' für die Addition komplexer Zahlen zulässig.

```
OPERATOR + (A INV COMP, B INV COMP) RETURNS (COMP);
  RETURN ([A.re + B.re, A.im + B.im]);
END; ! COMPLEX_ADD
```

4.8 Prozeduren

Die folgenden Erweiterungen aus Full PEARL werden übernommen:

- lokale, geschachtelte Prozeduren sind zulässig
- IDENTICAL (IDENT)-Attribut für Parameter
- trigonometrische Funktionen sind als monadische Operatoren in Full PEARL definiert.

Rekursion ist nur für Prozeduren mit dem REENT-Attribut erlaubt!

Neue vordefinierte Prozeduren gibt es zur Abfrage von Zeit, Datum und Priorität:

Die aktuelle Uhrzeit, bzw. Systemzeit, wird durch die Funktionsprozedur

```
NOW: PROC RETURNS(CLOCK)
```

geliefert. Genauigkeit wird vom Kontext oder von LENGTH abgeleitet.

Das Datum wird durch die vordefinierte Funktion

```
DATE: PROC RETURNS(CHAR(10))
```

geliefert. Das Ergebnis vom Typ CHAR(10) ist nach [ISO 8601] aufgebaut. Jahr, Monat und Tag werden somit in fallender Reihenfolge notiert, z.B.: 1989-12-07.

Priorität einer Task, einschließlich der eigenen Priorität, kann mit

```
PRIO { ( task_id ) }
```

abgefragt werden, z.B. my_prio := PRIO zur Abfrage der eigenen Priorität und your_prio := PRIO(Task99) zur Abfrage der Priorität der Task 'Task99'.

Für die vor allem von Anwendern gewünschte Abfrage des Status nach dem Zugriff auf eine DATION kann keine allgemeine Festlegung im Sinne von vordefinierten Funktionen getroffen werden. Der Status der letzten Zugriffsoperation auf eine DATION wird im Zusammenhang mit 'exception handling' (vgl. 5.) noch einmal aufgegriffen.

Beim Zugriff auf Dateien sollte einheitlich End_of_File als SIGNAL zur Verfügung stehen. Die aktuelle Position des Dateizeigers ('position control') soll "abgefragt" werden können (vgl. 4.9.2, SOP()).

Darüber hinausgehende Abfragen, z.B. die Größe einer Datei, sind implementierungsabhängig, da sie vom jeweiligen Dateisystem (evtl. Gastbetriebssystem) abhängen und somit nicht in die Sprachdefinition aufgenommen werden können.

Ferner wurde eine neue Prozedur zur Abfrage des Speicherbedarfs eines Typs oder Objekts vordefiniert, die den benötigten Speicherplatz für ein Objekt oder einen Typ in Bytes liefert:

```
SIZEOF: PROC ('id') RETURNS(FIXED);
```

4.9 Controls

4.9.1 CLOSE

Die Voreinstellung, daß Dateien beim CLOSE gelöscht werden, soll dahingehend geändert werden, daß Dateien <u>nicht</u> gelöscht werden.

4.9.2 Formate

Beim Wiederhohlfaktor soll statt '*int*_const_denot' in Zukunft '*int*_expr7' zugelassen sein.

Die aktuelle Position des Dateizeigers soll über die neue Formatanweisung SOP abgefragt werden können.

```
DCL akt_pos FIXED(31);
...
READ Satz FROM Datei BY SOP(akt_pos);   ! Save Old Position
  ! <Satz bearbeiten>
WRITE Satz TO Datei BY POS(akt_pos);
```

SOP liefert den Wert des Positionszeigers vor der Ausführung des READ, d.h. die Position des gelesenen Datensatzes. Der Positionszeiger zeigt bereits auf den nächsten Datensatz.

4.9.3 Verringerung der Implementationsabhängigkeit beim LIST-Format

Das Weglassen der 'BY_ctrl_list' und das LIST-Format sind bekanntlich die einfachste Art, Werte von 'basic_type'-Objekten mit GET und PUT zu bearbeiten. Bei dieser Art der Ein/Ausgabe werden implementationsabhängige Formate benutzt.

In diesem Zusammenhang wurde die Frage untersucht, inwieweit die Implementationsabhängigkeit bei der Verwendung von LIST verringert werden kann, insbesondere, ob eine mit dem LIST-Format erzeugte Ausgabe(-Datei) auch wieder eindeutig eingelesen werden kann. Dabei sind zwei Fragen zu klären:

- Kann ein Standard-Format für die formatfreie Ein/Ausgabe festgelegt, bzw. von der Deklaration abgeleitet werden?
- Läßt sich ein Trennzeichen beim Einlesen mehrerer Werte angeben, wobei das Problem vor allem beim Einlesen von Strings besteht?

Ausgabe mit LIST:

Zweckmäßig erscheint die Festlegung aus [Kappatsch et al 79], das Format von der Deklaration des jeweiligen Objekts abzuleiten, also für:

```
CHAR(k)    A(k)
BIT(k)     B(k)
FIXED(k)   F(l)
FLOAT(k)   E(m, m-7, m-6)
```

Mit $l = \{k * \log_{10} 2 + 1\} + 1$ und $m = \{k * \log_{10} 2 + 1\} + 7$, wobei {x} als ganzzahliger Teil von x aufzufassen ist. Damit wird z.B. aus:

```
FIXED(15) -> F(6)
FLOAT(23) -> E(14,7,8)     pi =  3.1415927E+00
FLOAT(55) -> E(24,17,18)   pi =  3.14159265358979323E+00
```

CLOCK und DURATION hängen von der Auflösung ab, die das jeweilige System anbieten kann, sind also implementationsabhängig. Geht man von einer Auflösung von 1 sec aus, so sind, wenn man annimmt, daß 'hh:mm:ss' und '±hh HRS mm MIN ss SEC' als Standardrepräsentation dienen,

```
CLOCK      T(8)
DURATION   D(21)
```

zweckmäßige Festlegungen. Wenn man aber die Formate um a-1 Nachkommastellen für Sekundenbruchteile erweitert, erhält man 'hh:mm:ss.nnn' und '±hh HRS mm MIN ss.nnn SEC'

```
CLOCK      T(8+a)
DURATION   D(21+a)
```

Einlesen mit LIST:

Eine vollständige Symmetrie zwischen Ein- und Ausgabe ist nicht sinnvoll, denn man will - insbesondere im Dialog - die Freiheit haben, kürzere Eingaben zu akzeptieren, als sich durch die Ableitung von der Deklaration ergeben würden:

```
DCL x FIXED(15);
GET x FROM Terminal BY LIST;
```

Als Eingabe sollte '123<Tennzeichen>' genügen und nicht unbedingt verlangen, daß '000123' geschrieben werden muß. Daher ist folgende Festlegung zweckmäßig:

Beim Einlesen wird also analog zur Ausgabe verfahren, es sein denn, daß vor dem Erreichen der erforderlichen Genauigkeit ein Trennzeichen im Eingabezeichenstrom kommt. Zum Beispiel

```
DCL (x,y) FIXED(15);
GET x, y FROM D BY LIST;
```

mit der Eingabe: 123<Tennzeichen>4567<Tennzeichen>.

Trennzeichen:

Damit wird insbesondere beim Einlesen mit LIST die Festlegung eines (oder mehrerer) Trennzeichen(s) wichtig. Als Trennzeichen bieten sich Zeichen an, die in keinem 'basic_type'-Wert vorkommen. Diese Lösung, wirft aber bei CHAR-Strings Probleme auf, da diese alle in PEARL definierten Zeichen enthalten können. Folglich ist nur das (nicht in PEARL festgelegte) Zeilenende als Trennzeichen möglich.

Die Problematik mit den CHAR-Strings könnte in vielen Fällen durch ein konfigurierbares Trennzeichen besser gelöst werden als durch ein von der Sprachbeschreibung oder der Implementierung vordefiniertes. Beispielsweise könnte durch

```
SEPARATOR ' '
SEPARATOR '  '
SEPARATOR ','
SEPARATOR ';'
SEPARATOR ''\0D\''
SEPARATOR ''\ 0D 0A \''
```

das jeweils gültige Trennzeichen von der Anwendung geeignet definiert werden, wobei die konkrete Syntax noch festzulegen wäre. Ein solches Vorgehen wird zum Beispiel auch bei Datenbanksystemen benutzt, um sogenannte Stop-Worte festzulegen.

```
DCL (Name, Vorname, Straße, PLZ, Ort) CHAR(40);
SEPARATOR ',';
GET  Name, Vorname, Straße, PLZ,  Ort  FROM Terminal
  BY LIST, LIST,    LIST,   LIST, LIST;
```

So können CHAR-String unterschiedlicher Länge sehr bequem eingelesen werden, z.B.:

Stieger,Klaus,Nymphenburger Str. 105,8000,München 19.

4.10 Realzeit-Objekte

4.10.1 Ereignisse

Über SIGNALs und 'exception handling' wurde mehrfach und ausführlich diskutiert. Der Stand der Diskussion ist in einem eigenem Abschnitt (Kapitel 5) zusammengefaßt.

4.10.2 Initialisierung von SEMAs

Die Initialisierung von Semaphoren mit PRESET ist bereits in Basic PEARL möglich.

4.10.3 Semaphor-Listen

REQUEST und RELEASE dürfen auch auf Listen von Semaphoren angewandt werden.

4.10.4 TRY-Operator auf Semaphore

TRY 'sema' ist eine neue Zugriffsoperation auf Semaphore. Mit ihr kann das blockierende Warten auf die Freigabe eines Semaphors verhindert werden. Diese "weiche" Synchronisation wurde in Form des monadischen Operators TRY eingeführt. Die Operation

TRY *sema*_id

liefert in Abhängigkeit vom Zustand des Semaphors als Ergebnis einen BIT(1)-Wert, der in logischen Ausdrücken verwendet werden kann. Zusätzlich (und unteilbar mit der Abfrage verbunden) wird, falls das Semaphor frei war, eine REQUEST-Anweisung ausgeführt, andernfalls wird auf die Anforderung des Semaphors verzichtet.

```
IF NOT TRY s THEN ... FIN;
```

4.10.5 BOLTs

Variablen vom Typ BOLT und Operationen auf BOLTs werden aus Full PEARL übernommen. Es soll allerdings keine Listen von BOLTs geben.

4.10.6 Tasks

4.10.6.1 Start-Task

Bisher konnte in PEARL nicht festgelegt werden, welche Task eines PEARL-Programms zuerst aktiviert werden muß. Es hing von der jeweiligen Ablaufumgebung des Programms ab, wie im Einzelfall verfahren wurde. Die Reihenfolge der Task-Aktivierungen ist jedoch sehr problemabhängig, so daß in diesem Zusammenhang bestehende Implementationsabhängigkeiten in jedem Fall beseitigt werden müssen. Dazu wird das neue Attribut MAIN für Tasks eingeführt. Alle Tasks mit dem Attribut MAIN werden beim Programm- oder Systemstart gemäß ihrer Priorität gestartet. Der Syntax-Vorschlag sieht folgendermaßen aus:

```
TASK_dcl ::=
      task_id : { task_id : } TASK
      [ priority ] [ MAIN ] [ RESIDENT ][ GLOBAL_attr ] ;
      block_body
```

Anmerkung: Diese Produktion wird in 4.10.6.2 Deadline Scheduling noch erweitert.

4.10.6.2 Deadline Scheduling

Mit diesem Task-Attribut soll die Möglichkeit geschaffen werden, für Tasks alternativ zu Prioritäten auch "Deadlines" (Antwortzeiten) festzulegen. Ein entsprechender Vorschlag wurde auf der letzten PEARL-Tagung [Hilbert 88] präsentiert. Es wird hier nur kurz die Syntax wiederholt:

```
TASK_dcl ::=
      task_id : { task_id : } TASK
      [ priority | DUE AFTER dur_expr ]
      [ MAIN ] [ RESIDENT ][ GLOBAL_attr ] ;
      block_body
```

4.11 Algorithmische Operationen

4.11.1 Zuweisungen

4.11.1.1 Zuweisung von Feldern und Strukturen

Am einfachsten ist es, an dieser Stelle die Basic PEARL-Norm [DIN 66 253-1] zu zitieren. Dort heißt es unter 3.3.4 Operations on Compound Objects:

"In Basic PEARL, there are three ways to access an array:

- accessing a single component,
- accessing a contiguous part (slice), or
- accessing the array as a whole.

Accessing a contiguous part of an array is only possible for a one- dimensional array in transfer-operations."

Steicht man den letzten markierten Zusatz, so sollte die Zuweisung von (Teil-) Feldern genügend komfortabel sein.

Die Beschränkung auf eindimensionale Felder ist notwendig, da die Norm keine Aussage über die Ablage der einzelnen Feldelemente im Speicher macht, und bei mehrdimensionalen Feldern ein zusammenhängender Bereich nach Meinung der Implementatoren nicht gewährleistet ist.

Die Zuweisung von ganzen strukturierten Objekten wird erlaubt, sofern sie die gleiche Struktur haben.

Für Objekte, deren Typ mit 'type_indicant' festgelegt wurde, gelten die gleichen Regeln. Z.B.:

```
TYPE T STRUCT [ ... ];
DCL OA T;
DCL OB STRUCT [a FIXED, b T];

OB.b := OA;
```

4.11.1.2 Überlagerung von unterschiedlich strukturierten Objekten

Aus Gründen der Programmiersicherheit gilt in PEARL grundsätzlich "strong-typing". Zur Anpassung unterschiedlicher 'basic_type' Objekte sind in PEARL bereits entsprechende Operatoren definiert (TOFIXED, TOCHAR usw). Im Zusammenhang mit der Stringverarbeitung bietet die CONVERT-Anweisung (vgl. 4.3) eine über die vordefinierte TOCHAR hinausgehende Typkonvertierung.

Anmerkung: Die Konvertierung BIT(7) <-> CHAR(1) und BIT(8) <-> CHAR(1) kann ganz brauchbar sein.

Die gezielte und deutlich erkennbare Abweichung vom Prinzip des "strong-typing" ist mittels eines neuen universellen Operators möglich, der die Überlagerung von zusammengesetzten Objekten unterschiedlicher Struktur erlaubt. Dabei gilt die Beschränkung der Anwendbarkeit auf Referenz-Objekte und IDENT-Parameter. Zum Beispiel ist bei den gegebenen inkompatiblen Typen A und B folgender Prozeduraufruf zulässig:

```
TYPE A STRUCT ... ;
TYPE B STRUCT ... ;
DCL OB B;

PP: PROC (fa A IDENT);
...
END;

CALL PP( OB BY A);
```

oder

```
CALL PP( OB BY TYPE A);
```

Die genaue syntaktische Ausprägung ist noch nicht festgelegt.

Es muß an dieser Stelle angemerkt werden, daß bei dieser Überlagerung keinerlei Konvertierung oder Anpassung vorgenommen wird. Ferner ist darauf hinzuweisen, daß Programme mit überlagerten Objekten nicht ohne weitere Vorkehrungen portierbar sind. Sinnvollerweise fordert man die Verträglichkeit der Objekte bezüglich ihrer Länge. Zur Abfrage der Länge (Größe) eines Objektes wird die vordefinierte Funktion SIZEOF(id) bereitgestellt, die den benötigten Speicherplatz für ein Objekt oder einen Typ in Bytes liefert (vgl. 4.8). Zweck des Operators BY bzw. BY TYPE ist, auch wenn seine mißbräuchliche Verwendung nicht verhindert werden kann, die Schnittstellen zu Subsystemen (z.B. Datenbank-Systeme, Graphik-Bibliotheken) schmal zu halten, d.h. die Schnittstelle durch wenige polymorphe Prozeduren zu realisieren. In diesem Zusammenhang wurde auch ein objekt-orientierter Ansatz untersucht, der sich an die von Wirth in der Programmiersprache Oberon eingeführten 'type extensions' [Wirth 88a+b] anlehnt. Auf die damit zwangsläufig verbundene Dynamik von Datenobjekten zur Laufzeit wollte man in PEARL zu Gunsten eines gut abschätzbaren Verhaltens von PEARL-Programmen bezüglich des Speicherbedarfs verzichten.

4.11.2 Arithmetik

Die in der Full PEARL-Norm [DIN 66 253] auf den Seiten 489-494 mit '*' (für "not Basic PEARL") gekennzeichneten Operatoren stehen in PEARL 90 zur Verfügung. Insbesondere sind damit FLOAT * DUR -> DUR, DUR/DUR -> FLOAT und DUR/FLOAT -> DUR, sowie die trigonometrischen Funktionen verfügbar.

4.11.3 Prozeduraufruf

Beim Prozeduraufruf kann das Schlüsselwort CALL (wie in Full PEARL) weggelassen werden.

4.11.4 Verbesserte CASE-Anweisung

Es existiert bereits ein detaillierter Entwurf für die neue CASE-Anweisung, der vorsieht, daß nach dem Schlüsselwort ALT eine Liste von Konstanten stehen kann. Neben der "alten" CASE-Anweisung

```
case_statement ::=
     CASE int_exp7
     ALT [ alt_statement_sequence ]
     { ALT [ alt_statement_sequence ] }
     [ OUT [ out_statement_sequence ] ]
     FIN ;
```

gibt es die "neue" CASE-Anweisungen, die nach folgender Syntax aufgebaut ist:

```
case_statement_new ::=
     CASE case_index
       ALT ( case_const_list ) [ alt_statement_sequence ]
     { ALT ( case_const_list ) [ alt_statement_sequence ] }
     [ OUT [ out_statement_sequence ] ]
     FIN ;
case_index ::= int_exp7 | char(1)_exp7 | SIGNAL_id
case_const_list ::=
      index_range [ , index_range ]
index_range ::= const_expr [ : const_expr ]
```

Die Auswahl muß deterministisch sein. Eine gemischte Verwendung der alten CASE-Anweisung mit der Neuen ist nicht vorgesehen.

Beispiele sind:

```
CASE Operator
  ALT ('+') x := x + y;
  ALT ('-') x := x - y;
  ALT ('*') x := x * y;
  ALT ('/') CASE y
               ALT(0) CALL Error;
               OUT x := x//y;
            FIN;
FIN;
CASE chr
  ALT ('A':'Z') CALL upercase;
  ALT ('a':'z') CALL lowercase;
FIN;
CASE chr
  ALT ('A', 'E', 'I', 'O', 'U',
       'a', 'e', 'i', 'o', 'u') CALL Vocal(chr);
  ...
FIN;
```

4.11.5 EXIT-Anweisung zum Verlassen von Schleifen

Die EXIT-Anweisung ist zum gezielten Verlassen von Blöcken insbesondere von Schleifen gedacht. Mit EXIT können auch mehrere geschachtelte Blöcke verlassen werden.

```
exit_statement ::=
      EXIT [loop_id]
```

Die Semantik entspricht der von Ada [ISO 8652].

Zum Verlassen von geschachtelten Blöcken muß am entsprechenden Blockende ein Bezeichner (Sprungziel) stehen können.

```
block_body ::=
      definitions_ety
      statements_ety
      END [loop_id]
```

Anmerkung: Das Verlassen von Prozeduren hat mit RETURN zu erfolgen. Zum Verlassen von Task-Blöcken ist kein besonderer Mechanismus vorgesehen. Man kann selbstverständlich mit GOTO ans Ende einer Task springen.

4.12 Realzeit-Operationen

4.12.1 Ereignisse

4.12.1.1 Trigger-Anweisung

Die TRIGGER-Anweisung zur Simulation von Interrupts wird aus Full PEARL übernommen.

4.12.1.2 SIGNAL-Handling bzw. Exception-Handling

Dieser Punkt wurde sehr ausführlich und kontrovers diskutiert. Zusammenfassend kann man sagen, daß der Mechanismus SIGNAL mit ON-Reaktion in seiner bisherigen Ausprägung

1) nicht benutzerfreundlich,

2) fehleranfällig und

3) unpräzise formuliert (insbesondere was das Fortsetzen nach der ON-Reaktion anbelangt)

ist.

zu 1): Häufiges "Umschalten" zwischen sehr spezifischer lokaler ON-Reaktion, taskglobaler ON-Reaktion und System-Reaktion kann zu schwer abschätzbarem Verhalten von Programmen führen, vor allem unter dem Aspekt, daß die Aktivierung von ON-Reaktionen (Überlaufen der ON-Anweisung) in geschachtelten Programmstücken schlecht zu überschauen ist.

zu 2): Zurückschalten auf System-Reaktion kann leicht vergessen werden oder durch Sprunganweisungen versehentlich nicht ausgeführt werden.

zu 3): Die Forderung, daß bei der Abarbeitung des Programms wie bei einem Prozeduraufruf an die Stelle zurückgekehrt werden muß, an der das SIGNAL stimuliert wurde, ist häufig nicht sinnvoll.

Fest steht, daß bei SIGNALs im Zusammenhang mit Tasking-Anweisungen zu beachten ist, daß zum Zeitpunkt der Reaktion auf das SIGNAL der Zustand, der es ausgelöst hat, bereits überholt sein kann. Daher hat man sich auf die Festlegung geeinigt, daß kein SIGNAL ausgelöst wird:

- wenn eine inaktive Task terminiert werden soll (d.h. PREVENT mit anschließendem TERMINATE (in dieser Reihenfolge) ist eine korrekte Task-Zustandsübergangsfolge.),
- wenn eine laufende Task fortgesetzt werden soll.

Wie bereits bei der Abfrage von Systemzuständen (vgl. 4.8) angemerkt, kann für DATIONs keine allgemeine Festlegung in Form von vordefinierten SIGNALs getroffen werden. Es können sicher nur sehr wenige vordefinierte SIGNALs festgelegt werden, z.B. für End_of_File.

Der Stand der Diskussion ist in Kapitel 5 zusammengefaßt.

4.12.2 Tasking-Anweisungen

Als Erweiterung von Basic PEARL sind vorgesehen:

- Dynamische Prioritäten in Zusammenhang mit ACTIVATE und CONTINUE zuzulassen.
- Die Suspendierung von Fremd-Tasks zu erlauben.

4.12.3 Pufferung von Task-Aktivierungen

Die Pufferung von Task-Aktivierungen soll grundsätzlich möglich sein. Die Anzahl der tolerierten Pufferungen ist systemabhängig. Es muß aber mindestens eine Aktivierung gepuffert werden. Bei Aktivierungspufferüberlauf wird ein SIGNAL stimuliert, d.h. es erfolgt Systemreaktion oder anwendungsspezifisches Signal-Handling. Mit der Pufferung wird auch die Priorität gespeichert, die die Task zum Zeitpunkt der Aktivierung hatte.

4.12.4 Round-Robin für gleichpriore Tasks

Die Forderung, daß Tasks mit gleicher Priorität nach dem Round-Robin-Verfahren behandelt werden sollen, ist so zu verstehen, daß sich der Benutzer auf ein faires Scheduling verlassen kann ('faire scheduling assumption'). D.h. rechenwillige Tasks mit gleicher Priorität werden etwa gleich häufig beim Scheduling berücksichtigt, auch wenn von ihnen "lange" Zeit kein Systemaufruf erfolgt. Folglich muß jedes PEARL-System garantieren, daß durch einen geeigneten Mechanismus, z.B.

Zeitscheibenverfahren, hinreichend oft ein Rescheduling statt findet. Ein Einfluß des Benutzers auf die Länge einer Zeitscheibe ist dazu nicht notwendig. Soll das Scheduling gezielt beeinflußt werden, so sind die in PEARL(90) vorhandenen Mitteln, AFTER *dur*_expr RESUME und die Vergabe von dynamischen Prioritäten, anzuwenden.

4.13 Genauigkeitsangabe bei nicht deklarierten Größen

Bisher ist bei Objekten, die nicht explizit deklariert werden, die Angabe einer Genauigkeit (LENGTH) nicht vorgesehen. Das betrifft u.a. die Schleifenvariable in der FOR-Anweisung und Operatoren wie UPB, LWB usw.. Der Anwender hat bisher keinen Einfluß auf die Genauigkeit dieser Objekte. Das soll mit folgender Konstruktion geändert werden:

```
id { ( length_clause ) }
operator { ( length_clause ) } object_id
```

Beispiele sind:

```
FOR I (LENGTH 31) TO EndeWert REPEAT ... END;
UPB (LENGTH 31) Object_name
```

<u>Anmerkung</u>: Bei der FOR-Anweisung wird die Verträglichkeit der Schleifenvariablen mit Startwert, Schrittweite und Endwert durch Typanpassung erreicht.

Diese Genauigkeitsangaben sind nur lokal wirksam und beeinflussen LENGTH-Vereinbarungen nicht.

Die Genauigkeit der Ergebnisse von Standard-Prozeduren (SIN, COS, usw.) wird vom Argument abgeleitet, das evtl. mit FIT auf die gewünschte Genauigkeit gebracht wurde, z.B.:

```
PUT SIN(88.1(55)) TO D BY F(20)
```

5. 'SIGNAL Handling' in PEARL 90

5.1 Grundsätzliches über Ereignisse

Nach [Schneider 86] bezeichnet man ein Ereignis als "einen Sachverhalt, der dazu führt, daß der momentane Betriebsablauf unterbrochen wird ... Derartige Ereignisse können von außen veranlaßt werden, ... Sie können aber auch durch Vorgänge innerhalb des DV-Systems ausgelöst werden, z.B. durch ..., einen Programmierfehler ...".

Darüber hinaus ist das Auftreten von Ereignissen an bestimmte Bedingungen geknüpft, d.h., Ereignisse treten ein, sobald[1] diese Bedingungen erfüllt sind. Die Tatsache, daß ein Ereignis stattgefunden hat, und die Information darüber, wer das Ereignis ausgelöst hat, macht die Information aus, die über ein Ereignis vorhanden ist. Diese Information kann je nach Kontext verschiedenen Interpretationen unterliegen. [Marcotty, Ledgard 87] definieren *exception condition* als:

"A condition that prevents the completion of the operation that detects it, that cannot be resolved within the local context of the operation, and must be brought to the attention of the operation's invoker."

Ereignisse im Sinne von PEARL berücksichtigen genau diese Aspekte. Insbesondere kennt PEARL die Unterscheidung zwischen Ereignissen von außen, INTERRUPTs, und Ereignissen von innen, SIGNALs.

Das Bereitstellen eines Mechanismus zur flexiblen Reaktion auf Ereignisse ist eine ganz wesentliche Eigenschaft von Programmiersprachen für Realzeitsysteme. Diesem Aspekt wurde beim Entwurf von Programmiersprachen wenig Beachtung geschenkt. Die meisten Programmiersprachen gehen davon aus, daß eine Behandlung von Ereignissen durch spezielle Betriebssystem- oder Laufzeitsystem-Routinen vorgenommen wird. Nur in wenigen Sprachen gibt es adäquate Mechanismen: Ada [ISO 8652], CLU [Liskov, Snyder 79], PEARL [DIN 66 253].

In PEARL kann auf Ereignisse mit WHEN-Schedule bzw., ON-Reaktion reagiert werden. Während die Reaktion auf INTERRUPTs mit der WHEN-Anweisung unstreitig ist, wurde, wie bereits erwähnt, lange über ein 'exception handling' für PEARL 90 diskutiert, das die ON-Reaktion auf SIGNALs verbessern soll. Bevor nun im Rest dieses Abschnitts ausführlich auf das 'exception handling' von PEARL 90 eingegangen wird, zur Motivation noch einmal ein paar Gedanken über Sinn und Zweck dieser Spracheigenschaft.

Für die weitere Diskussion wird davon ausgegangen, daß SIGNALs vom Betriebssystem oder vom Laufzeitsystem - virtuelles PEARL-Betriebssystem (kurz PEARL-System) - ausgelöst werden. SIGNALs kennzeichnen damit Situationen, in denen das PEARL-System aus nicht näher spezifizierten Gründen im normalen Programmablauf nicht fortsetzt. Um Mißverständnisse zu vermeiden, soll im Folgenden statt des PEARL-Begriffs Signal der Begriff "Ausnahmebedingung" oder 'exception'

verwendet werden, der die Situation besser beschreibt. Der Begriff "Laufzeitfehler" ist ebensogut angebracht, wenn man dabei "Fehler" als "Fehlerursache" interpretiert.

<u>Hinweis</u>: Die in dieser Arbeit verwendeten Begriffe "Fehlerursache" ('fault'), "Fehlerausprägung" ('error') und "Versagen" ('failure') sind in [Stoll 87] definiert.

---

1) Das Wörtchen "sobald" soll nicht zu der falschen Annahme verleiten, daß die Änderung von Bedingungen zwangsläufig mit einem Zustandsübergang verbunden ist. Insbesondere entspricht es nicht der PEARL-Philosophie, damit die Vorstellung eines Automaten oder Zustandsübergangsdiagramms zu verbinden. Einzelne Ereignisse können bei entsprechender Programmierung ohne jede Auswirkung bleiben.

Es gehört zu den Aufgaben eines PEARL-Systems, für alle Ausnahmesituationen eine Behandlung vorzusehen. Diese wird in der Regel nur aus dem Abbruch einer Task oder eines Programms bestehen. Durch 'exception handling' soll ein Programm (oder eine Task) die Möglichkeit erhalten, anwendungsspezifisch auf Ausnahmesituationen zu reagieren. Diese Reaktion muß zeitlich vor dem Eintreten der Ausnahmebedingung dem PEARL-System bekannt gemacht werden, da sonst die Reaktion abläuft, die das PEARL-System definitionsgemäß immer vorsieht.

Die anwendungsspezifische Reaktion auf Ausnahmebedingungen hat mehrere Aspekte, von den hier zwei genannt werden:

(1) Fehlertoleranz

In manchen Anwendungen ist der Abbruch von Programmen durch Laufzeitsystem oder Betriebssystem auch in "fehlerhaften Situationen" nicht tolerierbar. Wird also während des Programmablaufs ein Laufzeitfehler erkannt (Fehlerursache), so soll dies definitionsgemäß zunächst als eine Ausnahmesituation betrachtet werden. Eine flexible, vor allem anwendungsbezogene Reaktion, die das 'exception handling' bieten soll, kann die Fehlerausprägung oder gar das Versagen eines Systems verhindern.

(2) Aspekt des 'debugging':

Es ist in Realzeitsystemen und/oder Systemen, die mit technischen Prozessen ('real world') interagieren, sehr mühsam, wenn überhaupt möglich, beim Austesten Fehlersituationen zu reproduzieren. Auch hier kann ein 'exception handling' hilfreich sein.

Selbst in Ausnahmesituationen, in denen keine Reaktion zur Beseitigung der Fehlerursache in einer Task möglich ist (z.B. bei Hardware-Fehlern), kann das 'exception handling' zur sicheren Programmierung genutzt werden, z.B. Freigeben von Betriebsmitteln, Rücksetzen von Semaphoren. In Mehrrechner-PEARL können in diesen Situationen Rekonfigurationsmaßnahmen eingeleitet werden.

5.2 Behandlung von Ausnahmesituationen in PEARL 90

Die Diskussion über eine verbesserte Lösung für die Behandlung von Ausnahmesituationen ging in zwei Richtungen:

(1) Eine erweiterte Variante des Ada-Exception-Handlings [ISO 8652];

(2) Modifikation der ON-Reaktion, wie sie bisher in PEARL [DIN 66 253] vorgesehen ist, und zusätzlich eine neu definierte Statusabfrage mittels eines 'SIGNAL control's.

In beiden Varianten ist eine ganze Reihe von Problemen zu lösen, die den Implementationsaufwand, das Laufzeitverhalten und die Portierbarkeit der Programme betreffen.

Variante (1) ist ausführlich in [Frevert 89a] beschrieben, so daß sich dieser Abschnitt auf den Teil der Diskussion konzentrieren kann, der um Variante (2) geführt wurde. Variante (1) wird in 5.4 kurz wiederholt, Variante (2) in 5.5 vorgestellt und in 5.7 folgt ein Vergleich der beiden Lösungen.

Diese Diskussion hat, bezogen auf Variante (2), gezeigt, daß ein 'exception handling'-Konzept zwei verschiedene Reaktionsmechanismen auf Ausnahmebedingungen berücksichtigen sollte. Es gibt zum einen Ausnahmesituationen, die unerwartet - weil unwahrscheinlich - eintreten (globale Sicht) und zum anderen Ausnahmesituationen, die typisch für bestimmte Anweisungen sind (lokale Sicht). Vor allem bei E/A-Anweisungen treten relativ häufig Fehlerursachen auf (z.B. fehlerhafte Eingabe an einem Terminal). Diese können aber programmtechnisch leicht behandelt werden.

Für Erstere ist der etwas modifizierte Mechanismus "SIGNAL und ON-Reaktion" vorgesehen. Für den zweiten Fall wurde ein "'exception handling' durch Statusabfrage", ein sogenanntes 'SIGNAL control' (RST), vorgeschlagen.

Vergleicht man ON-Reaktion und 'SIGNAL control', so unterscheiden sie sich aus der Sicht des Programmierers vor allem in den Auswirkungen deutlich:

- SIGNALs sind Nachrichten des Betriebssystems. Sie treten synchron mit der Ausführung einer Anweisung auf[1]. Für die ON-Reaktion auf SIGNALs ist zu jedem Zeitpunkt genau eine (Task- oder Prozedur-spezifische) ON-Reaktion vorgesehen. Es wird nur die Aktivität - eben die Task oder die Prozedur - beeinflußt, die zur Stimulans des SIGNALs geführt hat.
- 'exception handling' durch Statusabfrage liefert definitionsgemäß die Information, die das PEARL-System bei der Ausführung einer ('communication')-Anweisung veranlassen würde, ein SIGNAL zu stimulieren. Diese Information kann durch ein entsprechendes 'SIGNAL control' abgefragt werden. Mit der Abfrage wird die Systemreaktion vorübergehend, d.h. für diese eine Anweisung, ausgeschaltet. Für 'SIGNAL control's ist a priori keine Reaktion eingeplant. Sie beeinflussen den Ablauf des Programms nicht von sich aus. Es liegt in der Verantwortung des Programmierers, die Information aus 'SIGNAL control's zu nutzen. 'SIGNAL control's wirken lokal (bezogen auf eine 'communication'-Anweisung). Fortgesetzt wird mit der nächsten Anweisung nach der E/A-Anweisung.

Zur Veranschaulichung aller drei genannten Reaktionsmechanismen sind, ohne fürs erste auf Details einzugehen, Beispiele angegeben. Anschließend muß zuerst auf den Datentyp SIGNAL eingegangen werden, der wichtig ist für die Besprechung der Reaktionsmechanismen im Detail.

1) Anmerkung zum Begriff synchron: SIGNALs können mitten in einer PEARL-Anweisung auftreten, was zur Verzweigung in den ON-Block führt. Für das Aufsetzen nach Abarbeitung des ON-Blocks sollen neue Regeln gelten, was im Normalfall heißt, daß nicht an der Stelle fortgefahren wird, an der das SIGNAL stimuliert wurde.

```
SYSTEM;
  Fehleingabe: SIGNAL;
PROBLEM;
  SPC Fehleingabe SIGNAL;
  DCL Zahl FIXED;
ON Fehleingabe: ... ;
  GET Zahl FROM T BY F, SKIP;
ON SYS;
```

Variante mit ON-Reaktion

```
SYSTEM;
  Fehleingabe: SIGNAL;
PROBLEM;
  SPC Fehleingabe SIGNAL;
  DCL Zahl FIXED;
  GET Zahl FROM T BY RST(Fehleingabe), F, SKIP;
  IF Fehleingabe ...
```

Variante mit 'SIGNAL control' RST und anschließender Abfrage

```
SYSTEM;
  Fehleingabe: SIGNAL;
PROBLEM;
  SPC Fehleingabe SIGNAL;
  DCL Zahl FIXED;
  RISK Fehleingabe;
    GET Zahl FROM T BY F, SKIP;
   EXCEPTIONS:
    WHEN Fehleingabe ...
  ENDRISK Fehleingabe
```

Variante mit einer RISK-Funktionseinheit

5.3 SIGNALs als einfacher Datentyp in PEARL

Der Streit um den Datentyp SIGNAL, wie er in [DIN 66 253] festgelegt ist, rührt von der Portierbarkeit oder besser Nicht-Portierbarkeit her. Es ist ein altes Problem, daß die Menge der SIGNALs, die ein PEARL-System behandelt, implementierungsabhängig ist. Andererseits ist bekannt, daß diese Implementierungsabhängigkeit nicht gänzlich zu beseitigen ist, da die möglichen Ausnahmebedingungen sehr stark von der zugrunde liegenden Hardware und vom (Gast-)Betriebssystem abhängen. Diese an sich alte Erkenntnis führte zum Vorschlag, wenige SIGNAL-Klassen anstelle eventuell vieler Signale einzuführen. Die SIGNAL-Klassen können fest vorgegeben werden und sollen etwa die Semantik der alten SIGNALs haben. Programme wären damit leichter portierbar.

Die Überlegungen gehen dahin, in PEARL 90 noch fünf SIGNALs bzw. SIGNAL-Klassen vorzusehen und zwar für:

- Arithmetische und algorithmische Fehler
  (Division durch Null, Über-/Unterlauf, Indexbereichsfehler, ...)
- Fehler in 'communication statement's (E/A-Fehler)
  (PEARL-spezifische Formatfehler; Fehler, die das E/A-Systems erkennt; End_of_File; Fehler in Zusammenhang mit Dateien ...)
- Systemfehler (Busfehler, ...)
- Tasking-Fehler
- User-defined-SIGNALs (frei verfügbare SIGNAL-Klasse)

Diese fünf Klassen könnten beispielsweise mit A_SIGNAL, R_SIGNAL, S_SIGNAL, T_SIGNAL und U_SIGNAL bezeichnet werden. Eine weitere Klasse könnten die vier in Mehrrechner-PEARL vordefinierten Signale bilden.

Damit ist zunächst der im Programm nutzbare Informationsgehalt für das 'exception handling' stark eingeschränkt. Dieser Nachteil wird dadurch ausgeglichen, daß man durch "Statusabfrage" die Information, die das PEARL-System bietet, erfragen kann. Um nun die Portierbarkeit auch in dieser zweiten Stufe zu ermöglichen (und nicht einfach das Problem nur zu verschieben), muß ein geeigneter Mechanismus definiert werden.

Der Vorschlag für einen solchen Mechanismus sieht die Zuordnung von Fehlernummern oder systemabhängigen Bezeichnern, die in bestehenden PEARL-Systemen ja bereits vorhanden sind, zu Benutzer-definierten Namen vor. Diese Zuordnung muß sicher im Systemteil erfolgen:

```
SYSTEM;
  Fehleingabe: R_SIGNAL (A_FormatFehler: 15,  ! Zahlen sind
                         E_FormatFehler: 16,  ! implementa-
                         F_FormatFehler: 17); ! tionsabhängig
  EOF:         R_SIGNAL (End_of_File   : DATEIENDE );
```

Damit diese Zuordnungstabelle nicht unnötig lang wird, müßte man festlegen, daß nur die Ausnahmebedingungen aufgelistet werden, die tatsächlich im jeweiligen Modul benutzt werden. Zweckmäßiger Weise sollte man auch festlegen, daß eine Angabe wie 'ok' (= kein Fehler) vordefiniert ist. Für nicht in der Liste vorkommende Ausnahmebedingungen ist die System-Reaktion gewünscht.

Analog zu anderen Vereinbarungen im Systemteil sollte im Problemteil das korrespondierende SPECIFY stehen.

```
PROBLEM;
  SPC Fehleingabe SIGNAL(A_FormatFehler,
                         E_FormatFehler,
                         F_FormatFehler);
  SPC EOF SIGNAL(End_of_File);
  DCL Zahl FIXED;
  !...
```

```
REPEAT
  PUT 'Bitte Zahl eingeben: ' TO Terminal BY SKIP, A;
  GET Zahl FROM Terminal BY RST(Fehleingabe), F, SKIP;
  /* RST(Fehleingabe) stellt Information über die Art des SIGNALs bereit */
  CASE Fehleingabe
    ALT (ok) EXIT;
    ALT (F_FormatFehler)
        PUT 'Fehleingabe !' TO Terminal BY A;
    OUT INDUCE Fehleingabe; EXIT;
  FIN;
END;
```

Wird nun, wie vorgeschlagen, erlaubt, daß einzelne Ausnahmebedingungen zusammengefaßt werden können oder müssen, weil eine Implementierung diese nicht weiter unterscheidet, stellt sich das Problem der nicht deterministischen Abfrage:

```
SYSTEM;
 FormatFehler: R_SIGNAL (E_FormatFehler: 11,
                         F_FormatFehler: 11);
PROBLEM;
  SPC FormatFehler SIGNAL(E_FormatFehler, F_FormatFehler);
  DCL Zahl FIXED;
  REPEAT
    PUT 'Bitte Zahl eingeben: ' TO Terminal BY SKIP, A;
    GET Zahl FROM Terminal BY RST(FormatFehler), F, SKIP;
    CASE FormatFehler
      ALT (ok) EXIT;
      ALT (E_FormatFehler) /* 11 */
              PUT 'Fehleingabe !' TO Terminal BY A;
      ALT (F_FormatFehler) /* 11 */
              PUT 'Fehleingabe !' TO Terminal BY A;
      OUT INDUCE FormatFehler; EXIT;
    FIN;
  END;
```

Ein scheinbarer Ausweg wäre, SIGNALs nicht als CASE-Selektor zuzulassen. Dann muß die Abfrage mit geschachtelten IF-Anweisungen programmiert werden. Dadurch wird die Abfrage zwar deterministisch, das Ergebnis hängt jedoch anders als bei CASE von der Reihenfolge der IF-Schachtelung ab.

```
SYSTEM;
  FormatFehler: R_SIGNAL (E_FormatFehler: 11,
                          F_FormatFehler: 11);
```

```
PROBLEM;
  SPC FormatFehler SIGNAL(E_FormatFehler, F_FormatFehler);
  DCL Zahl FIXED;
  REPEAT
    PUT 'Bitte Zahl eingeben: ' TO Terminal BY SKIP, A;
    GET Zahl FROM Terminal BY RST(FormatFehler), F, SKIP;
    IF FormatFehler /= ok THEN
      IF FormatFehler == E_FormatFehler /* 11 */ THEN
               PUT 'Fehleingabe !' TO Terminal BY A;
      ELSE
        IF FormatFehler == F_FormatFehler /* 11 */ THEN
          PUT 'Fehleingabe !' TO Terminal BY A;
        ELSE INDUCE FormatFehler; EXIT;
        FIN;
      FIN;
    ELSE EXIT;
    FIN;
  END;
```

Die Portierbarkeit wird mit der Einführung der SIGNAL-Klassen nicht besser. Zudem würde eine (bei Portierungen ohnehin als sehr bedenklich einzustufende) Änderung des Problemteils durch die geschachtelten IF-Abfragen in keinem Fall automatisch erfolgen können. Ein nicht deterministisches CASE könnte wenigstens vom Compiler zur Übersetzungszeit erkannt werden, und so Hinweise liefern, wo Änderungen vorzunehmen sind. CASE-Label sind Konstanten, die zur Übersetzungszeit auf Gleichheit geprüft werden können.

Bei der Lösung mit den RISK-Funktionseinheiten tritt das gleiche Problem auf:

```
RISK F_FormatFehler;
  PUT 'Bitte Zahl eingeben: ' TO Terminal BY SKIP, A;
  GET Zahl FROM Terminal BY F, SKIP;
 EXCEPTIONS:
  WHEN E_FormatFehler:
    PUT 'Fehleingabe !' TO Terminal BY A;
    TRYAGAIN;
  WHEN F_FormatFehler:
    PUT 'Fehleingabe !' TO Terminal BY A;
    TRYAGAIN;
ENDRISK F_FormatFehler
```

Eine Verringerung der Implementationsabhängigkeit ist nur über die Festlegung von vordefinierten SIGNALs möglich. Ein pragmatischer Ansatz müßte die Gemeinsamkeiten der bestehen PEARL-Systeme berücksichtigen. Die so gefundene Menge von SIGNALs müßte in jedem Fall noch um die Ausnahmebedingungen ergänzt werden, die die Sprachbeschreibung als solche benennt.

Nachfolgend ein erster Versuch, eine noch unvollständige Menge von Standard-SIGNALs zu definieren. Ob eine Klassenbildung in der Form noch sinnvoll ist, darf bezweifelt werden.

A_SIGNAL:

- divison by zero
- illegal pointer

- index out of bounds
- wrong slice bounds
- overflow
- underflow

R_SIGNAL:

- End_of_File mark reached
- alphic control fault, z.B. E-Format: decim > width
- position control fault
- OPEN fault
- CLOSE fault
- time out

S_SIGNAL:

- stack overflow

T_SIGNAL:

- ACTIVATE buffer overflow [1)]
- CONTINUE not explicitly suspended activity [1)]
- SUSPEND suspended activity [1)]
- negative *dur*_expr7 in schedule [1)]
- negative *int*_expr7 in priority [1)]

?_SIGNAL:

- RELEASE released semaphor [1)]
- FREE not reserved bolt [1)]
- LEAVE left/reserved bolt [1)]
- TRIGGER disabled interrupt [1)]
- DISABLE disabled interrupt [1)]
- ENABLE enabled interrupt [1)]

1) Diese SIGNALs sind in [KfK-PDV 130] definiert

Beschränkt man sich bei der Programmierung auf diese vorgegebenen Menge von SIGNALs sind Programme portabel. Darüber hinaus verwendete implementationsabhängige SIGNALs erfordern Änderungen im Problemteil.

5.4 RISK-Funktionseinheiten

Wie oben bereits angedeutet, sieht ein in [Frevert 89a] gemachter Vorschlag die Einführung einer Art neuer Blöcke vor, "um - anders als in Ada - die normalen Blöcke der strukturierten Programmierung von den Funktionseinheiten im Sinne des Exception-Handling unterscheiden zu können; im übrigen verliefe das Exception-Handling aber ähnlich wie in Ada." Frevert schlägt zwei Schemata vor, von denen das Zweite eine

Erweiterung von Ada vorsieht. Es geht von der Vorstellung aus, daß eine Funktionseinheit, in der eine Ausnahmebedingung erkannt wurde, mit neuen Eingabewerten noch einmal ausgeführt wird.

```
RISK SIGNAL_Liste
  Block
EXCEPTION
  Ersatzblock
ENDRISK
```

```
RISK SIGNAL_Liste
  Block
 EXCEPTION
  { Korrektur }
  TRYAGAIN
ENDRISK
```

"Am Anfang einer solchen Funktionseinheit sollte notiert werden, welche SIGNALs erwartet werden. Dann folgen die Anweisungen für den Normalbetrieb. Falls dabei ein SIGNAL ausgelöst wird, wird die Bearbeitung abgebrochen und in den Exception-Handler gesprungen."

5.5 ON-Reaktion auf SIGNALs

Wie auch bisher in PEARL vorgesehen, kann die Reaktion auf ein SIGNAL in einem ON-Block ausprogrammiert werden. Mit dem Überlaufen der ON-Anweisung wird die vom PEARL-System vorgesehene Reaktion ausgeschaltet und stattdessen die Anweisungsfolge des ON-Blockes eingeschaltet.

Sichtbarkeitsregeln entsprechen denen von PEARL, d.h., daß

(1) die Sichtbarkeit von Variablen an der Stelle der ON-Anweisung maßgebend ist. Das hat den Nachteil, daß auf Objekte, die an der Stelle, an der ein SIGNAL stimuliert wird, und die evtl. mit der Stimulans des SIGNALs in engem Zusammenhang stehen, nicht sichtbar sind. Zum Beispiel sind die lokalen Variablen x, y einer Prozedur PP nicht sichtbar.

```
PP: PROC ...
  DCL (x,y) FIXED;
  x := 0;
  y := 1//x;
END;
ON division_by_zero: ... /* hier sind x und y aus
                            PP nicht sichtbar */;
...
CALL PP
```

(2) die Lebensdauer von ON-Klauseln der Blockstruktur unterliegt, was zur Folge hat, daß am Blockende auf die ON-Klausel zurückgeschaltet werden muß, die außerhalb des Blockes gültig war.

Aufsetzen nach der ON-Reaktion: Zu diesem Punkt gibt es unterschiedliche Ansichten. Grundsätzlich gilt wie bisher die Festlegung, daß die Stelle, an der nach der Abarbeitung des ON-Blockes weitergemacht werden soll, im ON-Block explizit angegeben werden kann (GOTO-Anweisung). Andernfalls, d.h., wenn das natürliche Ende des ON-Blockes erreicht wird, gibt es unterschiedliche Vorstellungen über die Granularität des Fortsetzens.

(1) Nach [DIN 66 253] wird der ON-Block wie der Aufruf einer parameterlosen Prozedur in die Abarbeitung des Programms eingefügt. Das kann mitten in einem Ausdruck sein (z.B. Divison durch Null). Die Granularität ist die eines Maschinenbefehls und kann auf Quellsprachenebene nicht nachvollzogen werden.

(2) Ein Fortfahren nach der PEARL-Anweisung, die zur Auslösung eines SIGNALs geführt hat, ist zwar sehr anschaulich, es ist jedoch zu befürchten, daß diese Variante laufzeitintensiv ist.

(3) Noch eine Stufe "gröber" ist die Festlegung, daß die Aktivität (Prozedur oder Task), in der das SIGNAL stimuliert wurde, nach Abarbeitung des ON-Blockes durch das PEARL-System beendet wird (implizites RETURN bzw. TERMINATE).

Nach dem Stand der Diskussion wird (3) favorisiert.

Ferner gibt es Bestrebungen, ON-Anweisungen in Zukunft nur auf der Blockschachtelungstiefe von Prozeduren oder Tasks zuzulassen. Man erhofft sich durch diese Einschränkung eine effizientere Verwaltung der durch die ON-Anweisung installierten 'exception handler'. Der Nachweis eines Effizienzgewinns wurde noch nicht erbracht.

5.6 Exception-Handling durch Statusabfrage

Zusätzlich zum 'exception handling' durch ON-Reaktion sollen Ausnahmesituationen in 'communication statement's auch durch die Abfrage des Status behandelt werden können. Dazu wurde vorgeschlagen neben 'alphic control' und 'position control' ein neues 'SIGNAL control' (RST()) einzuführen, welches den Status nach Ausführung des betreffenden 'communication statement's liefert und welches gleichzeitig für diese eine Anweisung die Systemreaktion, bzw., falls vorhanden, die ON-Reaktionen für die betreffenden SIGNALs ausschaltet, z.B.:

```
SPC iostat SIGNAL; ! implizit INIT( ok )
WHILE iostat /= end_of_file REPEAT
  GET Zeile FROM Datei BY RST(iostat), A, SKIP;
END;
```

Wichtig für das Verständnis dieses 'control's ist dabei, daß die SIGNAL-Variable bei ihrer Spezifikation mit einem Wert besetzt wird, der als Codierung für den Fall, daß keine Ausnahmebedingung vorliegt, interpretiert wird. Diese implizite Vorbesetzung erfolgt auch bei jedem "Aufruf" von RST(). Nach dem eventuell wegen Fehlerursachen abgebrochenen 'communication statement' hat die im 'SIGNAL control' angegebene Variable einen Wert, der abgefragt werden kann.

Beispiel "Fehlertolerante Dialogeingabe":

```
SPC Fehleingabe SIGNAL;
REPEAT
  PUT 'Bitte Zahl eingeben: ' TO Terminal BY SKIP, A;
  GET Zahl FROM Terminal BY RST(Fehleingabe), F, SKIP;
  IF Fehleingabe /= ok THEN
    PUT 'Fehleingabe !' TO Terminal BY A;
  ELSE EXIT;
  FIN;
END;
```

Das Problem dabei ist, daß festzulegen ist, für welche SIGNALs durch RST() die übergeordneten Reaktionen ausgeschaltet sind. Werden die Reaktionen für alle E/A-SIGNALs ausgeschaltet, so ist im obigen Beispiel nur für eine E/A-Ausnahmebedingung eine Reaktion vorgesehen, während alle anderen unberücksichtigt bleiben. Ein Ansatz ist, dieses Problem durch geeignetes Abfragen des Status zu beseitigen.

```
SPC iores SIGNAL; ! implizit INIT(ok)
REPEAT
  PUT Anforderung TO Terminal;
  GET Daten FROM Terminal BY RST(iores), ...;
  CASE iores
    ALT (ok) EXIT;          ! Endlos-Schleife verlassen
    ALT (Eingabefehler);    ! weitere Anforderung(en)
    OUT INDUCE iores;       ! andere Exceptions weiterreichen
  FIN;
FIN;
```

Der Nachteil bei diesem Ansatz ist, daß meist zwei Kontextwechsel zwischen E/A-System und Benutzerprogramm notwendig sind. Diesen Nachteil wollte man bei den "langsamen" E/A-Anweisungen in Kauf nehmen, insbesondere, da der zusätzliche Aufwand nur im Fehlerfall entsteht. Gegen den Lösungsvorschlag spricht die eher untypische Situation, daß in einer Anwendung nach jeder Ein-/Ausgabe auf alle möglichen Fehlerursachen reagiert wird. Praxisnah dürfte dagegen die Annahme sein, daß ein bestimmtes SIGNAL (oder wenige SIGNALs) erwartet wird (werden). Erlaubt man Variablen vom Typ SIGNAL in Abfragen, die auf einen B1 Wert Bezug nehmen, könnte der eben geschilderte Nachteil nach folgendem Schema beseitigt werden:

```
SYSTEM;
  S: SIGNAL (ESC:          sys_no_3,
             Format_Fault: sys_no_15);

PROBLEM;
  SPC S SIGNAL;

REPEAT
  PUT Anforderung TO Terminal;
  GET Daten FROM Terminal BY RST(S), ...;
  IF (S == ok) OR (S == ESC) THEN EXIT;
  ELSE /* weitere Anforderungen */ FIN;
FIN;
```

Dabei wird von der Annahme ausgegangen, daß nur die Reaktionen durch RST(S) verschattet werden, die die im Systemteil der Variablen S zugeordneten SIGNALs betreffen. Unter der gleichen Annahme sieht die Lösung mit ON-Reaktion folgendermaßen aus:

```
BEGIN
ON S: IF NOT ESC THEN GOTO Nochmal;
Nochmal:
  PUT Anforderung TO Terminal;
  GET Daten FROM Terminal;
END;
```

Auf Listen von SIGNALs wie sie bisher in PEARL vorgesehen sind könnte man in Zukunft verzichten.

5.7 Vergleich von RISK-Funktionseinheiten und ON-Reaktionen

In der Diskussion über das 'exception handling' von PEARL 90 wurde insbesondere die Ausprägung als RISK-Funktionseinheiten oder als ON-Reaktionen kontrovers diskutiert. Dabei lassen sich die in Abschnitt 5.4 aufgezeigten zwei Schemata für RISK-Funktionseinheiten

```
RISK SIGNAL_Liste
  Block
EXCEPTION
  Ersatzblock
ENDRISK
```

```
RISK SIGNAL_Liste
  Block
 EXCEPTION
  { Korrektur }
  TRYAGAIN
ENDRISK
```

fast immer formal in ON-Anweisungen überführen. Die Ausnahme bilden RISK-Einheiten in FOR-Schleifen. Das erste Schema formt man in eine Prozedur um, die folgenden Aufbau haben muß:

```
RISK: PROC;
  ON SIGNAL_Liste: BEGIN
     Ersatzblock
     ! implizit RETURN
  END;
  Block
END;
```

Durch Umformung des zweiten Schemas erhält man folgende Prozedur:

```
RISK: PROC;
  ON SIGNAL_Liste: BEGIN
     { Korrektur }
     GOTO Anfang;
  END;
 Anfang:
  Block
END;
```

Dazu ist anzumerken, daß es sich bis auf die erwähnte Ausnahme um parameterlose Prozeduren handelt, die zudem keine zusätzlichen lokalen Variablen benötigen, und die genau einmal aufgerufen werden. Also könnten statt der Prozeduren auch BEGIN-Blöcke stehen, wenn es nicht die Forderung gäbe, daß ON-Anweisungen nur auf oberster Task- und Prozedur- Blockschachtelungstiefe stehen dürfen:

```
BEGIN
  ON SIGNAL_Liste: BEGIN
     Ersatzblock;
     EXIT; ! wichtig, wegen des Termination-Modells
  END;
  Block
END;
```

bzw.

```
BEGIN
  ON SIGNAL_Liste: BEGIN
     { Korrektur };
     GOTO Anfang;
  END;
 Anfang:
  Block
END;
```

Probeweise wird die formale Überführung der Beispiele aus [Frevert 89b] gezeigt. So wird aus

```
FOR I TO 1 UPB MATRIX REPEAT
  FOR K TO 2 UPB MATRIX REPEAT
    RISK NULLDIVISION;
      MATRIX(I,K) := 1/MATRIX(I,K);
    EXCEPTIONS:
      WHEN NULLDIVISION: MATRIX(I,K) := 1E40;
    ENDRISK NULLDIVISION;
  END;
END;
```

unter Einführung der Prozedur KEHRWERT und Mißachtung der Sichtbarkeitsregeln für I und K:

```
KEHRWERT: PROC;
  ON NULLDIVISION: MATRIX(I,K) := 1E40;
  MATRIX(I,K) := 1/MATRIX(I,K);
END;

FOR I TO 1 UPB MATRIX REPEAT
 FOR K TO 2 UPB MATRIX REPEAT
   CALL KEHRWERT;
 END;
END;
```

bzw. korrekt:

```
KEHRWERT: PROC((I,K) FIXED);
  ON NULLDIVISION: MATRIX(I,K) := 1E40;
  MATRIX(I,K) := 1/MATRIX(I,K);
END;
```

Der Nachteil ist in allen Fällen, daß der 'exception handler' bzw. die ON-Reaktion I*K-mal aktiviert werden muß. Das kann in beiden Varianten vermieden werden. Hier die Variante mit der ON-Reaktion:

```
DCL ZEILENR  FIXED INIT(1),
    SPALTENR FIXED INIT(1);
PROC: KEHRWERTALLE;
  ON NULLDIVISION: BEGIN
     MATRIX(ZEILENR, SPALTENR) := 1E40;
     GOTO Anfang;
  END;
 Anfang:
  WHILE ZEILENR LE 1 UPB MATRIX REPEAT
    MATRIX(ZEILENR,SPALTENR):=1/MATRIX(ZEILENR,SPALTENR);
    SPALTENR := SPALTENR+1;
    IF SPALTENR GT 2 UPB MATRIX THEN
      SPALTENR := 1;
      ZEILENR := ZEILENR+1;
    FIN;
  END;
END;
```

Wie bereits oben angemerkt, ist die Einführung einer Prozedur überflüssig. Sie dient nur der formalen Forderung, die ON-Anweisungen nur auf Blockschachtelungstiefe von Prozeduren und Tasks vorsieht. Die Konsequenz dieser Forderung ist, daß ON-Anweisungen um die Organisation beim Prozeduraufruf aufwendiger werden. Den steht der Vorteil gegenüber, daß die allgemein gültigen Regeln für die Sichtbarkeit bezüglich Blockschachtelung automatisch anwendbar sind. Insbesondere ist das automatische Zurückschalten auf globalere ON-Reaktionen oder die Systemreaktion am Blockende garantiert und somit ein Kritikpunkt am bisherigen Konzept der ON-Anweisungen entkräftet.

5.8 Zusammenfassung

Ein Mechanismus zur Behandlung von Ausnahmesituationen ist für den Bereich, den PEARL gerne als bevorzugtes Einsatzgebiet angibt, unerläßlich, da ein gewisses Maß an Fehlertoleranz vorhanden sein muß. In Hinblick auf Mehrrechner-PEARL [DIN 66 253-3] gewinnt dieser Aspekt zusätzliche Bedeutung.

Eine vernünftig festgelegt Menge von vordefinierten SIGNALs ist für die Portierbarkeit von PEARL-Programmen notwendig.

Wie in Abschnitt 5.7 nachgewiesen wurde, gibt es zwischen dem modifizierten SIGNAL-Handling durch ON-Reaktionen und den vorgeschlagenen RISK-Funktionseinheiten keinen essentiellen Unterschied. Die RISK-Funktionseinheiten mögen etwas gefälliger aussehen, wogegen die ON-Reaktion in PEARL bereits definiert ist. Es darf aber nicht verschwiegen werden, daß die Semantik der ON-Anweisungen modifiziert werden muß.

Die zusätzliche Möglichkeit, bei E/A-Anweisungen mit 'SIGNAL control' auf Ausnahmebedingungen zu reagieren, erlaubt flexible und anwendungsbezogene Reaktionen auf viele für diese Anweisungen typischen Fehlerursachen.

6. Ausblick

Dieser Beitrag beschreibt den Sprachumfang von PEARL 90, der in einem Arbeitskreis mit dem Ziel den Umfang einer Revision der PEARL-Norm festzulegen, erarbeitet wurde. Er ist somit als Spezifikation einer geplanten Norm-Revision zu verstehen. Es bleibt zu hoffen, daß diesem ersten Schritt in Richtung einer Erneuerung von PEARL bald ein zweiter in Form einer neuen PEARL-Norm folgen kann. Das große Interesse der PEARL-Anwender an den bisherigen Ergebnissen sollte die Compiler-Hersteller ermutigen, möglichst bald nach dem Normungsverfahren mit neuen Produkten auf den Markt zu kommen.

Zum Schluß möchte ich mich bei allen Mitgliedern des Arbeitskreises PEARL 90 bedanken, die stets bereit waren, auch konträre Lösungen zu diskutieren. Ferner sei allen beteiligten Firmen und dem Vorstand des PEARL-Vereins für ihre Unterstützung gedankt. Nur mit ihrer Hilfe war es möglich, die Arbeit an PEARL 90, die von einem hohen Maß an Idealismus geprägt war, so zügig voranzubringen.

7. Literatur

[DIN 66 253-1] DIN 66 253 Teil 1 Informationsverarbeitung; Programmiersprache PEARL; Basic PEARL.

[DIN 66 253] DIN 66 253 Teil 2 Informationsverarbeitung; Programmiersprache PEARL; Full PEARL

[DIN 66 253-3] DIN 66 253 Teil 3 Informationsverarbeitung; Programmiersprache PEARL; Mehrrechner-PEARL

[Frevert 89a] L. Frevert: Zum Exception-Handling in PEARL 90. Version vom 17.6.89. Interner Bericht des PEARL 90-Arbeitskreises.

[Frevert 89b] L. Frevert: Das Für und Wider der Konzepte zum Exception Handling. Interner Bericht des PEARL 90-Arbeitskreises.

[Hilbert 88] Ch. Hilbert: Deadline-Scheduling in PEARL. Vorträge zum Workshop über Realzeitsysteme "PEARL 88". D. Sauter und K. Stieger (Hrsg.), PEARL-Verein 1988, Seite 67-79

[ISO 646] ISO 646: Information Processing - ISO 7-Bit Coded Character Set for Information Interchange, 1983. (DIN 66 003)

[ISO 8601] ISO 8601: Data Elements and Interchange Formats - Information Interchange - Representation of Dates and Times, 1988. (DIN 1355)

[ISO 8652] ISO 8652: Programming Languages - Ada, 1987. Endorsement of ANSI/MIL-STD-1815A Reference Manual for the Ada Programming Language. Feb. 1983

[ISO Pascal] DP10206: Information Processing - Programming Language Extended Pascal; Draft Proposal and Letter Ballot, 1988.

[Kappatsch et al 79] A. Kappatsch, H. Mittendorf, P. Rieder: PEARL: Systematische Darstellung für den Anwender. Oldenbourg Verlag, 1979.

[KfK-PDV 130] PEARL Language Description (Full PEARL). Gesellschaft für Kernforschung mbH, Karlsruhe, PDV-Bericht KfK-PDV 130, Oktober 1977.

[Liskov, Snyder 79] B. Liskov, A. Snyder: Exception Handling in CLU. IEEE Transactions on Software Engineering, Vol. 5, No. 6, November 1979, pages 546-558.

[Marcotty, Ledgard 87] M. Marcotty, H. Ledgard: The World of Programming Languages. Springer-Verlag, 1987

[Schneider 86] Hans-Jochen Schneider (Hrsg.): Lexikon der Informatik und Datenverarbeitung. 2. Auflage, Oldenbourg Verlag, 1986.

[Stoll 87] J. Stoll: Anwendungsorientierte Techniken zur Fehlertoleranz in hierarchieschen verteilten Realzeitsystemen. Dissertation an der Universität der Bundeswehr München, Dezember 1987

[Wirth 88a] Niklaus Wirth: Type Extensions. ACM Transactions on Programming Languages and Systems, Vol. 10, No. 2, April 1988, pages 204-214.

[Wirth 88b] Niklaus Wirth: The Programming Language Oberon. Software - Pratice and Experience, Vol. 18, No. 7, July 1988, pages 671-690.

Anhang 1: Produktionen für 'communication_statement'

```
communication_statement ::=
      dataway_constr_statement ¦
      dataway_sync_statement ¦
      trf_statement
dataway_constr_statement ::= ...
dataway_sync_statement ::= ...
trf_statement ::=
      trf_cat data_DATION_ctrl
trf_cat ::=
      GET ¦ PUT ¦ TAKE ¦ SEND ¦ READ ¦ WRITE ¦ CONVERT
data_DATION_ctrl ::=
      [ trf_exp_list ] trf_DATION [ BY BY_ctrl_list ]
trf_exp_list ::=
      trf_exp { , trf_exp }
trf_exp ::=
      exp              ¦
      access_id        ¦
      selection        ¦
      slice            ¦
      string_slice     ¦
      simp_const_denot
trf_DATION ::=
      FROM DATION_exp ¦
      TO DATION_exp
BY_ctrl_list ::=
      BY_ctrl { , BY_ctrl }
BY_ctrl ::=
      [ mult ] id [ ( exp_list ) ]
```

Multitasking-Betriebssysteme für Realzeitanwendungen auf AT-kompatiblen Personal Computern

U. Berger
O. Eggenberger
Universität Stuttgart
Institut für Informatik
Azenbergstraße 12
7000 Stuttgart 1

Zusammenfassung:
Personal Computer sind leistungsfähige Rechner, die auch für Echtzeitanwendungen interessant sind. Für diesen Bereich gibt es mehrere Betriebssysteme mit unterschiedlichen Eigenschaften. Der vorliegende Beitrag gibt einen Überblick über die Systeme iRMX, MTS, PC-MOS/386, PORTOS, QNX, RMOS, RT/iX, SRE/86 und VRTX32 und stellt deren Besonderheiten heraus.

Einführung

Personal Computer sind leistungsfähige Rechner, die auch für Echtzeitanwendungen interessant sind. Für diesen Bereich gibt es mehrere Betriebssysteme mit unterschiedlichen Eigenschaften. Der vorliegende Beitrag gibt in alphabetischer Reihenfolge einen Überblick über die Systeme iRMX, MTS, PC-MOS/386, PORTOS, QNX, RMOS, RT/iX, SRE/86 und VRTX32 und stellt deren Besonderheiten heraus. Dabei wurde kein Wert auf eine möglichst vollständige Beschreibung der einzelnen Systeme gelegt.

Die Information über die Systeme stammt zum größten Teil aus Prospekten und Handbüchern der Hersteller. Von zwei Systemen lagen uns Demoversionen vor. Bei einem Hersteller haben wir ein Seminar besucht. Wir haben das uns zur Verfügung stehende Material sogfältig untersucht, können aber für die Richtigkeit keine Gewähr übernehmen.

iRMX

Das Betriebssystem iRMX wurde von Intel speziell für Echtzeitanwendungen entwickelt. Bei der Version iRMXII.3 handelt es sich um ein vollständiges Betriebssystem für die Intel Prozessoren 80286 und 80386, das den Protected Mode dieser Prozessoren verwendet. Es kann auf Intel Systemen und Einplatinencomputern (Multibus I und II) eingesetzt werden. Erforderlich sind außer einem 80286 oder 80386 Prozessor ein Interrupt-Controller 8259A und ein Timer 8254 oder 8253. Diese Voraussetzungen erfüllen die meisten AT-kompatiblen Personal Computer, Intel unterstützt jedoch nur den Einsatz auf Intel-Hardware (im PC-Bereich: System 120). iRMX erlaubt Multiuser-Betrieb und auf Multibus II Systemen auch Mehrprozessor-Betrieb. Mit iRMX realisierte Anwendungen können in PROMs und EPROMs programmiert werden.

Der Kern von iRMX belegt 36 KByte, alle anderen Komponenten des Systems sind optional (Beispiele: Basic I/O System ca. 97 KByte, Extended I/O System ca. 19 KByte, Application Loader ca. 10 KByte, Human Interface ca. 84 KByte). Als Prozeßwechselzeit auf einem 16 MHz 80386 Prozessor ohne Waitstates werden 74 μs angegeben.

Die Prozessorvergabe erfolgt nach Prioritäten. Es gibt 256 Prioritätsebenen. Für Prozesse gleicher Priorität ist ein Zeitscheibenverfahren möglich. Beim Prozeßwechsel werden in Abhängigkeit von den Prozeßprioritäten gewisse Interrupts maskiert. Dadurch kann ein Prozeß hoher Priorität ohne Unterbrechung durch Interrupts niedriger Priorität ablaufen. Zur Prozeß-Synchronisation und -Kommunikation gibt es Semaphore, Pipes, Mailboxen und Regions.

Das optionale Filesystem ist hierarchisch organisiert und kann byteorientierte Dateien verwalten. Für die einzelnen Dateien können Zugriffsrechte für Benutzer vergeben werden. Das Filesystem ist nicht kompatibel zum MS-DOS Filesystem. Es können aber auf einer Platte Partitionen für MS-DOS und iRMX eingerichtet werden. iRMX stellt Programme zum Datenaustausch zwischen iRMX und MS-DOS Partitionen und zum Lesen und Schreiben von MS-DOS Disketten zur Verfügung.

Es können keine MS-DOS Programme ausgeführt werden. Wahlweises Booten von iRMX und MS-DOS wird unterstützt.

Zur Kommunikation mit den Benutzern dient ein Kommandointerpreter. Dieser bietet neben einigen internen Kommandos die Möglichkeit, Programme zu laden und auszuführen. Es sind Programme zur Fileverwaltung, zur Geräteverwaltung und andere Dienstprogramme vorhanden. Die Erstellung von eigenen Kommandos wird durch Systemaufrufe unterstützt. Auf Personal Computern wird bisher der Graphikmodus der Videokarten noch nicht unterstützt.

Mit der ISO Netzwerksoftware OpenNET (iRMX-Net) können MS-DOS, UNIX und VMS Systeme in einem lokalen Netz verbunden werden. Es ist transparenter Filezugriff möglich.

Intel hebt besonders hervor, daß Programmentwicklung unter iRMX auf der Zielmaschine möglich ist. Dazu gibt es einen bildschirmorientierten Editor, einen Assembler, Compiler für PL/M, Pascal, FORTRAN und C, Debugger, mit denen der Status von Betriebssystemobjekten betrachtet werden kann, und weitere Werkzeuge wie ein Performance Analysis Tool und In Circuit Emulatoren für AT-kompatible Maschinen. iRMX unterstützt das Universal Development Interface (UDI). Mit einem interaktiven Konfigurierungsprogramm kann iRMX an die jeweilige Anwendung angepaßt werden.

Es sind Treiber für folgende Geräte vorhanden: Festplatte, Diskettenlaufwerk, Monitor, Tastatur, serielle Schnittstelle, Drucker, Cartridge Tape und Terminal. Es können auch eigene Treiber eingebunden werden.

MTS

MTS ist eine Erweiterung des Betriebssystems MS-DOS von Microsoft, die Multitasking-Betrieb auf einem Personal Computer ermöglicht. Zum Starten von MTS wird ein Systemprogramm ausgeführt, das den Systemkern, die Gerätetreiber und Prozesse lädt.

MTS kann mehrere Programme als Prozesse nach Prioritäten verwalten. Ihre Anzahl ist im wesentlichen durch den Speicher beschränkt. Wartezeiten bei Tastatureingabe, Ausgabe über die serielle und parallele Schnittstelle, Festplatten- und Diskettenoperationen werden zur Ausführung anderer Prozesse genutzt.

Jeder Prozeß kann ein eigenes virtuelles Terminal haben, das aus einem Bildschirmspeicher und einem Tastaturpuffer besteht. Der Benutzer wählt durch Funktionstasten ein beliebiges virtuelles Terminal aus. Auf dem Bildschirm wird der Bildschirmspeicher des ausgewählten Terminals angezeigt, Tastatureingaben gehen in den zugehörigen Tastaturpuffer.

Die Programme können unter MTS alle MS-DOS- und BIOS-Funktionen in der üblichen Weise benutzen. Daher können für MS-DOS entwickelte Programme unverändert als Prozesse parallel unter MTS ablaufen. Eines der ablaufenden Programm kann direkt in den Bildschirmspeicher schreiben, den Graphikmodus und die Maus benutzen.

MTS enthält Betriebssystemfunktionen für Zeitverwaltung, Ereignissynchronisation und Prozeßsynchronisation. Ein Anwender kann nicht nur Prozesse, sondern auch Interruptprogramme erstellen, die Prozesse blockieren und deblockieren. Dazu werden entsprechende Funktionen von MTS angeboten. Für die Programmiersprachen C und Turbo Pascal sind Bibliotheken mit entsprechenden Funktionen vorhanden.

Zum System gehört ein Kommandointerpreter, der die wichtigsten von MS-DOS bekannten internen Kommandos bietet und mehrfach aktiviert werden kann.

Auf Tastendruck wird während des Betriebs der Systemprozeß aktiviert. Dieser ermöglicht eine Überwachung der Prozeßzustände, das Ausführen von Programmen und das Laden von Prozessen.

PC-MOS/386

PC-MOS/386 ist ein Multitasking Multiuser Betriebssystem mit vertrauter MS-DOS-Benutzeroberfläche. Das Betriebssystem läuft auf jedem IBM PC oder AT kompatiblen Rechner. Es verwendet beim Prozessor 80286 den Real Mode und beim 80386 den virtuellen 8086 Mode. Multiuser-Betrieb mit mehreren Terminals an einem PC ist erst mit einem 80386 und mindestens 2 MByte Hauptspeicher sinnvoll.

Nach dem Booten des Systems läuft ein Prozeß mit einem Kommandointerpreter. Die Kommandosprache ist dieselbe wie bei MS-DOS, der Befehlsumfang wurde jedoch wesentlich erweitert. Mit einem Hilfesystem kann man sich die Benutzung der neuen Kommandos erklären lassen. Es gibt Dienstprogramme zum Starten und Beenden von Prozessen und zur Ausgabe von Statusinformation. Maximal sind 100 Prozesse möglich. Die Prozesse werden im Zeitscheibenverfahren ausgeführt, Prioritäten sind nicht möglich. Jeder Prozeß erhält eine eigene Bildschirmseite und einen eigenen Tastaturpuffer. Durch Drücken der Taste „Alt“ und Eingabe einer Nummer kann ein anderer Prozeß angezeigt werden. Es erscheint dann die Bildschirmseite des ausgewählten Prozesses. Tastatureingaben gehen in den entsprechenden Tastaturpuffer. Die Prozesse können unabhängig voneinander ihre Bildschirmseiten beschreiben. Problemlos geht das mit dem Prozessor 80386 im virtuellen 8086 Mode und bei Verwendung einer Memory Management Unit (MMU), die vom Hersteller des Betriebssystems angeboten wird, auch bei den anderen 80x86 Prozessoren. Ohne diese MMU würden Programme, die im Hintergrund direkt in den Bildschirmspeicher schreiben, die Bildschirmausgabe eines Prozesses im Vordergrund zerstören.

Das Einrichten eines neuen Prozesses bewirkt eine weitere Aktivierung des systemeigenen Kommandointerpreters. Diesem kann beim Einrichten des Prozesses ein Batchfile zur Bearbeitung übergeben werden. Es ist anzugeben, wieviel Speicher für den Prozeß reserviert werden soll (Minimum 32 KByte).

PC-MOS/386 belegt im Hauptspeicher ca. 175 KByte und benötigt etwa 300 KByte Externspeicher. Eine Speichererweiterung (Extended Memory) wird unterstützt. Beim 80286 können Teile des Betriebssystems in der Speichererweiterung liegen. Beim 80386 kann der Speicherbereich für einen Prozeß bis 640 KByte groß sein.

Das Filesystem ist voll kompatibel zu MS-DOS, falls auf Festplatten nur Partitionen bis 32 MByte angelegt werden. Größere Partitionen sind möglich. Es können Zugriffsrechte für Dateien vergeben werden. Filelocking und Recordlocking werden unterstützt.

Eine Vernetzung der Rechner ist mit Komponenten von Novell möglich. Laut Prospekt gibt es auch verschiedene Prozeßkommunikationsmöglichkeiten, jedoch keine Zeitverwaltung. Genauere Informationen darüber lagen uns leider nicht vor. Es gibt eine Liste von Programmen, die unter PC-MOS/386 eingesetzt werden können. Darin sind gegebenenfalls Einschränkungen vermerkt.

Mit der Demoversion 3.0, bei der die Benutzung des Systems auf 30 Minuten begrenzt ist, haben wir folgende Erfahrungen gemacht:

Bei einem INT-21h-Aufruf wird der durch Zeitscheiben gesteuerte Prozeßwechsel so lange ausgesetzt, bis der Aufruf ausgeführt ist. Das kann, beispielsweise wenn ein Floppylaufwerk nicht bereit ist, zu erheblichen Verzögerungen führen. Wartezeiten bei Festplatten- und Diskettenzugriffen werden nicht für die Ausführung anderer Prozesse genutzt.

Beim Anzeigen eines anderen Prozesses wird bei einer EGA-Videokarte die Farbpalette stets auf die Grundeinstellung gesetzt. Farbeinstellungen gehen so verloren.

Schaltet ein Prozeß im Vordergrund in den Graphikmodus, kann man keinen anderen im Hintergrund laufenden Prozeß mehr anzeigen. Versucht ein Prozeß im Hintergrund in den Graphikmodus zu schalten, kommt die Bildschirmausgabe völlig durcheinander. Programme, die eine Maus verwenden, brachten das System zum Absturz.

PORTOS

PORTOS ist ein portables Echtzeitbetriebssystem für Systeme, die auf Prozessoren der Intel 8086 Mikroprozessorfamilie basieren. Es kann durch Konfiguration flexibel an die Hardware angepaßt werden, wodurch auch ein Einsatz auf Spezialhardware möglich ist. Je nach Anwendung kann der Funktionsumfang so konfiguriert werden, daß nicht unnötig Speicher durch nicht verwendete Funktionen belegt wird. Das System wird in einzelnen Komponenten wie dem Kern, Treibern, dem Filesystem, Laufzeitsystemen für verschiedene Programmiersprachen, einem Debugger und einem Konfigurator angeboten. PORTOS eignet sich für eingebettete Systeme und ist ROM-fähig.

PORTOS ist entsprechend den Strukturierungskonzepten für Prozeßrechner-Betriebssysteme gemäß der VDI/VDE-Richtlinie 3554 aufgebaut. Es besteht aus vier Schichten. Der (rechnerabhängige) Kern enthält Routinen zur Unterbrechungsbearbeitung, Initialisierung, Zeit-, Prozeß- und Speicherverwaltung, zur Prozeß-Kommunikation und -Synchronisation sowie primitive Ein-/Ausgabefunktionen in Form von Treibern. Die (rechnerunabhängige) Schale enthält Betriebssystem-Funktionen in Form von Systemprozessen für die Dateiverwaltung, das Bediensystem und die Scheduleverwaltung. Die Laufzeitsystemschale dient zur Umsetzung von sprachspezifischen Anforderungen und Schnittstellen in entsprechende PORTOS-Aufträge. Die vierte Schicht bildet die Problemlösung des Anwenders. Der Anwender kann in jeder Schicht Erweiterungen vornehmen, also zum Beispiel eigene Gerätetreiber installieren.

PORTOS ist für IBM PC/XT, IBM PC/AT und Kompatible, einige Intel-Systeme und Spezialhardware verschiedener Hersteller verfügbar. Es gibt unter anderem Gerätetreiber für Floppy-Disk, Harddisk, Drucker an seriellen und parallelen Schnittstellen, Terminals und Hercules-Graphikkarte.

Der Betriebssystemkern belegt zwischen 6 und 22 KByte (in einer typischen Anwendung ca. 19 KByte), die Schale zwischen 0 und 150 KByte (typisch 15 KByte).

Es können bis zu 300 Prozesse verwaltet werden. Außer prioritätsgesteuerter Prozessorvergabe ist als Besonderheit antwortzeitgesteuerte Prozessorvergabe (Deadline-Scheduling) möglich. Dabei wird angegeben, innerhalb welcher Zeitspanne nach seiner Aktivierung ein Prozeß abgearbeitet sein muß. Es erhält dann der Prozeß den Prozessor, dessen Soll-Endzeit am nächsten liegt. Es gibt in PORTOS drei Klassen von Prozessen, Systemprozesse, antwortzeitgesteuerte Prozesse und prioritätsgesteuerte Prozesse, wobei Systemprozesse Vorrang vor antwortzeitgesteuerten Prozessen und diese Vorrang vor prioritätsgesteuerten Prozessen haben. Zur Synchronisation und Kommunikation von Prozessen stehen Semaphore, Events und Botschaften zur Verfügung.

Die Prozeßwechselzeit auf einem IBM AT mit 8 MHz und 1 Waitstate wird mit $\leq 450\ \mu s$ angegeben. Dabei wird auch der Stack des Numerikprozessors 80287 gerettet.

Es ist ein hierarchisches Filesystem verfügbar, das byteorientierte Dateien, Dateien mit fester und mit variabler Satzlänge unterstützt.

Die PORTOS-Schale enthält ein Bediensystem, das es dem Anwender ermöglicht, die Bediensprache zu modifizieren und eine eigene Kommandosprache zu realisieren. Es können eigene Kommandos installiert oder vorhandene Kommandos verboten werden.

Programmentwicklung kann auf dem Zielrechner oder auch auf einem Entwicklungsrechner erfolgen. Als Entwicklungssysteme kommen zum Beispiel MS-DOS-Rechner, DEC VAX unter VMS und Intel-Rechner unter iRMX in Frage. Als Programmiersprachen können je nach Entwicklungssystem Assembler (Microsoft und Intel), C (Microsoft und Intel), PL/M (Intel), PEARL, SYSLAN und ATLAS eingesetzt werden. Für diese Sprachen werden Laufzeitsysteme angeboten. Ein maschinennaher Betriebssystem-Debugger erlaubt assemblerorientiertes Testen. Neben den üblichen Debugger-Funktionen können Betriebssystemobjekte, wie Prozeß- und Treiber-Verwaltungsdaten, Elemente von Warteschlangen, Konfigurationsparameter, Parameterblöcke von Systemaufrufen und die PORTOS-Uhr inspiziert werden. Das Betriebssystem kann mit dem interaktiven, menügesteuerten PORTOS-Konfigurator in folgenden Punkten an die Anwendung angepaßt werden: Funktionsumfang, Betriebssystemobjekte (Prozesse, Treiber), Dimension von Listen, Belegung von Interruptvektoren und Zeitauflösung. Mit einem interaktiven Validierungssystem kann die Installation des PORTOS-Kerns überprüft werden.

Zum Überprüfen von Hardware-Komponenten beim Einschalten des Rechners oder auch zyklisch im Betrieb gibt es ein sogenanntes „Built-In-Test-Equipment". Für zyklische Überprüfungen der Hardware kann das System angehalten und nach den Überprüfungen wieder fortgesetzt werden.

QNX

Über dieses Betriebssystem erhielten wir auf unsere Anfrage nur sehr wenige Informationen. Deshalb wurden für den folgenden Überblick auch ältere Unterlagen herangezogen, die sich möglicherweise auf ältere Versionen des Betriebssystems beziehen.

QNX wird vom Hersteller als Multiuser-, Multitasking-, Realtime-, Netzwerk-Betriebssystem bezeichnet. Es kann auf Rechnern mit den Intel Prozessoren 8088/86, 80186, 80286 und 80386 eingesetzt werden. Es gibt eine spezielle Version, die den Protected Mode des 80286 verwendet. Als minimale Hardware-Konfiguration wird ein IBM PS/2, AT, PC, HP Vectra oder kompatibler Rechner mit Tastatur, Bildschirm und Diskettenlaufwerk vorausgesetzt. Als maximale Hardware-Konfiguration wird ein IBM PS/2 oder PC kompatibler Rechner mit 640 KByte Speicher oder ein IBM AT, PS/2 oder HP Vectra mit 16 MByte Speicher, 15 Plattenlaufwerken, zwei parallelen Druckern und 32 seriellen Geräten angegeben. Das integrierte Netzwerksystem ermöglicht den Aufbau von Netzwerken mit bis zu 255 Rechnern. Der Speicherbedarf des Betriebssystems liegt zwischen 100 und 150 KByte. Es können maximal 150 Prozesse verwaltet werden. Die QNX Fensterverwaltung ermöglicht es, die Ausgabe mehrerer Prozesse auf dem Bildschirm anzuzeigen. Die Prozessorvergabe erfolgt nach Prioritäten, bei gleicher Priorität nach Zeitscheiben. Auf einem IBM AT (80286 Prozessor, 8 MHz) beträgt die Prozeßwechselzeit ungefähr 350 μs. Die Prozesse können über bis zu 64 KByte lange Botschaften kommunizieren, auch über das Netzwerk hinweg.

Das hierarchische Filesystem verwaltet byteorientierte Dateien mit einer Größe bis zu einem Terabyte. Es unterstützt Filelocking und die Vergabe von Zugriffsrechten für Benutzer. Zugriffsrechte werden auch bei Zugriffen über das Netzwerk überprüft. Für das Einloggen von Benutzern ist ein Paßwortmechanismus vorhanden. Das Filesystem ist nicht kompatibel zum MS-DOS-Filesystem.

MS-DOS-Unterstützung erhält man durch die optionale Erweiterung QDOS. Diese ermöglicht den Zugriff auf MS-DOS-Dateien. Außerdem kann damit MS-DOS als Prozeß unter QNX ablaufen, wobei allerdings nicht beliebige Versionen von MS-DOS verwendet werden können. Wenn MS-DOS als Prozeß unter QNX läuft, kann jeweils ein MS-DOS Programm neben den QNX Prozessen ausgeführt werden. Es gibt vom Hersteller des Betriebssystems eine Liste mit verträglichen Programmen.

Zur Programmentwicklung werden Compiler für die Programmiersprachen C und Basic angeboten. QNX unterstützt Shared Code und Shared Libraries.

RMOS

RMOS2 ist ein modulares Echtzeitbetriebssystem für die Prozessoren SAB 8086/88/186/188 und SAB 80286 (Real Mode), die Version RMOS286 unterstützt den Protected Mode des SAB 80286. RMOS unterstützt eng und lose gekoppelte Multiprozessor-Systeme und Multibus II Systeme. Durch flexible Konfigurationsmöglichkeiten kann das System an die Anwendung angepaßt werden, das Spektrum reicht von eingebetteten Systemen bis zu großen Anwendungen. RMOS ist ROM-fähig. Neu ist die Version RMOS2-PC1, die für AT-kompatible Rechner mit folgenden Komponenten vorkonfiguriert ist: Disketten-Laufwerk, ST506-Festplatte, AT-02 Tastatur, EGA-Karte, Systemeinheit mit 640 KByte Speicher (Extended Memory als RAM-Disk nutzbar), parallele und serielle Schnittstelle.

RMOS kann bis zu 2048 Prozesse verwalten. Die Prozeßverwaltung erfolgt nach Prioritäten, die während des Ablaufs verändert werden können. Für Prozesse mit gleicher Priorität ist Zeitscheibenverwaltung möglich. Durch eine sogenannte Override-Zeitverwaltung können zeitabhängig folgende Änderungen am Zustand eines Prozesses veranlaßt werden: Ändern der Priorität, Abbrechen einer Semaphor-Operation oder einer Anforderung auf Bearbeitung eines Programms mit überwachtem Zugang, Abbrechen einer Geräteanforderung. Bei der Verwendung von Semaphoren und kritischen Abschnitten erfolgt eine Prioritätsanhebung, wenn ein solches Betriebsmittel durch einen Prozeß belegt ist und von einem Prozeß mit höherer Priorität angefordert wird. Die Priorität des Prozesses, der das Betriebsmittel belegt hat, wird vorübergehend auf die Priorität des anfordernden Prozesses angehoben.

Betriebsmittel wie Speicherpools, Semaphore, Mailboxen, Ereignisflags, Treiber, Overlay Speicherbereiche und Prozesse können statisch und dynamisch definiert werden, dynamisch definierte Betriebsmittel können gelöscht werden.

Zur Synchronisation und Kommunikation von Prozessen stehen Events, Semaphore und Mailboxen zur Verfügung. Es ist eine spezielle Unterstützung für Programme vorhanden, die von mehreren Prozessen benutzt werden, aber nicht reentrant sind.

Als optionale Erweiterung gibt es ein hierarchisches, multiprozessorfähiges Filesystem für Direktzugriffsdateien und sequentielle Dateien mit fester Satzlänge. Das Filesystem unterstützt außer dem RMOS-Format auch das ISIS-II und das MS-DOS-Format.

Für die Programmentwicklung unter RMOS gibt es einen Kommandointerpreter, einen bildschirmorientierten Editor, Programmiersprachen (Assembler, PL/M, Pascal, C, FORTRAN) und einen symbolischen Echtzeitdebugger. Die Hochsprachenschnittstelle wird im Quellcode ausgeliefert, so daß eine Anpassung an andere Sprachen möglich ist. Der Kommandointerpreter stellt Kommandos für den Zugriff auf das Filesystem und für die Systemsteuerung bereit. Auch für die Programmentwicklung unter MS-DOS sind Compiler und andere Werkzeuge verfügbar. Da RMOS die UDI-Schnittstelle unterstützt, können für diese Schnittstelle von Intel und anderen Herstellern angebotene Compiler und Werkzeuge eingesetzt werden. Der symbolische Echtzeit-Debugger ermöglicht das Anzeigen und Ändern von Speicherinhalten, das Setzen von Haltepunkten, das Disassemblieren von Code, die Überprüfung und Steuerung des Prozeßzustandes sowie das Aufrufen von Systemdiensten. Ein weiteres Testhilfsmittel ist der Systemprozeß „Resource Reporter", der Zustände von Betriebsmitteln (Prozesse, Gerätetreiber, lokale Speicherpools, Semaphore, Mailboxen) auf dem Bildschirm anzeigt.

Zu RMOS gibt es Treiber für Festplatten, Diskettenlaufwerke, Datensichtgeräte, Magnetblasenspeicher, byteorientierte Peripheriegeräte, Rechner-Rechner-Kommunikation, RAM-Disks und den PDV-Bus. Der Anwender kann eigene Treiber einbinden.

Es gibt drei verschiedene Lizenzformen: eine Single User Lizenz, eine Entwicklungslizenz und eine Lizenz für Kopierrechte.

RT/iX

Minimale Voraussetzung für den Einsatz von RT/iX ist ein AT-kompatibler Rechner mit dem Betriebssystem MS-DOS 3.x. RT/iX wird wie ein normales Anwenderprogramm unter MS-DOS gestartet. Für Ein-/Ausgabeoperationen benutzt RT/iX MS-DOS. Anwenderprogramme dürfen jedoch keine MS-DOS-Funktionen, sondern nur RT/iX-Funktionen aufrufen. Diese Funktionen stehen in einer Bibliothek zur Verfügung, die zu den Anwenderprogrammen gebunden wird. Das hat zur Folge, daß normale MS-DOS-Programme nicht unter RT/iX ablaufen, und daß umgekehrt auch keine RT/iX-Programme unter MS-DOS ablaufen.

Die Prozesse werden nach Prioritäten, bei gleicher Priorität im Round-Robin-Verfahren, ausgeführt. Bei einem 80286 Prozessor mit 10 MHz Takt beträgt die Zeit für einen Prozeßwechsel ca. 250 μs. Der Overhead für einen Systemaufruf wird mit 60 μs angegeben.

RT/iX bietet vier Möglichkeiten zur Prozeß-Synchronisation und -Kommunikation: Semaphore, Synchronisationselemente, Mailboxen und Shared Memory. Synchronisationselemente erlauben Prozeßsynchronisation in Verbindung mit der Übergabe eines 32-Bit-Datenwortes. Es gibt drei Arten, Interrupts zu behandeln: Ausführung einer Interruptroutine, Aktivierung eines Prozesses und Ausführung einer V-Operation.

Als Testhilfsmittel stehen ein System Call Tracer, der bei jedem Systemaufruf eine Meldung ausgibt, und ein System Status Prozeß, der den Status der Prozesse und anderer Systemobjekte ausgibt, zur Verfügung.

RT/iX ist in Microsoft C geschrieben. Anwenderprogramme können ebenfalls in C oder in Assembler geschrieben werden. Drei Lizenzen sind erhältlich: Die Lizenz RT/iX enthält im wesentlichen den Betriebssystemkern als bindefähigen Objectcode. RT/iX-RUN ist eine Laufzeitlizenz für die Weitergabe des Betriebssystems zusammen mit Anwendungsprogrammen. RT/iX-S ist eine Quellcodelizenz, die eine unbegrenzte Verwendung des Laufzeitkerns beinhaltet.

SRE/86

Das Betriebssystem SRE/86 kann je nach Generierung auf Personal Computern (IBM PC- oder AT-Kompatible) oder auf anderen Rechnern mit 8086/88 Prozessoren eingesetzt werden. Auf einem PC wird SRE/86 wie ein normales Anwendungsprogramm unter MS-DOS gestartet. Nach der Installation von SRE/86 ist die gesamte MS-DOS-Umgebung unverändert vorhanden. Sie wird als „Vordergrund" bezeichnet und von SRE/86 als Prozeß Nr. 1 mit der niedrigsten Priorität verwaltet. Hier läuft nun wieder der Kommandointerpreter von MS-DOS, mit dem man wie gewohnt arbeiten kann. Zum Betriebssystem gehören Systemprogramme, mit denen man weitere Prozesse laden, starten und beenden kann. Diese Systemprogramme werden vom Vordergrund aus aufgerufen. Die so gestarteten Prozesse laufen nun mit höherer Priorität im „Hintergrund". Die Prozesse haben feste Prioritäten, die beim Start anzugeben sind. Werden mehrere Prozesse mit der gleichen Priorität gestartet, entscheidet die Startreihenfolge über die endgültige Priorität.

Ein Prozeß im Hintergrund darf keine MS-DOS-Aufrufe ausführen. Für Fileoperationen muß der mitgelieferte DOS-Server verwendet werden. Dieser stellt 7 Fileoperationen (open, read, write, close, locate, delete, rename) und eine Funktion zum Lesen des Datums und der Uhrzeit zur Verfügung. Mit diesen Funktionen werden auch Tastatur, Bildschirm, Drucker und andere Geräte angesprochen. Der Bildschirm wird von allen Prozessen gemeinsam verwendet. Bei der Programmentwicklung muß darauf geachtet werden, daß die Prozesse sich nicht gegenseitig ihre Bildschirmausgabe überschreiben. Soll die Ausgabe des Prozesses im Vordergrund erhalten bleiben, so muß ein Prozeß die ursprüngliche Ausgabe wiederherstellen.

Die Aufrufe an den DOS-Server werden zunächst in eine Warteschlange eingereiht, der aufrufende Prozeß wird suspendiert. Die Aufträge werden nun in der Reihenfolge ihres Eintreffens ausgeführt, sobald MS-DOS in der Lage ist, einen Systemaufruf anzunehmen. Dazu verwendet der DOS-Server den „DOS Idle Interrupt". Wird der DOS-Server über diesen Interrupt aktiviert, führt er alle in der Warteschlange befindlichen Aufträge aus. Danach werden die wartenden Prozesse wieder ablauffähig gesetzt.

Die minimale Größe des Betriebssystems im Hauptspeicher ist 8 KByte. Die Demoversion belegt 20 KByte. Als Zeit für einen Prozeßwechsel auf dem Prozessor 80286 mit 10 MHz Takt wird 110 μs angegeben.

Prozesse können auf gemeinsame Speicherbereiche zugreifen und Informationseinheiten von 4 Bytes (Pointer) austauschen. Sie können auf einen Interrupt, auf ein Softwareereignis, auf den Ablauf eines Timers und auf das Eintreffen einer Informationseinheit warten.

Programmentwicklung ist auf dem PC oder auf DEC VAX unter VMS möglich. Es können alle Compiler verwendet werden, die OBJ-Dateien erzeugen. Der Objectcode wird dann mit der Bibliothek SRELIB gebunden, in der alle Betriebssystemfunktionen bereitgehalten werden.

VRTX32

VRTX32 ist ein eigenständiges Betriebssystem für eingebettete Systeme. Es enthält die Funktionen eines Betriebssystemkerns und ist in dieser Form für einfache Anwendungen einsetzbar. Weitere Komponenten wie z.B. ein Filessystem sind erhältlich. VRTX32 gibt es in Versionen für die Prozessoren Motorola 68000/08/10/20/30, Intel 86/88/186/188/386 Familie, NS Serie 32000 und AMD Am29000. Der Protected Mode des 386 wird unterstützt. VRTX32 ist auch im PROM erhältlich.

Laut Hersteller ist der Systemoverhead unabhängig von der Anzahl der Prozesse und anderen Systemgrößen. Für alle Betriebssystemfunktionen werden die Ausführungszeiten angegeben. Für eine Interruptroutine mit Prozeßwechsel ergibt sich auf dem Prozessor 80386 mit 16 MHz Takt eine Ausführungszeit von 126 μs. Die Interrupt-Latenzzeit ist mit 14,5 μs angegeben.

Die Prozesse werden nach Prioritäten ausgeführt. Die Priorität eines Prozesses kann während der Laufzeit verändert werden. Das Zeitscheibenverfahren ist optional. Zur Prozeß-Synchronisation und -Kommunikation stehen neben Semaphoren und Events auch Mailboxen und Queues zur Verfügung. Eine Mailbox kann eine 32-Bit-Information aufnehmen. Queues sind Puffer fester Länge.

Als Ergänzung ist ein leistungsfähiger Input/Output- und File-Manager erhältlich. Das Filesystem ist kompatibel zu MS-DOS 3.3 und enthält einen Disk Buffer Cache Manager. Filelocking ist vorhanden. Folgende Einheiten werden unterstützt: Disks, Terminals, Pipes, Null Device, Binary Serial Communication Devices, Printers, Clocks.

Anwendungen können auf beliebigen Rechnern in vielen Sprachen einschließlich C, Ada, PL/M und Pascal entwickelt werden. Geeignete Crosscompiler und Testhilfen sind erhältlich.

Adressen der Hersteller

iRMX
Intel Semiconductor GmbH
Seidlstraße 27
8000 München 2

MTS
U. Berger, O. Eggenberger
Universität Stuttgart
Institut für Informatik
Azenbergstraße 12
7000 Stuttgart 1

PC-MOS/386
The Software Link Inc.
3577 Parkway Lane
Norcross, GA 30092

PORTOS
Gesellschaft für
Prozeßrechnerprogrammierung mbH
Kolpingring 18a
8024 Oberhaching bei München

QNX
Quantum Software Systems Ltd.
Kanata South Business Park
175 Terrence Matthews Crescent
Kanata, Ontario, Canada

RMOS
Siemens AG
Bereich Bauelemente
Balanstraße 73
Postfach 80 17 09
8000 München 80

RT/iX
KONTRON Meßtechnik
Oskar-von-Miller-Straße 1
8057 Eching bei München

SRE/86
SESA-Deutschland GmbH
Bockenheimer Landstraße 24
6000 Frankfurt (Main) 1

VRTX32
Ready Systems GmbH
Stefan-George-Ring 20
8000 München 81

Warenzeichen:
IBM PC, XT, AT, PS/2 sind eingetragene Warenzeichen der IBM Corporation.
VAX und VMS sind eingetragene Warenzeichen der Digital Equipment Corporation.
Series 32000 ist ein eingetragenes Warenzeichen der National Semiconductor Corporation.
HP Vectra ist ein eingetragenes Warenzeichen der Hewlett-Packard Company.
MS-DOS ist ein eingetragenes Warenzeichen der Microsoft Corporation.
iRMX ist ein Warenzeichen der Intel Corporation.
PC-MOS/386 ist ein eingetragenes Warenzeichen der Firma The Software Link.
QNX ist ein eingetragenes Warenzeichen von Quantum Software Systems Ltd.
VRTX32 und VRTX sind eingetragene Warenzeichen von Ready Systems.

MS-DOS

kontra

ECHTZEITDATENVERARBEITUNG

Berthold Schönhoff

GPP Gesellschaft für
Prozeßrechnerprogrammierung mbH
Kolpingring 18a
8024 Oberhaching
Tel.: 089/61 30 4-2 28 (-2 29)

Zusammenfassung

Ziel des Referates ist es, zu untersuchen, ob sich MS-DOS in der Echtzeitdatenverarbeitung einsetzen läßt und welche Alternativen es gibt, um die vorhandenen Mängel zu beseitigen.

Zunächst werden deshalb Forderungen für Echtzeitbetriebssysteme aufgestellt. Bei einer Analyse von MS-DOS anhand dieser Forderungen ergibt sich, daß nur etwa $\frac{1}{3}$ davon erfüllt werden. Im Vergleich dazu läßt sich bei einem reinen Echtzeitbetriebssystem ein bedeutend besseres Ergebnis erzielen. Zur Erweiterung von MS-DOS in Richtung Prozeßdatenverarbeitung können jetzt zwei Wege beschritten werden. Entweder man setzt eine Realtime Shell auf MS-DOS und benutzt dieses nur noch als Multigerätetreiber ohne Warteschlangenkonzept oder man verwendet ein reines Echtzeitbetriebssystem und implementiert eine Betriebssystemumschaltung nach MS-DOS, die bei Bedarf aktiviert wird.

Welches der 4 vorgestellten Systeme (MS-DOS, reines Echtzeitbetriebssystem, MS-DOS mit aufgesetzter Realtime Shell, Betriebssystemumschaltung) geeigneter für die Prozeßdatenverarbeitung ist, hängt entscheidend von den gestellten Anforderungen ab.

1. Anforderungen an ein Echtzeitsystem

Die im folgenden aufgelisteten Forderungen sollten von einem Betriebssystem für Echtzeitanwendungen erfüllt werden.

- Multitasking Fähigkeiten müssen vorhanden sein, damit parallele Aktivitäten wie Meßwerterfassung, Auswertung und Bedienerdialog realisierbar sind.
- Interrupts dürfen nur über geringe Zeiten im Mikrosekundenbereich gesperrt werden, da andernfalls u. U. Meßwerte verloren gehen können.
- Die Interruptlatenzzeit, d.h. die Zeitspanne zwischen dem Auftreten eines Interruptsignals und dem Bearbeitungsbeginn, darf auch im schlechtesten denkbaren Fall (alle möglichen Interrupts treten gleichzeitig auf) nicht über 500 Mikrosekunden liegen.
- Asynchrone Bearbeitung von E/A-Aufträgen muß möglich sein, damit zeitlich kritische Tasks nicht durch laufende E/A-Vorgänge behindert werden.
- Parallele Abwicklung mehrerer unabhängiger E/A-Aufträge muß möglich sein, weil es für den Anwender nicht einsichtig ist warum z. B. eine Druckerausgabe auf Kosten einer Terminaleingabe angehalten werden muß.
- Plattenspeicher muß sich reservieren lassen um Fehler wegen mangelnder Resourcen während einer kritischen Meß- bzw. Regelaufgabe ausschließen zu können.
- Systemaufrufe (E/A) dürfen eine garantierte Höchstlaufzeit nicht überschreiten. Diese Höchstlaufzeiten müssen unterhalb der ms Grenze liegen, wobei E/A-Aufträge mit Warten auf Beendigung hiervon ausgenommen sind. Im zuletzt geschilderten Fall ist es ausreichend wenn Fehlermeldungen (z. B. Gerät nicht eingeschaltet) in der angegebenen Zeit zurückgemeldet werden. Die genannte Forderung ist besonders dann von Bedeutung, wenn von einer schnellen Fehlererkennung die Sicherheit von Menschen und Geräten abhängt (z. B. Kraftwerk).
- Der vom System benötigte Speicherbereich muß klein sein da insbesondere SBCs nur begrenzten Speicher zur Verfügung stellen.
- Das Betriebssystem muß an spezielle Hard- und Softwareanforderungen anpaßbar (konfigurierbar) sein damit erstens Spezialhardware unterstützt wird und zweitens nur benötigte Systemkomponenten Speicherplatz belegen.
- Eine hardwareunabhängige Programmierschnittstelle muß verfügbar sein damit die Anwendersoftware leicht an neue Hardware angepaßt werden kann.
- Die Handhabung und Installation muß einfach sein da den Anwender im wesentlichen sein Problem und nicht das Betriebssystem interessiert.

- Der Anwender muß eigene Komponenten und Erweiterungen (z. B. Treiber) einbringen können um projektspezifische E/A Geräte ansprechen und ggf. spezielle Betriebssystemfunktionen realisieren zu können.
- Gängige und weit verbreitete Standardrechner (z. B. IBM-PC) müssen unterstützt werden da sie aufgrund der gefertigten Stückzahlen billig und außerdem leicht verfügbar sind.
- Diverse sogenannte Singleboardcomputer (SBC) müssen unterstützt werden. Dadurch wird erreicht, daß dedizierte Systeme ohne teure Anpassungsarbeiten preiswert realisierbar werden.
- Verschiedene Prozessorfamilien müssen unterstützt werden um den Anwender nicht in der Auswahl der geeigneten und leistungsmäßig besten Hardware einzuschränken.
- Das bei der Ausführung verwendete Dateiformat muß weit verbreitet sein damit erfaßte Meßwerte mit den gewohnten und äußerst preiswerten Standardprogrammen analysiert werden können.
- Standard Utilities und Werkzeuge müssen während der Ausführung als Task aufrufbar sein. Das hat den Vorteil, daß preiswerte und ausgereifte Programme die andernfalls für teures Geld zu entwicklen wären, in Echtzeitprojekte eingebunden werden können.
- Standard Utilities und Werkzeuge müssen während der Entwicklungsphase eines Projektes eingesetzt werden können da Softwareentwickler gerne unter gewohnten Umgebungen arbeiten.

2. MS-DOS- und PORTOS-Eigenschaften

	MS-DOS	PORTOS
Multitasking	Nein	Ja
Interruptsperre	ms	µs
Interruptlatenzzeit	ms	µs
asynchrone E/A	Nein	Ja
parallele E/A	Nein	Ja
Plattenspeicherreservierung	Nein	Ja
Laufzeitgarantie	Nein	Ja
klein	Nein	Möglich
konfigurierbar	Nein	Ja
hardwareunabhängig	Ja	Ja
einfache Handhabung	Ja	Nein
erweiterbar	Ja	Ja

	MS-DOS	PORTOS
gängige Rechner	Ja	Ja
SBCs	Nein	Ja
Prozessorfamilien	Nein	in Vorbereitung
verbreitetes Dateiformat	Ja	Nein
Standard Ausführungswerkzeuge	Ja	Nein
Standard Entwicklungswerkzeuge	Ja	Ja
	7 (18)	14 (18)

Rechnerisch ergibt sich bei gleicher Gewichtung aller Punkte ein Verhältnis von 38,9% zu 77%, wobei MS-DOS existentielle Eigenschaften der Echtzeitdatenverarbeitung (Multitasking, Interruptsperre, Latenzzeit) nicht erfüllen kann.

3. Mögliche Kompromisse

3.1 Realtime Shell

Mit Hilfe einer auf MS-DOS aufgesetzten Multitasking Realtime Shell die das Microsoft Betriebssystem nur als komfortablen Multigerätetreiber ohne Warteschlangenkonzept benutzt lassen sich einige Punkte aus der MS-DOS Spalte der obigen Tabelle entschärfen oder beseitigen. Die aufgesetzte Schicht möchte ich im folgenden kurz MS-DOS-RTS nennen. Diese wird immer dann aufgerufen wenn Anwendertasks Betriebssystemdienste (ACTIVATE, TERMINATE, REQUEST_SEMA, E/A, ...) in Anspruch nehmen wollen. Nachteilig für das Gesamtsystem wirkt sich der zusätzlich benötigte Speicherplatz für die MS-DOS-RTS aus.
Folgende Mängel lassen sich verbessern:

- Multitasking
  Das Multitasking läßt sich durch die MS-DOS-RTS realisieren

- asynchrone E/A
  Wenn in der MS-DOS-RTS ein Warteschlangenkonzept realisiert wird, lassen sich asynchrone E/A-Operationen eingeschränkt realisieren.

- Plattenspeicherreservierung
  Die Reservierung von Betriebsmitteln (z. B. Platz für eine Datei) kann in der MS-DOS-RTS realisiert werden.

Nach wie vor nicht realisierbar sind die Punkte:

- Interruptsperre
  Während die MS-DOS-RTS MS-DOS Dienste (Schreibe Block) in Anspruch nimmt, hat das System keinen Einfluß auf Interruptsperren.

- Interruptlatenzzeit
  Während die MS-DOS-RTS MS-DOS Dienste (Schreibe Block) in Anspruch nimmt, hat das System keinen Einfluß auf Interruptsperren und damit auch nicht auf die Interruptlatenzzeit.

- Laufzeitgarantie
  Laufzeiten für E/A-Operationen lassen sich nach wie vor nicht garantieren, da sich die MS-DOS-RTS auf MS-DOS abstützt und Zeit im Sekundenbereich vergeht, bevor eine Fehlermeldung wegen abgeschaltetem Gerät erkannt und abgefangen werden kann.

- klein
  Das System benötigt nach wie vor viel Speicher, da außer dem Speicher für die RTS noch Speicher für ein komplettes MS-DOS benötigt wird.

- konfigurierbar
  Das System kann nach wie vor nicht konfiguriert werden da sich die MS-DOS-RTS auf MS-DOS abstützt und Filesystem und Operatorschnittstelle fester Bestandteil dieses Teils des Systems sind.

- SBCs
  Das System kann nach wie vor nicht auf SBCs eingesetzt werden, da sich die MS-DOS-RTS auf MS-DOS abstützt und dieses dort nicht verfügbar ist.

- Prozessorfamilien
  Das System läuft nach wie vor nur auf 80x86 IBM-PCs da sich die MS-DOS-RTS auf MS-DOS abstützt und dieses nur dort verfügbar ist.

3.2 Betriebssystemwechsel

Mit Hilfe eines Betriebssystemwechsels (PORTOS - MS-DOS) lassen sich einige Punkte aus der PORTOS-Spalte der obigen Tabelle entschärfen oder beseitigen. Allerdings geht dieser Vorteil zu Lasten anderer als positiv gekennzeichneter Punkte.

Folgende Mängel lassen sich verbessern:

- verbreitetes Dateiformat
  Die Betriebssystemumschaltung ermöglicht einen Dateitransfer vom PORTOS-Format in das weit verbreitete MS-DOS-Format.

- Standardausführungswerkzeuge
  Die Betriebssystemumschaltung ermöglich die Verwendung von Standardwerkzeugen bei der Ausführung. Dieser Punkt wird allerdings dadurch erkauft, daß während der Laufzeit der Standardprodukte die Multitasking- und Echtzeiteigenschaften auf MS-DOS Niveau absinken.

Nach wie vor nicht realisierbar sind die Punkte:

- einfache Handhabung
  Es erfordert nach wie vor einen Einarbeitungsaufwand um das System installieren und handhaben zu können.

- Prozessorfamilien
  Es ist nicht möglich auf andere Prozessoren zu wechseln, da das 2. Betriebssystem (MS-DOS) nur auf 80x86 PC's verfügbar ist.

Nicht mehr verfügbar sind die Punkte:

- klein
  Da als 2. Betriebssystem MS-DOS verwendet wird, kann man nicht mehr von einem kleinen System sprechen.

- SBCs
  Da als 2. Betriebssystem MS-DOS verwendet wird, können SBCs nicht mehr als Zielrechner eingesetzt werden, da MS-DOS dort nicht verfügbar ist.

4. MS-DOS mit Realtime Shell und PORTOS MS-DOS Betriebssystemwechsel

Unter der Programmiereinschränkung, daß Standardwerkzeuge während der Ausführung nur in zeitlich unkritischen Phasen aufgerufen werden, läßt sich jetzt die folgende, Gegenüberstellung abgeben:

	MS-DOS mit MS-DOS-RTS	PORTOS mit MS-DOS Betriebssystemwechsel
Multitasking	**Ja**	Ja
Interruptsperre	ms	µs
Interruptlatenzzeit	ms	µs
asynchrone E/A	**Ja**	Ja
parallele E/A	Nein	Ja
Plattenspeicherreservierung	**Ja**	Ja
Laufzeitgarantie	Nein	Ja
klein	Nein	**Nein**
konfigurierbar	Nein	Ja
hardwareunabhängig	Ja	Ja
einfache Handhabung	Ja	Nein
erweiterbar	Ja	Ja
gängige Rechner	Ja	Ja
SBCs	Nein	**Nein**
Prozessorfamilien	Nein	**Nein**
verbreitetes Dateiformat	Ja	**möglich**
Standard Ausführungswerkzeuge	Ja	**möglich**
Standard Entwicklungswerkzeuge	Ja	Ja
	10 (18)	14 (18)

Rechnerisch ergibt sich bei gleicher Gewichtung aller Punkte ein Verhältnis von 55,5% zu 77% wobei die MS-DOS-RTS Lösung nach wie vor träge auf externe Ereignisse reagiert und die Betriebssystemwechsel-Lösung der o.g. Programmierrichtlinie unterliegt.

5. Bewertung

Zur Bewertung stehen jetzt 4 verschiedene Systeme zur Auswahl

1. MS-DOS
2. PORTOS
3. MS-DOS mit Realtime Shell
4. MS-DOS - PORTOS Betriebssystemwechsel

MS-DOS ist ein ausgereiftes benutzerorientiertes Betriebssystem aber für Echtzeitanwendungen sicher nicht geeignet.

PORTOS ist ein gutes Echtzeitbetriebssystem das direkt auf der Hardware aufsetzt und deshalb für den Einsatz unter harten Realzeitbedingungen in dedizierten Systemen SBCs und Spezialhardware besonders geeignet ist.

MS-DOS mit Realtime Shell
Hier handelt es sich um einen Kompromiß zwischen den Anforderungen in Echtzeitprojekten und dem Wunsch unter gewohnter Umgebung auf gängigen Rechnern mit gewohnten Programmierschnittstellen (DOS Int 21) zu arbeiten. Die Stärken dieses Systems liegen in der MS-DOS Kompatibilität der Betriebssystemschnittstelle, wodurch gewährleistet ist, daß MS-DOS Dienste und Utilities jederzeit aufgerufen werden können. Die großen Schwächen sind die langen Laufzeiten der in Anspruch genommenen MS-DOS Dienste und die trägen Reaktionszeiten auf Interrupts.

Betriebssystemwechsel MS-DOS und PORTOS
Hier handelt es sich um einen Kompromiß zwischen den Anforderungen in Echtzeitprojekten und dem Wunsch unter gewohnter Umgebung auf gängigen Rechnern mit gewohnten Programmierschnittstellen (DOS Int 21) zu arbeiten. Die Stärken dieses Systems liegen in der 100%igen Echtzeitfähigkeit. Die Schwäche ist die nicht MS-DOS kompatible Betriebssystemschnittstelle und die daraus resultierende Tatsache, das MS-DOS Dieste und Utilities nicht zu jeder Zeit aufgerufen werden können und während ihrer Laufzeit die Echtzeit und Multitaskingeigenschaften stark eingeschränkt sind.

Das Mikrocomputer-System SX
mit seinem Echtzeit-UNIX-Betriebssystem SORIX
-Ein System für die Realisierung von verteilten Automatisierungs-Aufgaben-

Wolfgang Trennhaus
Siemens AG
Bereich Produktionsautomatisierung und Automatisierungssysteme
Steuerungs- und Prozeßregelsysteme
Mikrocomputer-Fachaufgaben
Gleiwitzer Straße 555
D-8500 Nürnberg-Moorenbrunn
Tel. 0911-895-3194

Zusammenfassung

Für den Bereich der Prozeßautomatisierung wurde bei Siemens das Mikrocomputer-System SX mit seinem EchtzeitUNIX-Betriebssystem SORIX entwickelt. Hierbei standen die Aspekte Effizienz, Modularität und Orientierung nach allgemein akzeptierten Standards im Vordergrund. Anhand eines Systemüberblicks, dessen Schwerpunkt auf Software- und Betriebssystem-Aspekten liegt, wird die besondere Eignung des Mikrocomputer-Systems SX für verteilte Automatisierungsprojekte aufgezeigt.

1. Einleitung

Bei der Auswahl von Rechner-Systemen spielt die Beachtung von Standards für die Entscheidung eine immer größere Rolle. Für den Bereich der Betriebssysteme stellt UNIX V einen weitgehend anerkannten Standard dar. Aus Effizienzgründen wurde der UNIX V-Standard als für harte Echtzeit-Anforderungen ungeeignet angesehen. Dies lag insbesondere an der Realisierung des Betriebssystem-Kernels. Tatsächlich ist der Standard-Kernel, den AT&T anbietet, eher für Anwendungen ohne harte Echtzeit-Anforderungen optimiert. In der System V Interface-Definition, dem Dokument das den Standard UNIX V definiert, wird jedoch wie der Name schon sagt lediglich eine Schnittstelle festgeschrieben. Dies ermöglicht Ansätze, wie bei SORIX mit einem Echtzeit-Kernel eine Obermenge der UNIX V Aufrufe zur Verfügung zu stellen.

2. Hardware-Komponenten

Das Mikrocomputer-System SX verwendet als Systembus den von IEEE genormten Multibus II (MBII). Dieser unterstützt insgesamt vier verschiedene Adressräume, den Interconnect-, den I/O-, den Memory- und den Message-Adressraum. Besonders der Message-Adressraum eignet sich gut dafür, autarke Prozessoren auf effektive Art zu verbinden.
Zentrale Bedeutung für das Mikrocomputer-System SX fällt dem Single-Board-Computer (SBC) zu. Ein solcher SBC des Mikrocomputer-System SX ist eine MBII-Baugruppe mit 1-16 MB RAM, 16 KB
4-Wege assoziativ-Cache, Intel RISC-Prozessor 80930 mit 16 MHz Taktfrequenz und einem Steckplatz für ein Kommunikationsmodul. Mit seinem RISC-Prozessor mit on-chip integriertem Gleitkomma-Prozessor erreicht der SBC 5 MIPS, 10350 Dhrystones und 2300 KWheatstones. Über einen lokal-Bus Stecker kann dieser SBC mit einer Erweiterungs-Baugruppe um zwei weitere Steckplätze für Kommunikationsmodule und 1 MB EPROM-Speicher für Applikationen erweitert werden.
Die folgenden Module sind derzeit verfügbar:
SCSI-Modul für den Anschluß von Festplatten, optischen Platten, Magnetband-Laufwerken und Floppy-Laufwerken.
LAN-Modul für den Zugriff auf LAN, sowohl über die ISO-Protokolle, als auch über TCP/IP.
RS 232/TTY-Modul für den Anschluß von bis zu sechs interruptgesteuerten seriellen Schnittstellen.
HDLC-Modul für den WAN-Zugang.

Graphik-Modul für den Betrieb von X.Windows mit einem auf dem Modul ablaufenden X.Server.
MMC-Modul für den Anschluß von MMC- und SIMATIC-S5- Subsystemen über eine Parallelbuskopplung.
Zusätzlich stehen als MBII-Baugruppen noch Prozeßsignalformer, Analog- und Digital- Ein- und Ausgabe-Baugruppen und eine Zähler-Baugruppe zur Verfügung. Als mögliche Gehäusevarianten des Mikrocomputer-System SX existieren ein Baugruppenträger für rauhe Umwelt-Bedingungen und eine Tischgehäuse für Laborumgebung oder Warten-Einsatz.

Abbildung 1

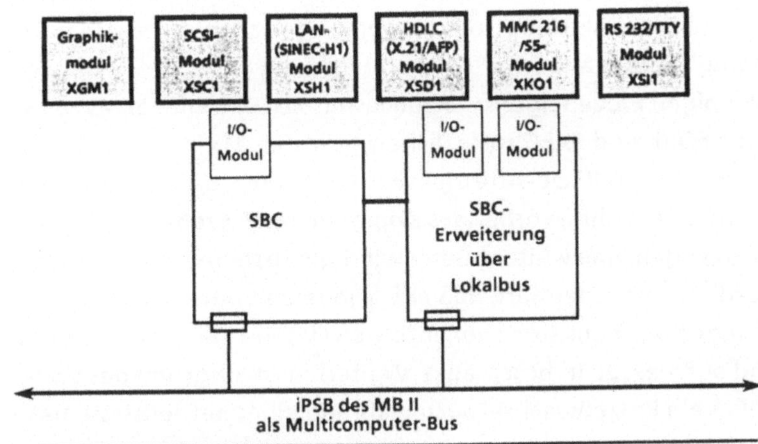

Mikrocomputer-System SX
I/O-Module für die SX-Baugruppen

3. SORIX-Betriebssystem-Komponenten Echtzeit-Eigenschaften

Wie bereits in der Einleitung erwähnt, ist der SORIX-Betriebssystem-Kernel ein Echtzeit-Kernel. Generell erwartet man von einem Echtzeit-Betriebssystem zum einen eine hohe Effizienz, zum weiteren ein deterministisches Verhalten. Nur hierdurch läßt sich eine Reaktion auf externe Ereignisse innerhalb vorhersagbarer Zeit garantieren, wodurch erst eine zu einem externen Prozeß schritthaltende Verarbeitung von Ereignissen möglich wird, die für Steuerung von Prozessen in "Realtime" erforderlich ist.

Scheduling

Einer der zentralen Faktoren, die ein deterministisches Verhalten ermöglichen ist das Scheduling, also die Vergabe von Betriebsmitteln, insbesondere von Prozessorzeit an ablauffähige Prozesse. Bei SORIX existieren insgesamt 32 Prioritäten, von denen 16 für Interrupts und 16 für Anwenderprozesse zur Verfügung stehen. Die Prozeß-Prioritäten werden im Gegenteil zu Standard-UNIX-Implementierungen nicht verändert. Höherpriore Prozesse können niederpriore unterbrechen. Innerhalb der Prioritäten kann ein Prozeß wahlweise auch mit Zeitscheibe ablaufen. Es gibt bei SORIX neben den peripheriespeicherresidenten Prozessen auch HSP-Residente. Hierdurch lassen sich bessere Interrupt-Reaktionszeiten erreichen. Als Hauptspeichervergabe-Algorithmus wird nach "Demand-Paging" vorgegangen.

Die obigen Prozeßeigenschaften lassen sich mit Hilfe eines zu den Standardaufrufen FORK und EXEC zusätzlichen Aufrufes, MKPROC, vergeben. Bei der Realisierung des MKPROC-Aufrufes wurde dadurch, daß es möglich ist von der Peripherie direkt ohne vorheriges Kopieren des Prozeßabbildes im HSP einen Prozeß zu erzeugen eine weitere Geschwindigkeitssteigerung erreicht. Der SORIX-Kernel wurde so implementiert, daß er i.A. jederzeit unterbrechbar ist. Phasen, die aus Gründen der Konsistenz von internen Datenstrukturen nicht unterbrechbar sind, sind auf max. 20 us beschränkt. Weiterhin ist aufgrund des Stack-Designs bei SORIX ein Prozeßwechsel auch während eines Betriebssystem-Aufrufes möglich.

File-System

Bei der Implementierung des File-Systems sind eine Reihe von Optimierungen für Echtzeit-Anforderungen in SORIX eingebracht worden. Eine Möglichkeit Kopf-Positionier-Zeiten bei Platten zu sparen sind zusammenhängende Files (contiguous Files). Hier liegen im Gegensatz zu Standard-UNIX-Filesystemen die Datenblöcke eines Files physikalisch unmittelbar nebeneinander. Hierdurch läßt sich auch auf einfache Art, ohne weiteren Zugriff auf Platte, aus dem Byte-Offset eine Block-Adresse gewinnen, die vom System intern für den Zugriff verwendet wird.

Bei vielen UNIX-Filesystemen wird ein fester Bereich der Platte für die sogenannten Inodes, die Verwaltungsinformationen wie Block-Adressen der Datenblöcke und Zugriffsrechte enthalten, festgelegt. Aus diesem Grund muß man schon beim Einrichten der Platte entscheiden wieviele Files man auf den Platten-Partitions speichern will. Diese Einschränkung besteht bei SORIX nicht. Zusätzlich ist der Index-Record, der bei SORIX die Funktion der Inode hat, größer als Inodes und kann somit mehr Verweise auf Datenblöcke aufnehmen. Hierdurch erreicht man, daß das SORIX Filesystem auf größere Filelängen hin optimiert ist, die bei Echtzeit-Anwendungen häufig vorkommen.

Eine weitere Eigenschaft von SORIX ist, daß der sog. Raw-I/O, also ein direkter Zugriff auf Platte unter Umgehung der Hauptspeicher-Pufferung, nicht nur auf Platten-Partition-Ebene wie bei Standard-UNIX-Implementierungen, sondern auch File-spezifisch möglich ist. Für einen eröffneten File kann man diese Zugriffsart per IOCTL-Aufruf herstellen. Hierdurch kann man für wichtige Files sicher sein, daß geschriebene Daten auch tatsächlich auf der Platte stehen, was aus Sicherheitsgründen wichtig ist. Im "blocked I/O" transferiert das File-System angesprochene Blöcke in HSP-Puffer, den sog. Buffer cache. Hierdurch kann bei vielen aufeinanderfolgenden Zugriffen mit jeweils kleinen Datenmengen eine Optimierung erreicht werden. Bei Aufträgen mit größeren zusammenhängenden Datenbereichen verkehrt sich dieser Vorteil durch die implizite Aufteilung in mehrere Aufträge durch das Filesystem in einen Nachteil. Zusätzlich kann man mit Hilfe des Raw I/O größere Puffer direkt mit einem Treiber-Auftrag transferieren. Als zusätzliche Erweiterung kann bei SORIX asynchron auf in raw-I/O bearbeiteten Files gearbeitet werden.

Abbildung 2

blocked-I/O <--> raw-I/O

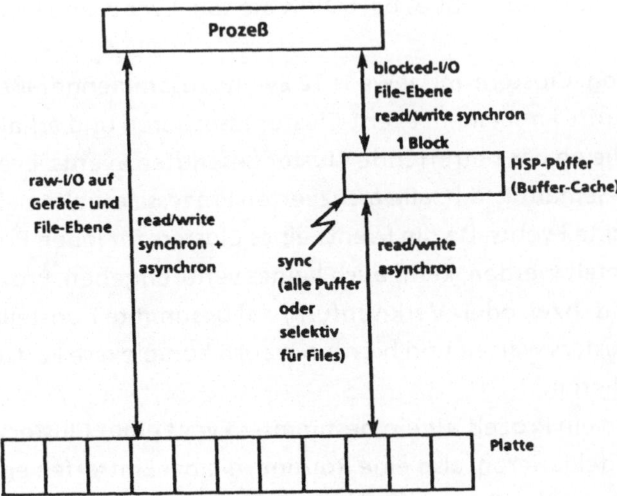

Als Echtzeitorientiertes Datenhaltungspaket wird bei SORIX X/ISAM angeboten. X/ISAM bietet aufsetzend auf SORIX Files eine Library für einen Index-sequentiellen, satzorientierten Zugriff auf Daten. Für X/ISAM Dateien sind variable Satzlängen möglich. Ein sog. "audit-trail" ermöglicht es, zusammen mit einem Dienstprogramm, zerstörte Datenfiles zu rekonstruieren. Weiterhin stehen Dienstprogramme zum Wiedergewinnen von Index- aus Datenfiles, zum komfortablen Sichern von X/ISAM-Files in komprimierter Form und für einen interaktiven Zugang zu X/ISAM zur Verfügung. Letzteres dient zur Durchführung von Verwaltungstätigkeiten wie z.B. Erzeugen von X/ISAM-Dateien, Zufügen von Schlüsseln und Löschen von Datensätzen.

Interprozeß-Kommunikation

Bei der Interprozeß-Kommunikation (IPC) besitzt SORIX effiziente, echtzeitfähige Erweiterungen , die insbesondere für Steuerung und Synchronisierung von Programmen geeignet sind. Es ist generell sinnvoller, komplexe Aufgaben durch mehrere getrennte, überschaubare Programme zu lösen, als durch ein großes monolithisches Programm, da z.B. die Wahrscheinlichkeit verringert wird, daß sich Fehler über Seiteneffekte fortpflanzen. Eine solche Vorgehensweise erzwingt auch einen sinnvoll strukturierten Lösungsansatz mit klar definierten Schnittstellen zwischen den einzelnen Teilkomponenten eines Programmsystemes.

Zusätzlich zu den Standard UNIX V-Möglichkeiten wie Shared Memory, Message-Queues und Semaphoren gibt es bei SORIX die sog. Events und Quick-Semaphoren.

Events sind in sog. Clustern mit jeweils 32 Events zusammengefaßt. Ein Prozeß kann sich per Aufruf mit einem Event-Cluster assoziieren und erhält von diesem Zeitpunkt an alle an das betreffende Cluster gesandten Events. Events besitzen eine Broadcast-Semantik, d.h. alle assoziierten Prozesse erhalten alle an ein Cluster verschickte Events. Da die Events eines Clusters für jeden Prozeß in Queues gesammelt werden, kann auch keines verlorengehen. Prozesse können über logisch und- bzw. oder- Verknüpfung auf bestimmte Konstellationen von Events eines Clusters warten und hierdurch auch komplexere Fortsetz-Bedingungen formulieren.

Schließlich kann ein Prozeß für ein bestimmtes Event eines Clusters einen sog. Event-Handler deklarieren, also eine Routine, die bei Eintreffen eines Events asychron zum normalen Programm-Verlauf durchlaufen wird, und hierdurch asynchrone Kommunikations-Pfade zwischen Prozessen zu ermöglichen.

Zusammen mit einem Event kann eine Message von vier Byte Länge versendet werden, um zusätzliche (Steuer-) Informationen zu übermitteln. Mit Hilfe der Events gibt es bei SORIX eine besonders effektive Möglichkeit, Programm-Systeme zu steuern. Dies schlägt sich auch in den Ausführ-Zeiten des Aufrufs nieder. Ein Aufruf-Paar Senden und Empfangen eines Events erfordert 140 us. Zum Vergleich:
Die ähnliche Operation Senden und Empfangen einer 4-Byte-Message über Message-Queues erfordert ca. 300 us, und dies ohne die Zusatz-Semantik der Events.
Die oben erwähnten Quick-Semaphoren bieten einfache zählende Semaphoren mit einer den Standard-UNIX Semaphoren gegenüber vereinfachten Funktionalität. Da Quick-Semaphore-Operationen jeweils nur 11 us lang sind, steht hier ein Mittel zur Verfügung, auch zeitkritische Prozesse mit vertretbarem Overhead zu synchronisieren.

Abbildung 3

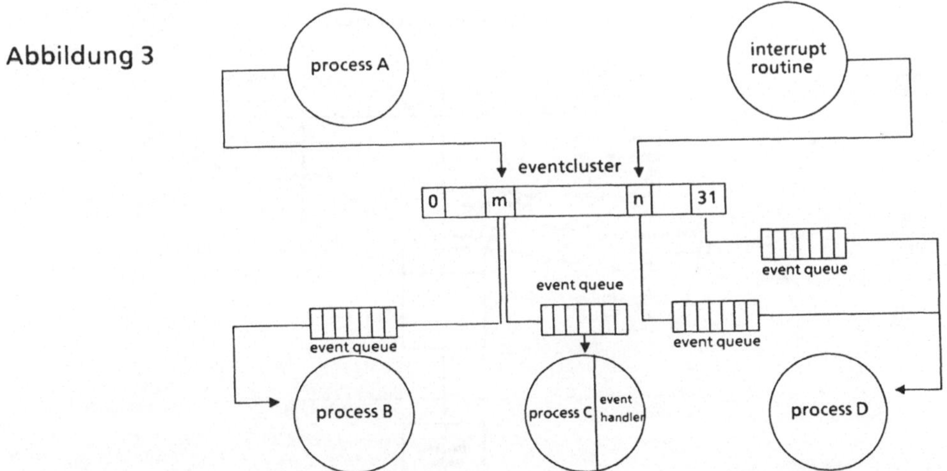

Server-Prozesse
Aufgrund der hohen Effektivität von SORIX in Bezug auf den Prozeßwechsel und den System-call-Overhead wird es bei SORIX möglich, Sonder-Geräte nicht über Treiber, sondern über spezielle Prozesse, sog. Server-Prozesse zu realisieren. Dies bietet sowohl in Bezug auf Test-Hilfsmittel gegenüber einer Lösung durch Treiber Vorteile, als auch durch die Möglichkeit solche Prozesse dynamisch einzubringen, eine größere Flexibilität. Ein weiterer Vorteil dieser Vorgehensweise ist, daß Fehler in solchen Server-Prozessen nicht zu Systemabstürzen führen, da Server-Kernel-Adressraum unterschiedlich sind.
Ein solcher Sever-Prozeß realisiert eine Geräte-Schnittstelle völlig transparent für den Anwender. Über den Standard-Aufruf MKNOD werden spezielle "block

special files", die sog. Server-Knoten erzeugt. Ein Prozeß kann sich per Aufruf mit einem solchen Knoten assoziieren. Gibt von diesem Zeitpunkt an ein Anwender-Prozeß einen Aufruf wie z.B. chmod, open, read, write, ioctl etc. auf einen Pfad ab, der den Server-Knoten enthält, so erhält der Server-Prozeß vom Betriebssystem ein spezielles Signal, SIGSERV für welches er einen Handler definiert haben sollte. Dieser Handler erhält als einen zusätzlichen Aufruf-Parameter den Zeiger auf einen Datenbereich, der eine nähere Beschreibung des Aufrufes, also z.B. System-call-Nummer, Parameter und user- und Group-id des aufrufenden Prozesses zur Verfügung stellt. Über Sonder-Aufrufe SERVGET bzw. SERVPUT kann der Server-Prozeß von AW-Prozeß Daten-Puffer holen bzw. Daten in Puffer schreiben. Entweder nach Aufruf-Ende, oder bei asynchroner Ausführung vorab wird der Anwender-Prozeß über einen Aufruf vom Server fortgesetzt.

Abbildung 4

Geräte-Zugriff über Server-Prozeß

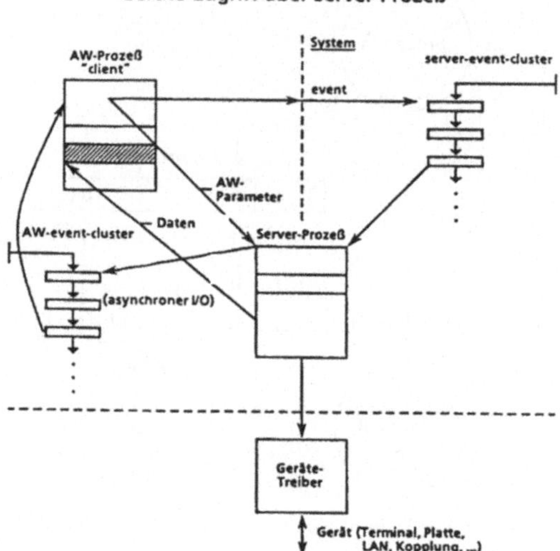

4. Von SORIX unterstützte Standards

Wie schon einleitend erwähnt, war beim Systemdesign von SORIX eine Unterstützung von Standards besonders wichtig. Für SORIX relevante Standards werden von AT&T mit der System V Interface Definition (SV ID) und von X/OPEN mit dem Common Application Environment (CAO), einer Obermenge der SVID, definiert.

Ein Betriebssystem ist laut SVID UNIX SV-Kompatibel, wenn es das Base-System, einem Teil der SVID, vollständig erfüllt. SORIX erfüllt Base-System und Kernel-Extension vollständig. Von den anderen Extensions werden einige vollständig, andere zu ca. 80 % erfüllt.

Abbildung 5

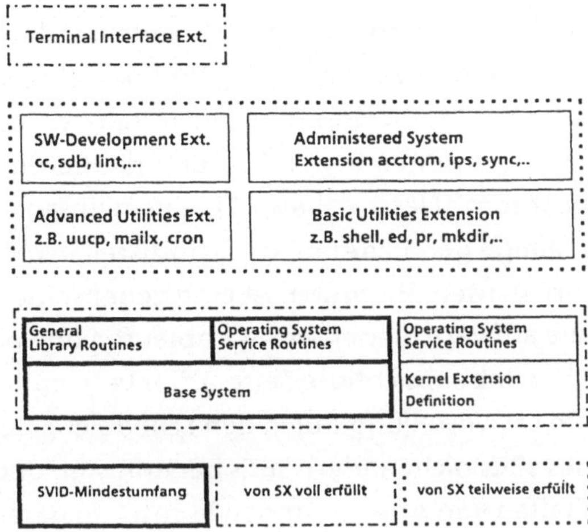

X/OPEN-konform ist zusätzlich zum SV ID-Umfang z.B. das Datenhaltungspaket X/ISAM, der Zugang zu den ISO-Transport-Protokollen XTI und die Graphik-Schnittstelle X.LIB. SORIX wird bei weiteren Entwicklungen diesen eingeschlagenen Weg fortsetzen.

Die für SORIX angebotenen Programmier-Sprachen wie ANSI-C, FORTRAN 77 konform zur ANSI-Spezifikation und ISO-PASCAL orientieren sich ebenso an den derzeit aktuellen Standards. Als Debugger bietet SORIX eine erweiterte Ausgabe des symbolischen Debuggers SDB der sowohl C als auch PASCAL und FORTRAN unterstützt und in der SORIX-Version z.B. ein dynamisches Debuggen von schon laufenden Prozessen erlaubt. Gleichzeitiges Debuggen von mehreren Prozessen, die auch remote auf anderen Rechnern ablaufen können, bietet die integrierte Entwicklungsumgebung.

5. Multicomputing

Wie schon Eingangs im Hardware-Teil erwähnt, verwendet das Mikrocomputer-System SX als Rück-wandbus den IPSB des Multibus II von Intel. Aufsetzend auf dem Message-Passing-Adressraum bietet SORIX ins Betriebssystem integriert Kommunikations-Dienste an. Diese Dienste werden unter dem Oberbegriff Multicomputing zusammengefaßt. Die hierbei zugrundegelegte System-Philosophie geht von den folgenden Überlegungen aus:

Bei herkömmlichen Multi-Prozessor-Systemen arbeiten häufig mehrere Prozessoren am gleichen Bus parallel. Diese verfügen über gemeinsame Ressourcen wie

Speicher und Peripherie, werden von einer gemeinsamen Instanz, dem Scheduler mit Aufträgen versorgt und die auf ihnen ablaufenden Prozesse kommunizieren häufig über den gemeinsamen Speicher miteinander. Nach diesem Prinzip aufgebaute Systeme werden auch als eng-gekoppelte Prozessor-Systeme bezeichnet. Bei SORIX wird mit Multicomputing ein anderer Weg beschritten. Jeder SBC am MB II ist in Bezug auf Memory und I/O autark. Hierdurch wird der System-Bus weniger leicht zum "Flaschenhals". Eine gemeinsame Benutzung von Ressourcen ist nur über einige genau definierte Schnittstellen möglich und kann vom Anwender gesteuert werden. Hierdurch ist eine gegenseitige Beeinflussung von Applikationen, die auf verschiedenen SBCs ablaufen unwahrscheinlich. Fehler können sich nicht über unbeabsichtigte Seiteneffekte fortpflanzen. Dadurch, daß keine transparente Lastverteilung durch den Scheduler erfolgt, kann eine größere Belastung eines SBCs nicht andere SBCs beeinflussen und somit ist ein deterministisches Verhalten von Anwendungen leichter zu garantieren.

Abbildung 6 (Multicomputing)

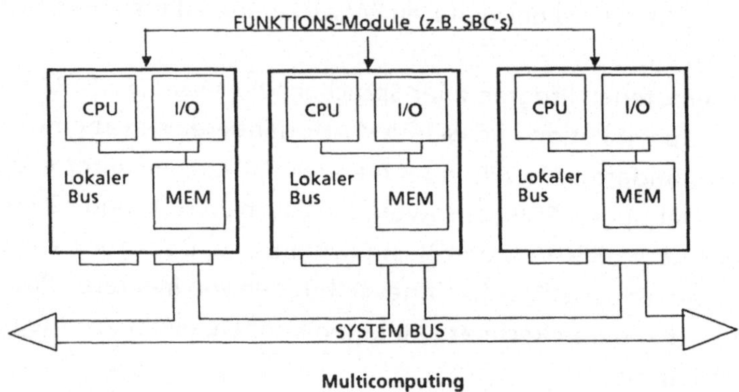

Multicomputing

Für auf verschiedene SBCs verteilten Anwendungen stehen die folgenden Standardkommunikationsmittel zur Verfügung.

Verteiltes Filesystem

Am MB II wird ein dem NFS von Sun funktionell ähnliches verteiltes Filesystem angeboten. Über einen ADVERTISE-Aufruf kann ein SBC Teile seines Dateibaumes anderen SBCs zur Benutzung anbieten. Bei diesem Aufruf kann das Benutzungsrecht SBC-spezifisch also selektiv vergeben werden. Die SBCs, die die angebotenen Directories verwenden wollen, müssen diese über einen Mount-Aufruf mit einem Zusatz-Parameter in das lokale Dateisystem des jeweiligen SBCs einbinden.

Verteilte Interprozeß-Kommunikation
Alle Message-Queues bzw. Event-Cluster sind grundsätzlich global am MB II. Über einen speziellen Parameter können diese beim kreieren als lokal definiert werden, um eine höhere Performance zu erreichen.
Werden auf verschiedenen SBCs Prozesse gestartet, die sich über den gleichen Key an eine Message-Queue bzw. ein Event-Cluster anhängen wollen, so wird von SORIX automatisch eine Kommunikation über MB II zwischen den Prozessen aufgebaut, ohne daß die Prozesse dies wissen müssen. Hierdurch können Programm-Pakete, die auf einem SBC ablaufen und die oben erwähnten Kommunikations-Mechanismen verwenden, ohne Änderung am MB II verteilt werden, um durch paralleles Abarbeiten eine höhere Performance zu erreichen.
Zusätzlich zu den Messages und Events gibt es noch die Möglichkeit, die aus dem Berkley-UNIX-kommenden Sockets zusätzlich zur LAN-Kommunikation auch über das Kommunikations-Medium MB II zu benutzen, also eine sog. MB II-Domain.

Verteilte Server-Prozesse
Die oben erwähnten Server-Prozesse, die für ein Einbringen von Pseudo-Geräten verwendet werden können, sind am MB II automatisch verteilt. Dies bedeutet, daß wenn eine Applikation ein Gerät anspricht, hinter dem sich ein solcher Server-Prozeß verbirgt, dieser Prozeß auf einem unterschiedlichen SBC ablaufen kann, ohne daß die Applikation dies wissen muß. Hierdurch können auf Servern aufsetzende Dienste völlig transparent verteilt werden.

Funktionsrechner
Aufsetzend auf den über Multicomputing gebotenen Möglichkeiten läßt sich ein sog. Funktionsrechner-Konzept realisieren. Hiermit ist die folgende Vorgehensweise gemeint:
Im allgemeinen lassen sich komplexere Systeme in klar voneinander abgegrenzte Teilfunktionen zergliedern. Eine solche Teilfunktion könnte z.B. die Abwicklung eines Kommunikations-Protokolles wie TCP/IP, die Visualisierung von Prozeß-Daten, Prozeß-Daten gewinnen, Prozeß-Daten verarbeiten und die Datenhaltung sein. Durch eine Auslagerung solcher Teilaufgaben, die eine klar definierte Schnittstelle besitzen, auf verschiedene SBCs können diese Aufgaben parallel aus-

geführt werden und dadurch eine erheblich höhere Gesamt-Performance erreicht werden. Es steht dann die hohe Rechenleistung eines SBCs mehrfach zur Verfügung.

Abbildung 7 (Funktionsrechner)

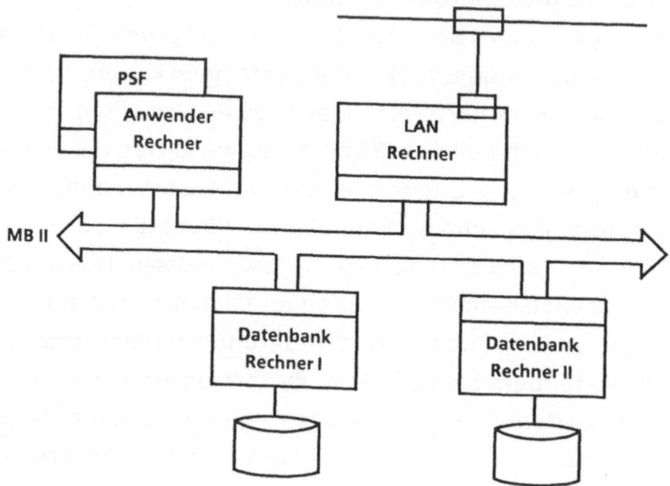

Netzwerk-Dienste
Für die Kommunikation über LAN bietet SORIX sowohl die TCP/IP als auch die ISO-Protokolle. Hierbei wurde bei der Realisierung der jeweiligen Protokolle einer Software-Lösung der Vorzug gegeben, also keiner Lösung über Kommunikations-Prozessoren. Dies hat zum einen den Vorteil, daß sowohl TCP/IP als auch die ISO-Protokolle gleichzeitig über eine I/O-Schnittstelle arbeiten können, weiterhin kann man mit einer solchen Lösung die unterschiedlichsten Performance-Anforderungen abdecken. Die Möglichkeiten reichen von Systemen, in denen die Applikations-Programme den Löwen-Anteil der CPU-Zeit verwenden und nur ein geringer Teil der verfügbaren Rechenzeit für die Kommunikation übrig bleibt, bis zu Konstellationen, bei denen für das Erbringen der Kommunikations-Dienste ein eigener SBC mit seiner hohen Rechnerleistung verwendet wird.
Über ein Zusatzpaket hat man in SORIX über das HDLC-WAN-Modul Zugriff auf Wide Area Netzwerke (WAN) nach der X.25 Norm, also z.B. auch DATEX-P/L. Zusammen mit den ISO-Protokollen werden als Standard-Anwendungen ein File-Transfer und ein LAN/WAN-Gateway nach ECMA TR/21 angeboten. Als auf dem ISO-Protokoll aufsetzendes Paket sind die AP-Protokolle vorhanden. Zusammen mit TCP/IP werden als Standard-Anwendungen u.a. TELNET, FTP und NFS realisiert.

Mit Hilfe von TELNET hat man von einem Rechner über eine Terminal-Emulation netzwerkweiten Zugriff auf andere Rechner. Es kann ein Partner am Netz angewählt und dieser, sofern man einen Account besitzt, bedient werden wie über ein lokales Character-Terminal.
Mit FTP, dem File Transfer Protocol, hat man bei vorhandener Zugriffsberechtigung die Möglichkeit zusätzlich zum File-Transfer, eine Reihe von weiteren Operationen im Filesystem eines entfernten Rechners vorzunehmen. Eine noch weitergehende Kopplung von Rechnern am LAN läßt sich über das verteilte Filesysystem NFS erreichen. Hier wird ähnlich der MB II-Lösung, die bei SORIX SBCs innerhalb eines Rahmens verbindet, ein für das Anwendungsprogramm völlig transparenter Zugriff auf Teile des Directory-Baumes eines entfernten Partners möglich.
Durch Anwendung der beschriebenen Funktionen von der Programm-Programm-Kommunikation über die von X/OPEN genormte Schnittstelle XTI und für TCP/IP über Sockets bis zum verteiltem Filesystem läßt sich am LAN sogar für heterogene Rechnersysteme eine ähnliche Funktions-Aufteilung erreichen, wie bei homogenen Systemen am MB II.
Es gibt derzeit schon eine Reihe von Standardpaketen, die eine Verteilung am LAN ermöglichen. Beispielsweise gibt es derzeit schon einige Realisierungen von Datenbanken, die einen netzwerktransparenten Zugriff auf Datenbestände ermöglichen. Hierbei werden die eigentlichen Datenbankaufgaben von einem sog. Back-end wahrgenommen. Diese möglicherweise mehrfach vorhandenen Back-ends erhalten über das LAN Aufträge von möglicherweise mehrfach vorhandenen "front-ends", die die Anwenderschnittstelle realisieren. Front-end und Back-end können hierbei auch auf Rechnern verschiedener Hersteller ablaufen. Ein weiteres Paket, das von seiner Anlage her netzwerktransparent Graphik-Funktionen anbietet ist X.Windows, auf das später genauer eingegangen werden soll.

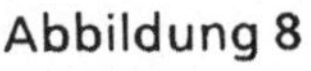
Abbildung 8

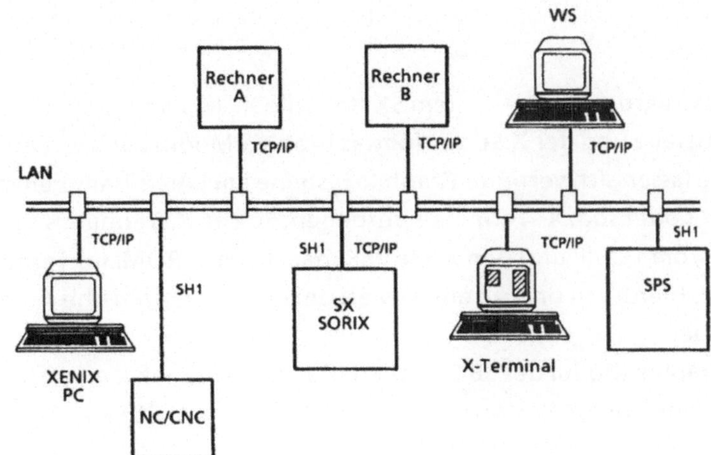

X.WINDOW

Um grafische Ausgaben vorzunehmen wird beim Mikrocomputer-System SX das X.WINDOW System verwendet. X.WINDOW entstand aus einer gemeinsamen Entwicklung zwischen verschiedenen größeren Rechner-Herstellern und dem MIT. Zumindest in der UNIX-Welt hat sich X.WINDOW als Standard etabliert, was von X/OPEN durch eine Aufnahme in das Common Applikation Environment gewürdigt wurde.

X.WINDOW wurde schon beim System-Design als verteiltes System konzipiert. Das X.WINDOW-System besteht aus zwei grundsätzlichen Instanzen, die Client-Ebene und die Server Ebene. Client-Prozesse geben, eventuell über LAN, Graphik-Aufträge an den sog. X.SERVER ab, der diese am Bildschirm darstellt. Eine X.LIBRARY stellt für die Client-Ebene Graphik- bzw. Basis-Window-Aufrufe zur Verfügung. Aufsetzend auf der X.LIBRARY (X.LIB) existieren derzeit schon eine ganze Reihe von Toolkits, die dem Anwender komplexere Funktionen bieten, wie z.B. MOTIF von OSF und OPEN LOOK von AT&T.

Abbildung 9

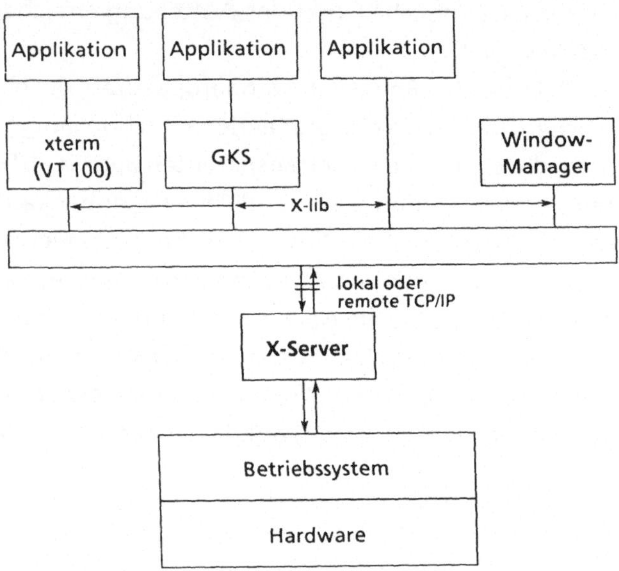

Für das Mikrocomputer-System SX steht die X.LIB als allgemeine Graphik-Schnittstelle und der X.Server für das Graphik Modul zur Verfügung. Mit der X.LIB alleine lassen sich verteilte Graphik-Systeme am LAN zusammen mit Workstations und PCs oder sog. X.-Terminals aufbauen. Solche X.-Terminals sind Graphik-Terminals, die TCP/IP und den X.SERVER, häufig im EPROM, ins Terminal integriert bieten. Hierdurch sind sie am LAN als universelle, graphische Ausgabemedien verwendbar.

Das Graphik Modul des SBC bietet dadurch, daß es lokal angesprochen werden kann, eine höhere Performance. Da hierbei der X.SERVER auf dem Modul selbst abläuft, wird die Performance-Belastung des Host-Systemes minimiert. Durch den verwendeten Graphik-Prozessor ergibt sich auch eine hohe Graphik-Performance. Mit Hilfe von X.WINDOW können Anwendungen, die auf verschiedenen Rechnern ablaufen, auf einem Graphik-Bildschirm gleichzeitig Ausgaben machen bzw. bedient werden. Da X.WINDOW auf der unterschiedlichsten Hardware an-geboten wird, läßt sich so auch eine sehr komfortable graphische Bedienschnittstelle realisieren. Dies wird durch die augenblickliche Strömung zur Normung eines einheitlichen "lock and feel" hin, die durch MOTIF und OPEN-LOOK repräsentiert wird, unterstützt.

Abbildung 10

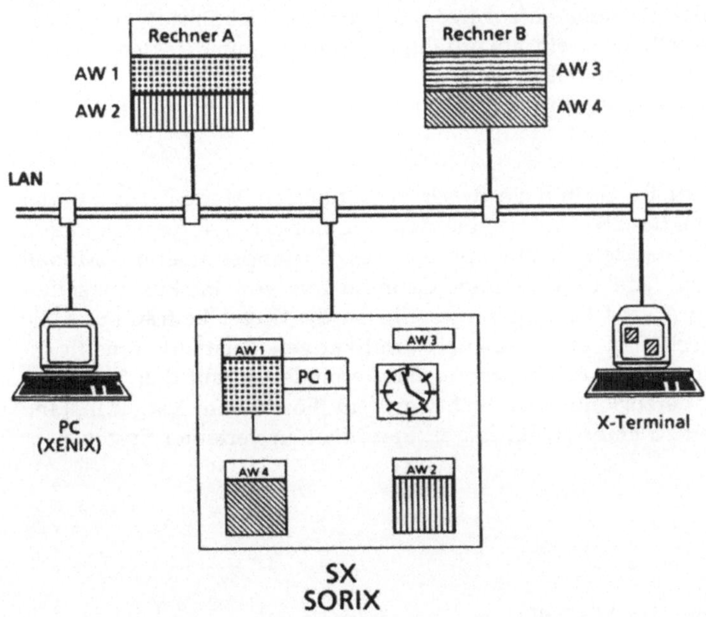

APPLIKATIVE BESCHREIBUNGSMETHODEN IN VERTEILTEN PROZEẞSTEUERUNGEN

Burkhard Igel
Universität Dortmund, Fachbereich Informatik
Postfach 500500, 4600 Dortmund 50
und
Siemens AG, Postfach, 4300 Essen 1

Kurzfassung:

Ziel dieses Beitrages ist es, eine Möglichkeit zur Modellierung verteilter Systeme aufzuzeigen, die der Idee des Prototyping folgt. Vorgestellt wird ein ablauffähiger Prototyp zur direkten Prozeßsteuerung, der neben einer ausführbaren Spezifikation auch im Sinne einer evolutionären Vorgehensweise eingesetzt werden kann.

Die formale Grundlage dieser operationalen Modellierung bildet ein funktionaler Ansatz, bei dem die notwendige Repräsentation von Zuständen in ein applikatives Zustandstransitions-Modell mündet, wie es in seinen Grundzügen von Backus in seiner Turing Award Lecture vorgestellt wurde. Dieser Beitrag nutzt die Eigenschaften eines solchen applikativen Zustandstransitionssystems - kurz AST-System - und verbindet sie mit den Vorzügen einer netzorientierten Sichtweise in Form von Kanal/Instanz Netzen zu einer ausführbaren Spezifikation verteilter Systeme.

1 Einleitung

Allgemein erfordert die Modellierung großer Informations- und Steuerungssysteme ein angemessenes Instrumentarium zur Bewältigung der Komplexität in Aufbau und Ablauf derartiger Strukturen. Kennzeichnend für die hier betrachteten Systeme, insbesondere für komplexe Realzeitsysteme, ist ein Verhalten, das sich zusammensetzt aus dem Verhalten einzelner voneinander relativ unabhängiger Teilelemente, die miteinander agieren.

Ziel dieses Beitrages ist es, eine Möglichkeit zur Modellierung solcher verteilter Systeme aufzuzeigen, die der Idee des Prototyping folgt. Es wird ein ablauffähiger Prototyp des spezifizierten Systems bereitgestellt, der im Sinne eines evolutionären Prototypings auch zur direkten Prozeßsteuerung eingesetzt werden kann.

Die formale Grundlage dieser operationalen Modellierung bildet ein funktionaler Ansatz, bei dem die notwendige Repräsentation von Zuständen in ein applikatives Zustands-transitions-Modell (applicative state transition system - AST-System) mündet, wie es in seinen Grundzügen von Backus in seiner Turing Award Lecture [Backus 78] vorgestellt wurde. Basierend auf Arbeiten von Cremers und Hibbard [Cremers Hibbard 78], die zu einem ähnlichen Modellierungsweg in ihrem Datenraummodell kamen, nutzt diese Arbeit die Eigenschaften eines AST-Systems und verbindet sie mit den Vorzügen einer netz-orientierten Sichtweise in Form von Kanal/Instanz Netzen [Reisig 85] zu einer ausführ-baren Spezifikation verteilter Systeme. Dabei beschreiben jede Instanz ein eigenes AST-System und jeder Kanal einen Sensor oder Aktor zur Umgebung oder ein internes Kommunikationselement zwischen mehreren Instanzen.

Die in der Sprache verwandten funktionalen Elemente gründen sich auf Entwicklungen der letzten Jahre auf dem Gebiet der funktionalen Programmierung. Sie werden zum einen für die Integration der Zustandsmodellierung eines applikativen Zustands-transitionssystems entsprechend erweitert und erlauben die durchgängige Behandlung von Funktionen als Objekte erster Ordnung auch im Zustandsraum. Zum anderen erlauben elementare Kommunikationsformen ausgerichtet auf die Erfordernisse einge-betteter Systeme die Beschreibung der Interaktion zwischen den verteilten Strukturen. Durch die "modernen" Techniken funktionaler Programmierung ergibt sich eine äußerst kompakte und übersichtliche Modellierung, für die im Hinblick auf das evolutionäre Prototyping ein operationales Maschinenmodell angegeben wird, mit dem der konkrete Einsatzfall - Steuerung einer modularen Stückgutförderanlage - realisiert wurde. Im einzelnen werden folgende Inhalte in diesem Beitrag behandelt:

2 **applikative Beschreibungsmethoden:**
AST-Systeme,
verteilte Systeme in expliziter Netzsicht - Instanzen und Kanäle

3 **applikative Sprache:**
funktional modellierter Zustandsraum,
einfaches Typkonzept (Generalisation, Aggregation und Rekursion),
typpolymorphe funktionale Modellierung der Zustandsübergänge

4 **Kommunikation zwischen verteilten Systemelementen:**
synchrone und asynchrone Formen

5 **spezielle Realzeit-Probleme:**
verteilte Hardwarestrukturen
Zeitkonzept, Interrupt

6 **Zusammenfassung und Ausblick:**
Charakteristische Merkmale der vorgestellten Modellierungstechnik
Einbeziehung wissensbasierter Modellierungstechniken

Anhang: Modell und Steuerung einer modularen Stückgutförderanlage

Literatur

2 Applikative Beschreibungsmethoden

In seiner Turing Award Lecture [Backus 78] hat Backus sogenannte applikative Zustandstransitionssysteme als eine andere Sicht gegenüber der vorherrschenden "von Neumann Architektur" vorgestellt. Aufbauend auf einem FP-System (functional programming system) wird der funktionale Beschreibungsstil um die Eigenschaft erweitert, auf berechnete Werte aus der Vergangenheit zurückgreifen zu können, indem innerhalb eines umfassenden FFP-Systems (formal functional programming systems) Möglichkeiten zur Definition von Zellen mit Zugriffsfunktionen gegeben sind. Diese Werte des Zustandsraumes beschreiben gerade den Systemzustand in einer gewissen Phase. Es wird nun genau ein Ausdruck angegeben, eine Zustand-nach-Zustand Funktion, dessen Auswertung den nächsten Systemzustand bestimmt. Im Gegensatz zu herkömmlichen von Neumann Systemen, bei denen eine Zustandsänderung des Systems sich zusammensetzt aus elementaren Zustandsänderungen (einzelne Speicherzuweisungen) behaftet mit dem Problem der Seiteneffekte, wird hier der gesamte Zustandsraum auf einmal ohne Zwischenschritte verändert. Ein solches AST-System (Applicative State Transition - System) besteht aus:

- einem Zustandsraum (Definitionsbereich des FFP-Systems)
- einer Menge von Überführungsregeln, um den Zustand ändern zu können
- einem applikativen Grundsystem, mit dessen Hilfe sowohl die Zustände strukturiert, wie auch die Überführungsregeln spezifiziert werden (FFP-System)

Parallel dazu wurde basierend auf den Arbeiten von Cremers und Hibbard [Cremers Hibbard 76], [Cremers Hibbard 78] unter dem Arbeitstitel "Programmierung abstrakter Maschinen" das Modell der Datenräume entwickelt, die im Sinne von Backus als AST-Systeme verstanden werden können. Die Arbeiten zu Datenräumen aus diesen Jahren beschreiben einen Datenraum D als ein Tripel $(X, \mathbb{F}, p)$, wobei gilt:

- X ist eine Menge von Objekten
- $\mathbb{F}$ ist eine Menge von totalen Funktionen auf X
- $p \subseteq X \times X$ ist der Prozessor, eine Relation auf dem Zustandsraum X, der unter Anwendung von $\mathbb{F}$ den Zustand verändert

Im Unterschied zu Backus, dessen Augenmerk in seiner Turing Award Lecture sich mehr auf applikative Ausdruckstechniken und algebraische Beweismethoden richtet, zielen die Arbeiten von Cremers und Hibbard auf die ausführbare Spezifikation einer geeigneten Teilklasse von Datenräumen. Die daraus resultierende Datenraummaschine modelliert Systeme und ihr dynamisches Verhalten auf der Basis von Zustandsänderungen nach dem Paradigma von Produktionssystemen. In der vorliegenden Arbeit, die ein Modell mehrerer Prozessoren p zur Ausführung der Zustandsänderungen verwendet, wird verlangt, daß jeder dieser Prozessoren eine Funktion von X nach X ist.

Nach einem Initialisierungsschritt , dem LOAD der Datenraummaschine, wird zyklisch der definierende Ausdruck für den Prozessor p, das OMEGA der Datenraummaschine, ausgewertet. Jede Auswertung von p erfolgt auf der Basis des alten Systemzustands, der als

Zustandsfunktion gelesen werden kann. Während der Auswertung der Transitionsregeln p findet keine Zustandsveränderung statt. Nach Beendigung der Auswertung wird der Systemzustand aktualisiert. Man kann sich dabei den Zustandsraum als eine Funktion vorstellen, die jedem elementaren Element des Urbilddefinitionsbereiches einen Wert zuordnet. Eine Aktualisierung des Systemzustandes bedeutet also eine Veränderung dieser Funktion durch Veränderung der einzelnen Zuordnungen oder Hinzufügen neuer Zuordnungen. Während der Auswertung von p (im folgenden Omegazyklus genannt), in der schrittweise neue Zustandsfunktionen ermittelt werden, wird bei Zustandsreferenzen stets auf die vorhergehende Zustandsfunktion zurückgegriffen, so daß Seiteneffekte nicht auftreten können.

Beispiel:

Omegazyklus z_i $= [\, n_1 \rightarrow v_1 \, , n_2 \rightarrow v_2 \, , n_3 \rightarrow v_3 \,]$

Omegazyklus z_{i+1} $= [\, n_1 \rightarrow v_1 \, , n_2 \rightarrow v_2' , n_3 \rightarrow v_3 \, , n_4 \rightarrow v_4 \,]$

Diese zyklisch ermittelten Zustandsfunktionen können als ausgezeichnete Funktionen des applikativen Systems nach jeder Veränderung inspiziert werden und erlauben so eine Beobachtung des modellierten Systemverhaltens, wobei die Unterschiede zwischen den Zustandsfunktionen z_i und z_{i+1}, im Beispiel $n_2 \rightarrow v_2'$ (Veränderung einer alten Zuordnung) und $n_4 \rightarrow v_4$ (Hinzufügen einer neuen Zuordnung), von besonderem Interesse sind.

Vergleichbare funktionale Prozeßmodelle, wie sie in PAISLey [Zave 80,87] und in AMBER [Cardelli 86] integriert sind, besitzen kein formales Zustandsmodell im Sinne eines AST-Systems von Backus. Gerade diese Eigenschaft eines AST-Systems, die explizite Berücksichtigung des Zustandsraumes, ermöglicht aber hier die Modellierung vernetzter Systeme mit dedizierten Daten- und Funktionsobjekten. Mit der Wahl eines expliziten Prozeßmodells zur Darstellung verteilter Systeme im Gegensatz zur Modellierung von Parallelität in Algorithmen grenzt sich das Datenraummodell ab von Ansätzen wie FP* [Radensky 87], wo FP-Systeme um eine Lazy-Semantik und nichtdeterministisches Verhalten angereichert werden, um so ein implizites Prozeßmodell zur Modellierung paralleler Algorithmen zu erhalten.

Im Falle unserer Sicht eines AST-Systems, insbesondere unter dem Gesichtspunkt der Verteilung, können uninterpretierte Netze genutzt werden, um den Informationsfluß semiformal zu beschreiben. Unterschieden werden dabei genau die Daten- und Funktionsobjekte sowie die Verbindungen zwischen diesen Elementen eines Systems. Mit einer solchen Differenzierung in aktive und passive Systemkomponenten stützt sich diese netzbasierte Beschreibung von Systemen auf das Modell der Kanal/Instanz Netze, die eine uninterpretierte Variante von Petri Netzen darstellen. Kanal/Instanz Netze verallgemeinern die aus Petri Netzen bekannten Begriffe Stellen und Transitionen. Unabhängig von dem konkreten Schaltverhalten eines formalen Petri Netzes symbolisieren Kanal/Instanz Netze eine informelle Beschreibung des Informationsflusses in Systemen. In der DIN 66200 sind die Begriffe wie folgt definiert:

Kanal - Funktionseinheit, die der Übergabe von Informationsdarstellungen zwischen Instanzen dient (dargestellt als Kreis)

Instanz - Funktionseinheit, deren Aufgabe in der Ausübung bestimmter Tätigkeiten besteht (dargestellt als Rechteck)

3 Applikative Beschreibungsmethoden

Einzelne Elemente der applikative Notation werden im folgenden beschrieben, wobei jeweils grob die syntaktische Struktur (Details siehe [Igel 89]) anhand eines prägnanten Beispiels für einen konkreten Ausdruck der Sprache angegeben wird. Notwendig zur Modellierung von Datenräumen sind folgende Teile:

- Grundlegende Sprachelemente
- Polymorphes Typkonzept
- Benutzerdefinierte Datentypen (F_1)
- Funktionsdefinitionen (F_2)
- Strukturierung des Zustandsraumes (X)
- Prozessorbeschreibung (p)
- Besondere Sprachelemente

Grundlegende Sprachelemente

Elementar sind sogenannte "Bezeichner", die sich aus einer Reihung von druckbaren Zeichen ergeben und durch Leer- oder Trennzeichen begrenzt werden. Basis einer applikativ-funktionalen Modellierung ist die Definition von Ausdrücken, die in ihrer einfachsten Form als Konstanten erscheinen. Die Sprache läßt Konstanten der primitiven Datentypen "Bool, Num, String" zu. Hinzu kommt noch der Typ "Assign" für die Modellierung von Zustandsänderungen, der weiter unten erläutert wird. Damit lassen sich atomare Ausdrücke bilden:

```
1     2.4     3E5     "Stringelement"     true
```

Komplexere Ausdrücke ergeben sich durch Funktionsanwendung, die im allgemeinen in Präfix-Notation geschrieben wird. Jedoch können alle binären Operatoren auch in Infix-Schreibweise notiert werden. Man beachte, daß der Name einer Funktion selbst wieder ein komplexer Ausdruck sein kann. Außerdem kann jede Funktion mehrere "Argumentlisten" haben, wenn es sich um Funktionen höherer Ordnung handelt.

Eine Alternativentscheidung zwischen zwei Ausdrücken ist mit Hilfe der Fallunterscheidung möglich:

```
IF  a < b  THEN  ggt(a,b)  ELSE  ggt(a-b,b)
```

In einer Sprache, die Funktionen als Objekte erster Ordnung behandelt, muß es auch ein Sprachkonstrukt für einen funktionalen Ausdruck geben. Dies ist die sogenannte Lambda-Abstraktion. Sie kann benutzt werden für die Definition funktionaler Objekte:

```
FUN (x,y) x+y   oder   FUN (f) FUN (x) f(f(x))
```

und bei Verwendung von Funktionen als aktuelle Parameter

```
all ( ele , FUN (x) x > 1000 )
```

und insbesondere für die Modellierung einer verzögerten Auswertung

```
delay (e) = FUN () e    ,    force (e) = e ()
```

Polymorphes Typkonzept

Strenge Typisierung ist ein Konzept, das sich schon in herkömmlichen Programmiersprachen durchgesetzt hat. Es hilft bei der Aufdeckung einer Vielzahl von Programmierfehlern bereits zur Übersetzungszeit. Andererseits führt dieses strenge Typkonzept auch zu unnötigem Aufwand, insbesondere dann, wenn Algorithmen mit verschiedenen Datenobjekten arbeiten sollen, denen eine ähnliche Struktur zugrunde liegt. Zum Beispiel kann man sich einen Algorithmus vorstellen, der Elemente in einen Suchbaum einsortiert. Ob es sich dabei um einen Baum aus numerischen Werten, Zeichenketten oder anderen Objekten, auf denen eine Ordnung definiert ist, handelt, ist für die Modellierung des Sortier-Algorithmus eigentlich nicht relevant. Herkömmliche streng typisierte Programmiersprachen erfordern hier die Beschreibung des Algorithmus getrennt für jede Datenstruktur, die verarbeitet werden soll.

Die Möglichkeit, solch generische Funktionen zu modellieren, zog zunächst einen gänzlichen Verzicht auf Typisierung nach sich, wie es heute noch in LISP oder in PROLOG üblich ist. Für funktionale Sprachen wurde jedoch von Milner [Milner 78] [Damas Milner 82] basierend auf den Arbeiten von Hindley [Hindley 69] ein polymorphes Typkonzept entwickelt, mit dem die strenge Typisierung durch den Einsatz sogenannter "Typvariablen" generalisiert wurde. Damit ist es unter anderem möglich, Listen vom Typ "list('a)" oder Bäume vom Typ "baum('b)" zu definieren, wobei 'a und 'b Typvariablen sind, die in einer konkreten Definition konsistent durch jeweils aktuelle Typen ersetzt werden dürfen. Man hat nun die Möglichkeit, dieses Ersetzen der Typvariablen vom Compiler zur Übersetzungszeit durchführen und auf Konsistenz überprüfen zu lassen, ein Ansatz, der erstmalig in der Sprache ML verwirklicht wurde und heute in allen modernen funktionalen Sprachen als gängige Spracheigenschaft betrachtet werden kann.

Für das daraus resultierende Problem der Typinferenz und die Umsetzung in einen Algorithmus für den Compiler der Datenraummaschine wurde basierend auf den Arbeiten von Milner [Milner 78] auf [Cardelli 84] und [Nikhil 85] zurückgegriffen. Das in dieser Arbeit verwendete Typschema kann in die Klassifikation nach [Cardelli Wegner 85] als "universal polymorphism" eingeordnet werden.

Beispielhaft sei die typpolymorphe parametrische Definition eines binären Baumes mit homogenen Knoteninhalten angegeben:

```
TYPE Baum('a) = Blatt | Knoten 'a, Baum('a), Baum('a)
```

Daneben können Typvariablen auch lokal innerhalb einer Typdefinition verwendet werden. Im Gegensatz zu "allquantifizierten" Typvariablen bei Angabe als Typparameter sind diese quasi "existenzquantifiziert" (vgl. Skolemisierung). Damit lassen sich heterogene Strukturen wie zum Beispiel ein Baum mit heterogenen Knoteninhalten spezifizieren, indem auf eine Bindung der Typvariable im Definitionskopf verzichtet wird.

```
TYPE Baum2  = Blatt | Knoten 'a, Baum2, Baum2
```

Benutzerdefinierte Datentypen (F_1)

Datentypen werden spezifiziert mit Hilfe der primitiven Typen (Bool,Num,String), des eingebauten Typs Assign für Zustandsfunktionen, Funktionalitäten definierter Funktionen und mit Hilfe abgeleiteter Typen unter Verwendung von rekursiver Aggregation und Generalisation. Dabei wird die Datenstruktur durch Angabe von Konstruktorfunktionen mit optionalen Selektorfunktionen für jedes Aggregat definiert.

Ein typisches Beispiel für eine Typdefinition unter Verwendung von Typvariablen, rekursiver Aggregation und Generalisation ist der vordefinierte Typ für Listenstrukturen mit den beiden Konstruktoren "::" und "nil".

```
TYPE list('*)  =  ::  '* , list('*)
               |  nil
```

Als Selektorfunktionen könnten "hd" und "tl" auch innerhalb der Typdefinition definiert werden (vgl. VAL-Definition von "hd" und "tl" weiter unten).

```
TYPE list('*)  =  ::  <hd> '* , <tl> list('*)
```

Auf einen Konstruktor folgen die Typen der einzelnen Aggregate. Dabei wird das Prinzip der "Vererbung" durch die Voranstellung eines bereits definierten Konstruktors mit dem Schlüsselwort "AND" ermöglicht:

```
TYPE Person  = Name string,string
TYPE Student = Id Name AND num,string
```

Der Konstruktor "Id" erbt die beiden Aggregate des Konstruktors "Name".

```
Id ( "Vorname","Nachname",007,"Krankenkasse" )
```

Durch die Generalisation kann ein Typ mehrere Varianten enthalten. Auch hier ist eine "Vererbung" von Varianten bereits definierter Typen mit dem Schlüsselwort "OR" möglich:

```
TYPE miniAmpel = rot  |  grün
TYPE Ampel     = gelb OR miniAmpel
```

Der Typ Ampel hat demnach drei Varianten.

Funktionsdefinitionen (F_2)

Zur Modellierung von Ausdrücken können neben den grundlegenden Sprachelementen, den Konstruktor- und Selektorfunktionen auch beliebige weitere Funktionen definiert werden. Eine solche Funktion wird definiert durch Angabe von Rekursionsgleichungen. Die Gleichungen mit ihren verschiedenen definierenden Ausdrücken werden abhängig von der Struktur der Eingabeparameter aufgelistet. Die Differenzierung dieser Strukturen erfolgt mittels "Pattern Matching", das heißt man spezifiziert mit Hilfe der "Muster" die

Struktur der gewünschten Eingabeparameter durch Angabe bestimmter atomarer Ausdrücke und Konstruktoren in jeder Variante. Unter Verwendung von Variablen-Bezeichnern und sogenannten "don't care"-Symbolen ("_") lassen sich die verschiedenen möglichen Parameterinstantiierungen in Klassen einteilen.

```
VAL all (nil     ,_) = true
  | all (::(h,t),p) = IF p(h) THEN all(t,p) ELSE false

VAL exist (nil     ,_) = false
  | exist (::(h,t),p) = IF p(h) THEN true
                                ELSE exist(t,p)
```

Auf diese Weise lassen sich auch die impliziten Selektorfunktionen (z.B. hd,tl) definieren.

```
VAL hd (::(x,_)) = x
VAL tl (::(_,y)) = y
```

Bei der Definition komplexerer Funktionen können sogenannte lokale Ausdrücke verwendet werden. Dabei sind innerhalb des definierenden Ausdrucks alle zwischen LET und IN lokal definierten Funktionen bekannt. Bei geschachtelten lokalen Ausdrücken erfolgt die Bindung "freier" Funktionsbezeichner nach dem Prinzip des "statischen Bindens", das heißt jeder Bezeichner wird durch die Parameterliste oder die nächst höhere (bezogen auf die LET-IN Schachtelung) Definition gebunden. Innerhalb einer LET-Definitionsfolge sind auch wechselseitig rekursive Funktionsdefinitionen möglich.

```
VAL fourtimes = LET
                      VAL twice (f) = FUN (x) f(f(y))
                IN
                      twice(twice)
```

Der Wert dieses Ausdrucks ist ein Funktional, das angewandt auf einen Parameter und eine Funktion als Ergebnis diese Funktion viermal auf den Parameter anwendet.

```
VAL f(x) = x + x
fourtimes (f) (2)    ->  32
```

Strukturierung des Zustandsraumes (X)

Die Beschreibung der Urbild- und Bildbereiche der Zustandsüberführungsfunktion eines Datenraumes erfolgt über die Definition von Typzuordnungen. Dabei sind die Bezeichner Cells, Infoports, Synports vordefiniert zur Definition interner und möglicher externer Zustandsbereiche.

```
TYPEFUN Cells = string -> num
                memory -> list(code)
```

In diesem Beispiel können im Zustandsraum Urbilder vom Typ "string" auf numerische Werte und Urbilder vom Typ "memory" auf Elemente des Typs "list(code)" abgebildet werden.

Der Datentyp für die Ausdrücke zur Änderung des Zustandsraumes ist als eingebauter Typ mit Hilfe der allgemeinen Sprachmittel und der Typfunktionen wie folgt vordefiniert:

```
TYPE assign    =  :=  'a , cells('a)
               |  :I= 'b , infoports('b)
               |  :S= 'c , synports('c)
               OR list(assign)
```

Der Typ Assign stellt also eine heterogene Listenstruktur dar. Damit lassen sich Zustandsübergangsfunktionen als beliebig tief geschachtelte "Listen" von Ausdrücken des Typs Assign mit Hilfe der vordefinierten Konstruktoren modellieren. Insbesondere können Funktionen (im Beispiel: f1,f2) in diese Listen einbaut werden, die selbst wieder vom Typ Assign sind.

```
[ "ggt" := ggt(a,b) , f1(x) , f2(y,z) , "fib" := fib (20) ]
```

Der Zugriff auf Elemente des Zustandsraumes innerhalb von Ausdrücken erfolgt mittels der eingebauten Funktionen:

```
REF  : [ 'a -> cells('a)     ]
REFI : [ 'b -> infoports('b)]
REFS : [ 'c -> synports('c) ]
```

`REF` erlaubt den Zugriff auf den lokalen Zustandsraum, über die Definition von Ports (Info- und Synports) hat ein Datenraum mit `REFI,REFS` Zugriff auf gemeinsam von mehreren Datenräumen genutzte Zustandsbereiche. Innerhalb eines Datenraumes stellt sich ein Zugriff auf einen Port genauso wie auf ein Element des lokalen Zustandsraumes (cells) dar. Die besonderen Eigenschaften der von mehreren Datenräumen gemeinsam genutzten Bereiche des Zustandsraumes werden im folgenden Kapitel erläutert.

Prozessorbeschreibung (p)

Die Beschreibung der zyklisch auszuwertenden Zustandsübergangsfunktion `OMEGA` mit ihrer Initialfunktion `LOAD` geschieht in zwei Ausdrücken vom Typ Assign.

Besondere Sprachelemente

Von jedem Datenraumschema können entsprechend dem Datenraumtyp verschiedene Instantiierungen erzeugt werden. Innerhalb der Spezifikation des Datenraumschemas kann der Ausdruck `SPACENAME` verwendet werden. Die Auswertung dieses Ausdrucks ergibt in einer konkreten Instanz den bei ihrer Erzeugung angegebenen Wert des Datenraumtyps. Dabei ist es möglich, den Datenraum derart zu gestalten, daß jeder Instanz bei der Erzeugung Parameter mitgegeben werden können, wie dies im Beispiel der Petri Netze im folgenden Kapitel genutzt wird. Weitere Besonderheiten finden sich in [Igel 89].

4 Kommunikation zwischen verteilten Systemelementen

Notwendig für die Modellierung der Kommunikation verteilter Systeme sind synchronisierende sowie asynchron wirkende Sprachmittel. [Zave 82] zeigt insbesondere den Bedarf der freilaufenden asynchronen Kommunikation zur Modellierung eingebetteter Systeme. Der Datenaustausch geschieht dort über sogenannte "exchange functions", wovon durch die Einbeziehung der Aspekte Kommunikationsrichtung und Nichtdeterminismus drei Verfahren existieren. Eine detaillierte Einordnung dieser und anderer Schemata für die Kommunikation in verteilten und eingebetteten Systemen findet sich in [Igel 84]. Der Verzicht auf implizit synchronisierte Sprachmittel ist zwar möglich, erfordert jedoch dann eine explizite Synchronisation asynchroner Kommunikation, was in vielen Anwendungsfällen zu einem unnötigen Mehraufwand bei der Spezifikation der Kommunikationsbeziehungen führt.

Für die Kommunikation unter Teildatenräumen wird hier eine Form gewählt, die den Zustandsraum X zur Ablage passiver Komponenten einbezieht. Bereits in [Cremers Hibbard 85] werden sogenannte Synchronzellen vorgeschlagen, die eine natürliche Modellierung synchroner Kommunikation unter Verwendung des Zustandsraumes X ermöglichen, weil die Schnittmenge mehrerer Zustandsräume X' an dieser Stelle nicht leer ist. Über eine einen impliziten Status, der die Synchronisationsbedingung widerspiegelt, wird der Informationsaustausch geregelt. Auch in hier wird die Kommunikation zwischen Datenräumen über spezielle Zustandsbereiche, sogenannte Kommunikationszellen, abgewickelt. Für diese Kommunikationsform zwischen Datenräumen sind in Erweiterung von [Cremers Hibbard 85] zwei Kommunikationsprimitive vorgesehen.

Synchronzellen

Die synchrone Form der Kommunikation erlaubt die kontrollierte Übergabe von Informationen zwischen zwei Datenräumen. Zu diesem Zweck hat jede Synchronzelle den Status *ready_to_read* oder *ready_to_write*. Der Zustand einer Synchronzelle kann nur verändert werden, wenn die vorhergehende Zustandsinformation von einem angeschlossenen Datenraum gelesen wurde. Eine Synchronzelle enthält entweder genau eine Information, Status ist ready_to_read, oder kann genau eine Information aufnehmen, Status ist ready_to_write. Der lesende Zugriff auf eine Synchronzelle verändert den Status von ready_to_read auf ready_to_write, der schreibende Zugriff ändert den Status in der anderen Weise.

Der Austausch von Information über eine Synchronzelle stellt sicher, daß eine abgelegte Information solange in der Zelle verbleibt, bis sie von genau einem Datenraum gelesen wird. Informationen können also allenfalls nicht bearbeitet werden, aber nie verloren gehen. Der Informationsaustausch ist dediziert, das heißt es gibt genau einen Sender und einen Empfänger, auch wenn mehrere Datenräume an diese Zelle angeschlossen sind.

Ist eine Synchronzelle im Status ready_to_read, kann ein Datenraum analog zu seinen internen Zellen in einem Zyklus die Information dieser Zelle lesen und zum Zeitpunkt der Zustandsapplikation verändern, also den Status von ready_to_read über ready_to_write wieder auf ready_to_read setzen. Damit die Information in der Zelle während der Auswertung eines Omega-Zyklus nicht verändert wird, geschieht der Zugriff auf die betroffenen Synchronzellen als elementares Ereignis. Die Auswertung eines Omega-Ausdrucks hat keine zeitliche Ausdehnung. Ein oft gewollter Austausch der Zustandsinformation in einer Synchronzelle innerhalb eines Omega-Zyklus, wobei die neue Zustandsinformation abhängig von der vorherigen ist, ist ebenfalls möglich.

Die Veränderung des Zustands durch einen Teildatenraum hängt wie folgt von der Menge der angesprochenen Synchronzellen ab:

Sei IN := { x | x = Synchronzelle ∧ x wird gelesen }
und OUT := { y | y = Synchronzelle ∧ y wird geschrieben } ,
dann kann ein Teildatenraum den Zustand verändern

$$\Leftrightarrow \forall x \in IN : \text{Status}(x) = \text{ready\_to\_read}$$
$$\wedge \forall y \in OUT : \text{Status}(y) = \text{ready\_to\_write} \vee y \in IN$$

Erfolgt der Zugriff eines Datenraumes auf eine Synchronzelle mit ungeeignetem Status, führt dieser in der formalen Spezifikation [Igel 89] als Kommunikationsfehler bezeichnete Fall zu einem neuen Versuch der Auswertung des Omega-Ausdrucks. Vermieden wird dadurch die weitere Auswertung mit eventuell überholten Werten aus vorher gelesenen Kommunikationszellen, insbesondere betrifft dies die Zellen für die freilaufende Kommunikation (z.B. bei Abfrage von Zeitgeber-Zellen). Außerdem würde der exklusive Zugriff auf bereits okkupierte Zellen eine nicht beabsichtigte Deadlock-Situation verursachen. Der initiale Zustand einer Synchronzelle ist ready_to_write.

Als Beispiel für die Verwendung von Synchronzellen dient nachfolgendes Teildatenraumschema, mit dem das lokale Verhalten einer Petri Netz Transition (Bedingungs/Ereignis-Netz) ausführbar spezifiziert wird. Modelliert wird eine parametrische Datenraumschablone für einen Ereignisknoten, die bei ihrer Instantiierung eine Identifikationsnummer und die jeweilige Umgebung als Liste der Ein- bzw. Ausgangsbedingungen erhält

```
TYPE bedingung     = b num
TYPE ereignis      = e num,umgebung
TYPE umgebung      = u <u1> list(bedingung), <u2> list(bedingung)

SPACE ereignis

  TYPEFUN Synports  = bedingung -> bool

  VAL all (nil,_)        = true
   | all (::(hd,tl),p) = IF p(hd) THEN all(tl,p) ELSE false
  VAL map (nil,_)        = nil
   | map (::(hd,tl),f) = ::( f(hd) , map(tl,f) )
```

"all" und "map" sind Funktionen höherer Ordnung, die ein Prädikat bzw. eine Funktion auf eine Liste entsprechender Objekte anwendet.

```
  VAL setz(con)         = con :S= true
  VAL test(con)         = refs(con)
```

"setz" und "test" verändern die Markenbelegung einer Petri-Netz-Stelle.

```
VAL ein            = u1(spacename)
VAL aus            = u2(spacename)
```

"ein" und "aus" selektieren die Ein- bzw. Ausgangsumgebung aus den Datenraumparametern in "spacename" entsprechend der aktuell betrachteten Instantiierung von "ereignis", die als Wert den im Typ Umgebung spezifierten Parameter enthält.

```
OMEGA  IF  all(ein,test)  THEN  map (aus,setz)  ELSE  []
```

Die Zustandsübergangsfunktion entspricht dem lokalen Schaltverhalten eines B/E-Systems, d.h. eine Zustandsänderung erfolgt nur, wenn alle Eingangsbedingungen ready_to_read und alle Ausgangsbedingungen ready_to_write sind.

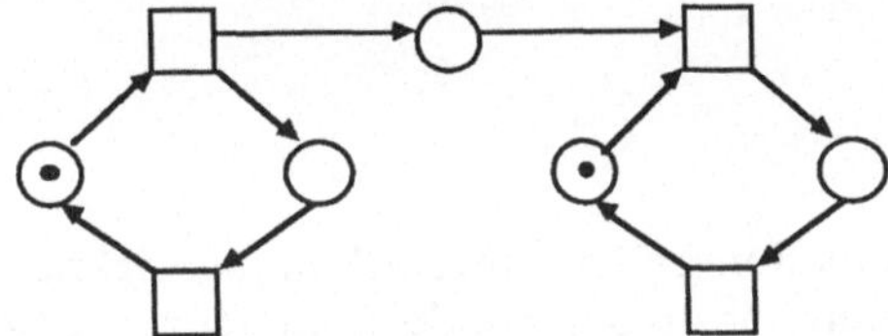

Bild 1: Mögliche konkrete Ausprägung eines Datenraumnetzes

Dieses elementare Petri Netz in Bild 1 kann nun mit obiger Datenraumdefinition als konkretes Beispiel eines *Datenraumnetzes* ausführbar spezifiziert werden. Die dafür zusätzlich notwendige Definition der konkreten Instanzen und Kanäle erfolgt mittels `Channel`- und `Create`-Definitionen [Igel 89] und wird im existierenden Tool automatisch aus der graphischen Repräsentation abgeleitet.

Infozellen

Infozellen modellieren eine freilaufende Kommunikation im Sinne von [Zave 82], [Igel 84], wie sie z.B. für Meßwertgeber, Uhren usw. benötigt wird. In solchen Fällen darf keine Rücksicht genommen werden auf eine blockierte Zelle oder gewartet werden auf die Abholung der Information. Aktuelle Informationen werden ohne Rücksicht auf die Verarbeitung der alten Information in der Infozelle abgelegt.

Eine Infozelle kann mit einem *schwarzen Brett* verglichen werden, wobei jede Zelle aber wiederum genau eine Information enthält. Der Informationsaustausch erfolgt im Sinne eines "broadcasting" Systems, das heißt die in einer Zelle abgelegte Information kann von allen angeschlossenen Datenräumen zerstörungsfrei gelesen werden. Der Zugriff eines Teildatenraumes auf seine angeschlossenen Infozellen geschieht wieder als elementares Ereignis. Während eine Synchronzelle beim Systemstart keine Information enthält, dafür aber den definierten Status ready_to_write hat, muß jede Infozelle beim Systemstart in einen initialen Zustand versetzt werden.

Als Beispiel für die Verwendung der Infozellensemantik dient nachfolgendes Teildatenraumschema, mit dem ein global als Infozelle zur Verfügung gestellter Zeitgeber bedient wird.

```
TYPE  zeitgeber       = uhr

SPACE zeitgeber

  TYPE datumszelle    = tageszeit
  TYPE zeit           = u <std> num, <min> num, <sec> num
  TYPEFUN Infoports   = datumszelle -> zeit

  VAL ticktack( u(23,59,59) ) = u (0  ,0  ,0  )
    | ticktack( u( x,59,59) ) = u (x+1,0  ,0  )
    | ticktack( u( x, y,59) ) = u (x  ,y+1,0  )
    | ticktack( u( x, y, z) ) = u (x  ,y  ,z+1)

OMEGA  [ tageszeit :I= ticktack( refI(tageszeit) ) ]
```

Dialogzellen

Als Dialogzellen werden spezielle Kommunikationszellen (Infozellen) bezeichnet, die nicht nur einen Anschluß an Teildatenräume besitzen, sondern gleichzeitig einen logischen Datenbehälter in der Umgebung der Datenraummaschine repräsentieren. Der externe Typ einer solchen Zelle basiert auf dem primitiven Typ `STRING` und entspricht der Repräsentation eines "Textfiles". Die detaillierte Einbindung dieser Zellen mit speziellen eingebauten Funktionen in die Laufzeitumgebung der Datenraummaschine ist in [Igel 89] beschrieben.

5 Spezielle Realzeit-Probleme

Es existieren verschiedenste Klassifikationen der Architektur verteilter Hardwareumgebungen. Die folgende mit [Kleinrock 85] konforme Klassifikation ist geeignet, die Konzepte einer Implementierung eines ausführbaren Datenraumnetzes auf verteilter Hardware zu beschreiben.

Danach unterscheidet man zunächst drei grundsätzliche Prinzipien. Man beginnt mit der herkömmlichen Ein-Prozessor Struktur (SISD - single instruction single data). Diese heute noch weitgehend vorherrschende Hardwarestruktur ist auch Grundlage der operationalen Semantik für Datenraumnetze in [Igel 89]. Gleichzeitig findet sie jedoch als Basisarchitektur Verwendung zur Konstruktion zweier verteilter Architekturprinzipien. Dies ist zum einen die Vektormaschine (SIMD - single instruction multiple data), bei der zahlreiche in einem Verbund organisierte SISD-Prozessoren die gleichen Instruktionen auf verschiedenen Datenbeständen ausführen. Die dritte Architektur (MIMD - multiple instruction multiple data) besteht ebenfalls aus einem Verbund von mehreren SISD-Prozessoren, jedoch hat hier jeder Prozessor neben eigenen Daten auch eine eigenständige Aufgabe, die in Form unterschiedlicher Instruktionsfolgen gegeben und abgearbeitet werden kann. Erst diese letzte Architektur wird der Modellierungsidee verteilter Datenrauminstanzen, die jeweils unterschiedlichste Aufgaben haben, gerecht.

Einerseits kennt man eine reine Message-Passing Architektur, in der jeder Prozessor einen lokalen Speicher besitzt und der Informationsaustausch über ein Netzwerk ohne Speicherfunktionen geschieht. Als anderes Extrem kennt man die pure Shared-Memory Architektur, in der kein Prozessor einen lokalen Speicher hat und jede Informationsspeicherung und jeder Informationsaustausch in bzw. über verschiedene globale Speichermedien stattfindet. Häufig wird jedoch eine Verbindung der beiden Extremfälle gewählt, was sich in einer Hybrid-Architektur, wie sie in Bild 2 dargestellt ist, niederschlägt.

Entscheidend für die Abbildung eines Datenraumnetzes auf eine Hardwarearchitektur sind die Eigenschaften des Kommunikationsnetzwerkes. In einer reinen Shared-Memory oder Hybrid-Architektur basiert dieses Netzwerk häufig auf einer Bus-Struktur und ihren Erweiterungen (z.B. mehrere Bus-Unterstrukturen oder Kreuzschalter).

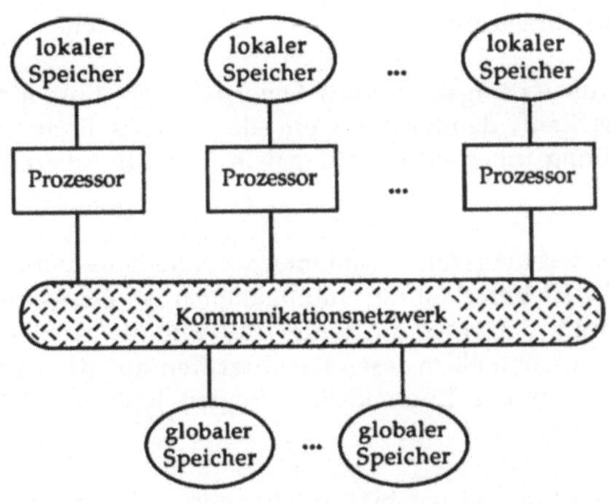

Bild 2: Verteilte Hybrid-Hardwarearchitektur

Neben der Implementierung auf einer verteilten Hardwarearchitektur mit einer Bus-Struktur als Kommunikationsnetzwerk stellt sich die Frage nach der Verbindung einer applikativen Modellierung mit solch herkömmlichen Kommunikationsstrukturen, insbesondere im Zusammenhang mit der Kopplung an eine Real-Zeit Umgebung. Unter den Anforderungen schneller Reaktionszeiten werden Softwaresysteme die in einer derartigen Umgebung eingesetzt werden auch heute noch in fast allen Fällen in einer imperativen Modellierungstechnik und bisweilen sogar direkt in der Assemblersprache der jeweiligen Hardware entwickelt. Berücksichtigt man jedoch die anhaltende Tendenz zu stark steigenden Ausführungsgeschwindigkeiten und Speicherkapazitäten der verfügbaren Hardware, so ist zu erwarten, daß verstärkt höhere Modellierungssprachen Eingang in diesen Bereich finden. Konzepte, die eine Anwendung applikativer Modellierung in diesem Bereich ermöglichen, wurden exemplarisch in einer Real-Zeit Umgebung mit mäßigen Reaktionszeiten (siehe Anhang) erprobt.

Ausführbare Datenraumnetze auf multiplen Prozessoren

Wesentliche Aufgabe einer Abbildung eines Datenraumnetzes auf ein System von Multiprozessoren ist die Angabe einer Realisierung der Kommunikation über die

Datenraumkanäle. Eine dafür geeignete Ebenenhierarchie bietet [Freisleben 85] an. Er unterteilt die Synchronisationsmechanismen in drei Ebenen. Ebene 1 bietet die direkten Hardwaremechanismen (z.B. Test-and-Set). Ebene 2 bietet erweiterte Mechanismen entsprechend einem rudimentären Betriebssystem an (z.B. Semaphoroperationen). Ebene 3 letztendlich enthält komplexere Synchronisationsmechanismen (z.B. Monitore, Pfad-Ausdrücke). Die Idee dabei ist, die Mechanismen einer höheren Ebene durch die Mechanismen der direkt darunterliegenden zu realisieren.

Ordnet man die Synchronisations- und Kommunikationsmechanismen in Datenräumen der Ebene 3 zu, ist es hier die Aufgabe eine Realisierung mit den Mitteln der Ebene 2 anzugeben. In Übereinstimmung mit [Faulk Parnas 88], die gerade für Real-Zeit Systeme eine solche Abbildung auf Semaphoroperationen wählen, wird ein Konzept auf der Basis von Semaphoren angegeben. Für eine Realisierung sind zwei Ansätze zu unterscheiden, die unterschiedliche Annahmen über einen Omega-Zyklus machen.

1. Ansatz: Die reale Auswertungszeit eines Omega-Zyklus fällt nicht ins Gewicht. Der gesamte Omega-Zyklus kann demnach als ein elementares Ereignis betrachtet werden, dessen statische Umgebung unter Verwendung von Semaphoroperationen exklusiv bereitgestellt wird.

2. Ansatz: Die reale Auswertungszeit eines Omega-Zyklus muß berücksichtigt werden, wie dies gerade in der Real-Zeit Verarbeitung unumgänglich ist. Die zeitliche Ausdehnung des Omega-Zyklus beschränkt sich aber auch hier nur auf die Auswertung der Zustandsübergangsfunktion mit ausschließlich lesenden Zugriffen auf die dynamische Umgebung. Die eigentliche Applikation der Zustandsänderungen kann wiederum als elementares Ereignis aufgefaßt werden.

Benötigt für die Realisierung werden binäre Semaphore. Die im folgenden verwendeten Semaphoroperationen P* und V* entsprechen in ihrer Semantik den Semaphoroperationen von Patil und Presser [Patil 71], [Presser 75]. Diese P- und V-Operationen werden in Erweiterung von Dijkstra's originalen Operationen auf mehrere Semaphore gleichzeitig angewandt. Die P*-Operation fordert die Verfügbarkeit aller angesprochenen Semaphoren, um den aufrufenden Prozess nicht zu blockieren. Die V*-Operation gibt alle belegten Semaphore frei und fordert die blockierten Prozesse auf, ihre P*-Operationen erneut zu "probieren".

In Fall einer Datenrauminstanz ist die P*- bzw. V*-Operation auf die jeweilige statische, durch das K/I-Netz definierte Umgebung anzuwenden. Damit ergeben sich folgende primitive Funktionen:

```
P*: [List('Port) -> Signal]          TYPE Signal = ok
V*: [List('Port) -> Signal]
```

Wichtig bei diesen Funktionen ist nicht ihr Ergebnis, sondern ihre besondere Auswertung, das heißt, P* und V* bewirken einen Seiteneffekt auf den Semaphoren und die Auswertung von P* wird verzögert, wenn nicht alle angeforderten Semaphoren verfügbar sind. Dies führt zu folgender operationaler Semantik.

Bestehe ein Datenraumnetz aus i=1...n Datenrauminstanzen. Seien die statischen Umgebungen der Datenrauminstanzen gegeben durch env_i und seien e_{Oi} (bzw. e_{Li}), die Omega-Ausdrücke (bzw. Load-Ausdrücke) der einzelnen Datenräume vom Typ Assign, so wird der "Prozeß-Zyklus" für das Datenraumnetz mit Hilfe einer zentralen Funktion PCALL modelliert.

```
PCALL: [Assign 1,..., Assign n -> Assign]
```

Die operationale Semantik von PCALL entspricht der operationalen Semantik der nachfolgend verwendeten Funktion PCALL' mit Ausnahme einer parallelen Auswertung seiner n Argumente (vgl. [Halstead 84]). Das Prinzip der "eager evaluation" bleibt erhalten, das heißt, der Rumpf der Funktion PCALL wird erst nach abgeschlossener Auswertung aller Argumente ausgewertet.

```
SPACE DatenraumNetz

 TYPE     Zustand = E
 TYPEFUN Cells    = Zustand -> Assign

 VAL process (e1,...,en, env1,...,envn, E) =

   LET
     VAL pcall'(x1,...,xn)  = REF(E) ⊗ x1 ⊗ ... ⊗ xn
     VAL ⊗  (x,y)           = IF dom(syn(x)) ∩ dom(syn(y)) = ∅ THEN [x,y] ELSE [x]
     VAL p  (e,env)         = IF P*(env) THEN v(force(e),env)
     VAL v  (e,env)         = proj1(e,V*(env))
     VAL proj1(x,_)         = x
     VAL delay(e)           = FUN () e
     VAL force(e)           = e()
   IN
     E := pcall'( p(delay(e1),env1),..., p(delay(en),envn) )

OMEGA   process (eO1,...,eOn, env1,...,envn, E)

LOAD    process (eL1,...,eLn, env1,...,envn, E)
```

Damit ist eine operationale Semantik auf einem Multiprozessorsystem für den Ansatz 1 definiert. In Ansatz 2 kann der "globale Takt" einer Zustandsänderung im Netz nicht mehr eingehalten werden, da ansonsten die längste Auswertungszeit eines Omega-Ausdrucks die Reaktionszeit des Datenraumnetzes bis zur Zustandsänderung bestimmen würde. Das Einhalten der schwächeren Definition "Seiteneffektfreiheit" sichert jedoch auch in diesem Fall die Erfüllung der semantischen Forderungen für jeden einzelnen Datenraum.

Die Auswertung eines Omega-Ausdrucks (bzw. eines Load-Ausdrucks) heißt *seiteneffektfrei* genau dann, wenn alle referierten Zellen des Zustandsraumes während der Auswertung stets denselben Wert liefern. Diese Eigenschaft ist trivial für alle lokalen Zellen. Für die Kommunikationszellen kann die Eigenschaft durch folgende Mechanismen in Verbindung mit der dynamischen Umgebung gesichert werden.

- Jeder lesende Zugriff auf eine Infozelle erfolgt auf einen Pufferbereich, der beim jeweils ersten Zugriff gefüllt wird.

- Jeder lesende Zugriff auf eine Synchronzelle mit dem Zustand ready_to_read führt in einen Zwischenzustand. Je nach weiterem Verlauf der Auswertung wird der betreffende Zustand wieder auf ready_to_read oder auf ready_to_write gesetzt. Ein lesender Zugriff einer anderen Datenrauminstanz auf eine derart blockierte Information einer Synchronzelle führt zum selben Verhalten als wenn die Zelle sich im Zustand ready_to_write befände.

- Während der Applikation der Zustandsänderungen erfolgt eine Reservierung der statischen Umgebung analog zum 1. Ansatz.

Damit beschränkt sich die direkte Beeinflussung zweier Datenrauminstanzen bei der Auswertung ihrer Omega-Ausdrücke auf den Fall, daß beide gleichzeitig die gleiche Synchronzelle lesen wollen. Um auch dies in besonderen Situationen eines Real-Zeit Systems vermeiden zu können, wird im folgenden Abschnitt ein Mittel bereitgestellt.

Erfordernisse einer Real-Zeit Umgebung

Der Einsatz applikativ modellierter Systemkomponenten als Teil eines größeren verteilten Systems erfordert im wesentlichen Möglichkeiten externe Sensoren und Aktoren einzubeziehen, zeitabhängige Spezifikationen zu modellieren und eine verfeinerte Synchronisation für zeitkritische Datenrauminstanzen bereitzustellen.

Externe Sensoren und Aktoren

Jeder Sensor und Aktor wird durch eine Infozelle modelliert, die durch ein geeignetes Laufzeitsystem [Burkart 88] analog zu den Dialogzellen mit der Umwelt gekoppelt werden. Neben der sequentiellen Struktur der Dialogzellen für Files und vergleichbare Hardwarefunktionseinheiten (z.B. Bildschirme) werden die in der Realität vorkommenden und zu verarbeitenden Daten nach folgenden Kriterien unterschieden:

- Wertebereich
- Verlaufsform: kontinuierlich (analoge Daten) oder diskret

Der mögliche Wertebereich eines Sensors oder Aktors kann immer durch das applikative Typsystem modelliert werden.

```
z.B.  TYPE Taste      = a| b| c| ...
      TYPE TTL-Signal = low | high
      TYPE Pegel      = P num
```

Spiegelt sich eine diskrete Verlaufsform direkt in den Zustandsänderungen der jeweiligen Infozellen wider, so gehört eine Verarbeitung von Daten mit kontinuierlicher Verlaufsform nicht zum eigentlichen Anwendungsspektrum dieser applikativen Modellierung, ist aber prinzipiell über Analog/Digital- bzw. Digital/Analog-Wandler auch möglich. Verbleibt die Frage, wie die Erfassung von Ereignissignalen insbesondere das spezielle Sensorkonzept aus der Realzeitverarbeitung, der sogenannte Interrupt, sich in das Konzept der Datenraumnetze einfügt.

Aufgabe der Interrupt-Technik in Soft- oder Hardwarefunktionseinheiten ist die Unterbrechung einer laufenden Bearbeitung dieser Funktionseinheit und die Ausführung einer speziellen Reaktionsroutine. Dabei wird auf elementarer Ebene dieser Funktionseinheit (Mikrocode) der Interrupt durch ein dauerndes Abfragen einer gesonderten Kennung diagnostiziert. Insoweit stellt ein Interrupt nur eine besondere Form einer regelmäßigen Statusabfrage, des sogenannten Pollings, dar.

Eine dem Ziel des Interrupts entsprechende Modellierung mit einem Datenraumnetz wird natürlicherweise so angelegt, daß jedem Interrupt eine eigenständige Datenrauminstanz zugeordnet wird, deren Omega-Zyklus durch dauernde Abfrage der entsprechenden Infozelle, vergleichbar einem elementaren Polling, auf das erwartete Ereignis reagieren kann. Bei einer verteilten Implementierung auf einem Mehrprozessorsystem ermöglicht die direkte Zuordnung einer zeitkritischen Datenrauminstanz zu einem eigenen Prozessor entsprechend kurze Reaktionszeiten.

Zeitkonzept

Die Möglichkeit von zeitabhängigen Spezifikationen erfordert keine gesonderten Sprachelemente. Stattdessen wird eine globale Uhr als ausgezeichnete Datenrauminstanz modelliert (vgl. Kapitel 4). Diese modifiziert den Inhalt einer oder mehrerer spezieller Infozellen. In einer entsprechenden Laufzeitumgebung kann diese Datenrauminstanz auch durch eine geeignete Hardwarefunktionseinheit ersetzt werden.

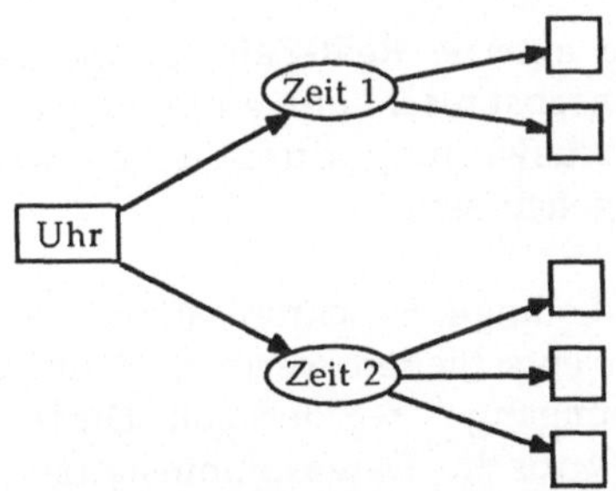

Bild 3: Konzept einer globalen Zeitbasis für Datenraumnetze

Folgende elementar benötigte zeitabhängige Operationen lassen sich damit modellieren:

- Zeitverzögerung zwischen zwei aufeinanderfolgenden Zustandsübergängen einer Datenrauminstanz → `SUSPEND(time)`
- Auswertung des nächsten Zustandsübergangs zu einer vorbestimmten Zeit → `AT(time)`

Neben dem Zugriff auf eine Infozelle, die die aktuelle Zeit enthält, verwaltet jede Datenrauminstanz zwei lokale Zellen. Diese Zellen `susp` und `att` können mit einer Zeitspanne belegt werden, die im folgenden der Einfachheit halber als `Num`-Wert aufgefaßt wird. Die auf diese Weise innerhalb des Omega-Zyklus frei zur Verfügung stehenden Zeitzellen können zur Modellierung komplexer zeitlicher Abhängigkeiten genutzt werden.

Mit Hilfe nachfolgender vordefinierter Definitionen innerhalb eines Datenraumes ist eine einfache Verwendung von suspend und at möglich.

```
SPACE TD

OMEGA
  e1 {mit suspend und at}

LOAD
  e0 {ohne suspend und at}
```

```
SPACE TD
  TYPE extern      = zeit
  TYPE intern      = susp | att
  TYPEFUN Infoports = extern -> num
  TYPEFUN Cells     = intern -> num
  VAL suspend(x)   = susp := refi(time)+x
  VAL at(x)        = att  := x
OMEGA
  LET eval(t,s,a)  = IF t<s OR t<a
                       THEN [] ELSE e1
  IN  eval(refi(zeit),ref(susp),ref(at))
LOAD
  [susp:=refi(zeit), at:=refi(zeit), e0]
```

Jeder Aufruf von suspend und at innerhalb der Auswertung eines Omega-Zyklus erzeugt ein entsprechendes Element vom Typ Assign. Gibt es mehrere solcher Aufrufe, wird entsprechend der üblichen Regeln für die Zustandsapplikation eine nichtdeterministische Auswahl getroffen.

Besondere Formen der Synchronisation

Für Datenrauminstanzen, die externe Real-Zeit Komponenten bedienen und zugleich einen synchronen Informationsaustausch mit anderen Datenräumen abwickeln wollen, muß eine Blockierung der Auswertung durch einen nicht befriedigten synchronen Informationsaustausch zu umgehen sein.

Möglich wird dies durch eine bedingte Synchronisation, das heißt, abhängig vom Zustand der Synchronbedingung kann entschieden werden, ob in diesem Zyklus die Synchronbedingung eingehalten oder umgangen werden soll. Diese meist nur auf einer Seite des Informationsaustausches (zeitkritische Datenrauminstanz) notwendige Abfrage ist wie folgt möglich:

```
ready_to_read:  ['Port -> bool]
ready_to_write: ['Port -> bool]
```

Obige eingebauten Funktionen erlauben es, den Status der betreffenden Synchronzelle innerhalb der Auswertung eines Omega-Zyklus zu erfragen und abhängig davon entsprechende Funktionen auszuwerten. Die Funktionen

```
test_and_read:  ['Port,Synport('Port)->Synport('Port)]
test_and_write: ['Port,Synport('Port)->Assign]
```

ermöglichen einen synchronen Datenaustausch bei geeignetem Zellstatus und liefern entweder den Zellinhalt oder den Default-Wert, gegeben durch den 2. Parameter von test_and_read, bzw. eine Zustandsveränderung der betreffenden Zelle, gegeben durch den 2. Parameter von test_and_write, oder ein leeres Assign.

6 Zusammenfassung und Ausblick

Vernetzte Strukturen werden in der vorliegenden Arbeit zur Modellierung verteilter Systeme eingesetzt. Verteilung oder auch Nebenläufigkeit charakterisieren dabei parallele Systeme, die aus Situationen hervorgehen, in denen die Parallelität nicht zur Effizienzsteigerung von Algorithmen erst eingeführt wird, sondern bei denen die überwiegend unabhängig agierenden Systemkomponenten, von Natur aus gegeben sind.

Durch Anwendung von Strukturanalogien für aktive und passive Komponenten wird zunächst der statische Aufbau eines derartigen Systems repräsentiert. Das dynamische Verhalten eines Systems wird unter Zugrundelegung des Datenraummodells in Form von Transitionen in einem Zustandsraum betrachtet. Ein applikatives Subsystem modelliert mit einer modernen typpolymorphen funktionalen Sprache das dynamische Verhalten einzelner Datenräume. Mittels in die funktionale Sprache integrierter Elemente wird die Spezifikation eines Zustandsraumes auch für verteilte Datenräume ermöglicht. Das Verhalten des dynamischen Systemmodells wird beobachtbar durch Einsatz einer virtuellen Maschine zur Ausführung der applikativen Beschreibung. Diese Maschine steht zum Zeitpunkt der Erstellung dieses Beitrages als Werkzeug auf einer Workstation zur Verfügung.

Bei der Modellierung konkreter Systeme wurde die vorgestellte Methodik neben den kleineren Beispielen auch in zwei umfangreicheren Anwendungen eingesetzt. Insbesondere konnte die Modellierung eines verteilten Real-Zeit Systems und der anschließende direkte Einsatz des entsprechenden applikativen Modells auf einer Zielmaschine erprobt werden. Das applikative Modell fungiert dabei zum einen als Repräsentation des Real-Zeit Systems auf der Zielmaschine und löst zum anderen durch eine geeignete Laufzeitumgebung mit Zugriff auf Sensoren und Aktoren die beabsichtigten Steuerungsaktivitäten aus. Durch die sich damit eröffnende Möglichkeit, die applikative Modellierungstechnik durchgängig bis zum direkten Kontakt mit der Umgebung eines Real-Zeit System einzusetzen, kann dem ganzheitlichen Modellierungsgedanken letztendlich auch im Sinne des evolutionären Prototyping Rechnung getragen werden.

Über die in dieser Arbeit dargestellten Konzepte hinaus wurde bereits die Erweiterung des applikativen Subsystems durch eine regelorientierte Modellierung in [Igel Reichwein 88] betrachtet. Zugleich wird dort eine Abbildung der regelbasierten Elemente auf die in dieser Arbeit vorgestellte applikative Sprache gezeigt, so daß sich eine natürliche Erweiterungsmöglichkeit der hier gezeigten Modellierungstechnik in Richtung wissensbasierter Ansätze und damit weiterfortschreitender Abstraktionsmöglichkeiten ergibt.

Gerade die stark steigende Verarbeitungsgeschwindigkeit und Speichererungsfähigkeit moderner Hardware fordert auch im Realzeit-Bereich den Einsatz adäquter Modellierungs- und Programmiertechniken, die einerseits die neuen Hardwaremöglichkeiten ausschöpfen und andererseits dem Konstrukteur mächtige sowie übersichtliche Darstellungen seiner Konzepte erlauben.

Anhang

Über die abstrakte Modellbildung hinaus wurde versucht, die ausführbare applikative Beschreibung zusammen mit einem entsprechenden Laufzeitsystem nach den Prinzipien aus Kapitel 5 im unmittelbaren Kontakt mit einer realen Umweltsituation zu erproben.

Durch die Wahl eines vernetzten Systems mit direkter und zudem zeitkritischer Interaktion zwischen den einzelnen Komponenten und der Umgebung wurde die Eignung der applikativen Zustands- und Zustandsübergangsmodellierung für die sogenannten Real-Zeit Systeme im Kontrast zur dort vorherrschenden imperativen Modellierungstechnik untersucht. Der Gedanke, im Kern eines Prozeßrechners, der Steuerungseinheit eines Real-Zeit-Systems, solle sich ein Modell des zu steuernden Prozesses befinden [Spector 84], findet so auf eine durchgängige Art von der Spezifikation bis zur Inbetriebnahme seine Erfüllung.

Ausgewählt wurde ein vernetztes System der Stückgutfördertechnik. Durch ein Modell zur Spezifikation einer modularen Steuerung für ein derartiges Materialflußsystem [Brinkmann Igel 88] waren die Objektklassen vorgegeben, und es wurde folgendes Beispiel eines Stückgutfördernetzes betrachtet.

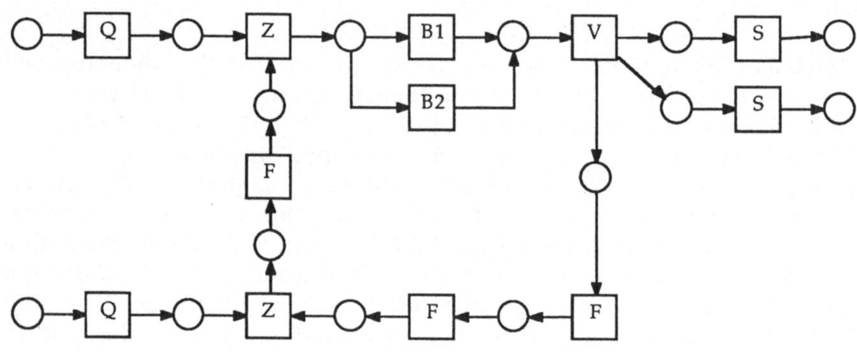

Instanzklassen:
Q - Quelle
S - Senke
F - Förderstrecke
V - Verteilerweiche
Z - Zusammenführungsweiche
B - Bearbeitungsstation

Bild 4: Beispiel: Materialfluß in einem stetigen Stückgutfördernetz

Jeder der gegeben Instanzklassen können über den Materialtransport hinaus weitere Kanäle für den notwendigen Informationsfluß zu Sensoren und Aktoren und für die Benachrichtigung benachbarter Fördermodule zugeordnet werden. In Übereinstimmung mit [Brinkmann Igel 88] ergeben sich für die Instanzklasse "Förderstrecke" folgende Informationskanäle.

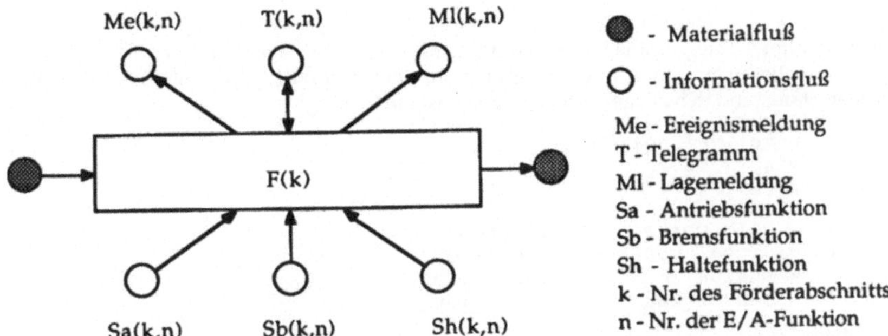

Bild 5: Informationsfluß an einer stetigen Förderstrecke

Die nachfolgende exemplarische applikative Modellierung eines Förderstrecken-Moduls soll den Einsatz einzelner Sprachelemente verdeutlichen [vgl. Burkart 88]. Dabei erhält die betrachtete Förderstrecke über die Telegrammfunktion vom Vorgängermodul die Mitteilung, daß ein Stückgut transportiert werden soll. Je nach Belegung der Förderstrecke erhält der Vorgängerbaustein ein Antworttelegramm. Entsprechend teilt die Förderstrecke den Übernahmewunsch des Stückgutes ihrem Nachfolgermodul über eine Telegrammfunktion mit. Auch eine zusätzliche Zeitüberwachung der gesamten Funktionen mittels des aus der Real-Zeit-Technik bekannten "Watchdog" ist mit Hilfe der Funktionen aus Kapitel 5 möglich.

```
GLOBAL
```

Jeder Modul wird als eigener Datenraum mit folgenden globalen Typdefinitionen spezifiziert.

```
TYPE modul          = förder|quelle|senke|drehweiche|...
TYPE status_zelle   = st
TYPE ind            = i num,num
TYPE tele_zelle     = t ind
TYPE signal_zelle   = me ind| ml ind| sa ind| sb ind| sh ind|...

TYPE status_inhalt  = aktiv|frei|warte
 |                    warte_v_r|warte_v_s|warte_n_r|warte_n_s
 |                    dreh_vor|dreh_rück|ausfahr

TYPE telegramm      = kommt|ok|inAktion

TYPE signale_ext    = L  | H
TYPE signale_int    = LH | HL or signale_ext
```

In der Signalverarbeitung der Sensoren werden folgenden Auswertungen getroffen [vgl. Brinkmann Igel 88].

```
VAL sensor(L ,L) = L
  | sensor(L ,H) = LH
  | sensor(LH,L) = L
  | sensor(LH,H) = H
  | sensor(H ,L) = HL
  | sensor(H ,H) = H
  | sensor(HL,L) = L
  | sensor(HL,H) = H
```

Die Telegrammfunktionen werden über synchrone Kommunikation, die Signale über freilaufende Kommunikation mit binären Zuständen abgewickelt.

```
TYPEFUN Syncells  = tele_zelle   -> telegramm
TYPEFUN Infocells = signal_zelle -> signale_ext
```

Jeder Modul kann über "spacename" seine eigene Identifikation abfragen

```
TYPE modul_fhl = fhl modul,num
```

```
SPACE modul_fh1
```

Die Förderstrecke verwaltet 4 Telegramme jeweils vom (_e) bzw. zum (_a) Vorgänger (v_) oder Nachfolger (n_). An externen Signalen existieren ein Motor (mo) und eine Reflexlicht-schranke (sp). Daneben wird je eine interne Zelle für den internen Status und den ausgewerteten Signalzustand benötigt.

```
TYPE tele_ports   = ve| va| ne| na
TYPE signal_ports = sp | mo
TYPE sensor_int   = se

TYPEFUN Synports  = tele_ports   -> telegramm
TYPEFUN Infocells = signal_ports -> signale_ext
TYPEFUN Cells     = status       -> status_inhalt
                    sensor_int   -> signal_int
```

Die Funktion "bearbeite" steuert das Verhalten der Förderstrecke. Im Zustand "frei" wartet sie auf ein Signal vom Vörgangermodul. Im Zustand "warte_v_r" (warten auf Vorgänger) wird mittels ready_to_write geprüft, ob der Vorgänger ein Quittungssignal annimmt. Nur in diesem Fall wird der Motor angeschaltet.

```
VAL bearbeite(frei) =
              IF refs(ve) = kommt THEN bearbeite(warte_v_r)
                                  ELSE []
 | bearbeite(warte_v_r) =
              IF ready_to_write(va) THEN [mo :i= L {start}
                                         ,va :s= ok
                                         ,st :=  aktiv ]
                                    ELSE [mo :i= H {stop}
                                         ,st := warte_v_r]
```

Während sich das Fördergut bewegt, wird der Ausgangssensor überprüft.

```
 | bearbeite(aktiv) =
              LET VAL sens_st(HL) = bearbeite(warte_v_r)
                    | sens_st(LH) = [mo :i= H {stop}
                                    ,st := frei]
                    | sens_st(_)  = []
              IN [sens_st(ref(se))
                 ,se := sensor(ref(se),ref(sp)) ]
```

Im Zustand "warte_n_r" wird dem empfangsbereiten Nachfolgermodul mitgeteilt, daß ein Stüchgut zu übernehmen ist. Solange wird der Motor abgeschaltet. Erst wenn das Nachfolgermodul bereit ist ("warte_n_s"), das Stückgut zu übernehmen, wird der Motor wieder eingeschaltet und die Kontrolle an den Zustand "aktiv" übergeben.

```
 | bearbeite(warte_n_r) =
              [mo :i= H {stop}
              ,IF ready_to_write(na) THEN [na :s= kommt
                                          ,st := warte_n_s]
                                     ELSE [st := warte_n_r]]
 | bearbeite(warte_n_s) =
              IF refs(ne) = ok THEN [mo :i= L {start}
                                    ,st :=  aktiv]
                               ELSE []

 | bearbeite(_) = []

OMEGA bearbeite(ref(st))

LOAD [st := frei, se := H]
```

Die Implementierung eines Laufzeitsystems, insbesondere mit der Ankopplung der binären Infozellen an die Umgebung, wurde für das Datenraumnetz der oben angeführten Stückgutförderprozesse in einer verhältnismäßig langsamen Real-Zeit-Umgebung (Reaktionszeiten im Bereich einiger 100 Millisekunden) durchgeführt [Burkart 88]. Dabei konnte eine in Abmessungen und zeitlichem Verhalten maßstabsgerechte Modellanlage erfolgreich gesteuert werden.

Literatur

Backus,J.; *Can Programming Be Liberated from the Von Neumann Style?*; Comm. ACM, Vol. 21, 1978, 613-641

Brinkmann,G.; Igel,B.; *Ein Modell zur Spezifikation von fördertechnischen Steuerungs-moduln* ; Vieweg Angewandte Informatik, 1988, 116-124

Burkart,A.; *Einsatz apllikativer Beschreibungsmethoden bei der Steuerung modularer verteilter Stückgutförderprozesse;* Diplomarbeit Universität Dortmund FB Informatik , 1988

Cardelli,L.; *Compiling a Functional Language;* ACM Symp. on Lisp and Funct. Progr., 208-217, 1984

Cardelli,L.; *Amber* ; LNCS 242, Springer 1986, 21-47

Cardelli,L.; Wegner,P.; *On Understanding Types,Data Abstraction , and Polymorphism* ACM Comp. Surveys, Vol 17.4 , 1985, 471-522

Cremers, A.B.; Hibbard, T.N.; *The Semantical Definition of Programming Languages in Terms of their Data Spaces;* Informatik Fachberichte 1, Springer 1976, 1-11

Cremers, A.B.; Hibbard, T.N.; *Formal Modelling of Virtual Machines* ; IEEE Trans. on Softw. Eng. , Sept 1978, 426-436

Cremers,A.B.; Hibbard,T.N.: *A Programming Notation for Locally Synchronized Algorithms* ; in Bertolazzi,P.; Luccio,F. (ed.); VLSI-Algoritms and Architectures, North Holland 1985 , 341-376

Damas,L.;Milner,R.; *Principal type-schemes for functional programs;* Proc. Principles of Programming Languages, ACM 1982, 207-212

Faulk,S.R.;Parnas,D.L..; *On Synchronisation in Hard-Real-Time Systems;* Comm. ACM Vol. 31, 1988, 274-287

Freisleben,B.; *Mechanismen zur Synchronisation paralleler Prozesse;* Informatik Fachberichte, Vol 133, Springer 1985

Halstead,R.H.jr.; *Implementation of Multilisp: Lisp on a Multiprocessor;* ACM Symp. on Lisp and Funct. Progr., 9-17, 1984

Hindley,R.; *The Principal Type-Scheme of an Object in Combinatory Logic;* Trans. Am. Math. Soc., Vol 146, 1969, 29-60

Igel,B.; *Ausführbare Spezifikation eingebetteter technischer Systeme;* Diplomarbeit Universität Dortmund FB Informatik , 1984

Igel,B.; Reichwein,G.; *An Example of Communicating Production Systems;* Proc. Concurrency 88, Lecture Notes in Computer Science 335, Springer 1988, 307-319

Igel,B.; *Applikative Modellierung vernetzter Systeme;* Dissertation, Universität Dortmund FB Informatik, Grüne Reihe 296, 1989

Kleinrock, L.; *Distributed Systems;* Comm. ACM , Vol. 28, 1985, 1200-1213

Milner,R.; *A Theory of Type Polymorphism in Programming;* Journal of Comp. and Sys. Science, Vol 17, 348-375, 1978

Nikhil, R.S.; *Practical Polymorphism* ; LNCS 201, Springer 1985, 319-333

Patil,S.S.; *CLimitations and Cababilities of Dijkstra's Semaphore Primitives Among Processes;* MIT-Memo, MAC 57, Feb. 1971

Presser,L.; *Multiprogramming Coordination;* ACM Comp. Surveys, Vol 7.1 , 1975, 21-44

Radensky,A.; *Lazy Evaluation and Nondeterminism Make Backus' Fp-Systems More Practical* ; Sigplan Notices, Vol 22.4, 1987, 33-40

Reisig,W. ; *Systementwurf mit Netzen;* Springer 1985

Spector,A.Z.; *Computer Software for Process Control;* Scientific American, Vol 251.3, 1984, 126-138

Werum,W.; Windauer,H. ; *Introduction to PEARL - Process and Experiment Automation Realtime Language;* Vieweg Verlag, 2.Aufl. 1983

Zave,P.; *The operational approach to requirements specification for embedded systems* University of Maryland, TR-976, Dec 1980

Zave,P.; *Exchange Functions: Interaction Primitives for Specifying Distributed Systems* Bell Laboratories, TM-82-11384-13, 1982

Zave,P.; *The Operational versus the Conventional Approach to Software Development* Comm. ACM Vol. 27, 1984, 104-118

Zave,P.; Berliner E.F.; *An Experiment in Technology Transfer: PAISLey Specification of Requirements for an Undersea Lightwave System;* Proc. 9th Int. Conf. on Software Engineering, IEEE 1987, 42-50

Strukturierter Entwurf, Implementation und Validation eines Menü-geführten Identifikations-Programmpaketes auf einer PEARL-Engine

G. Thiele, D. Popoviċ, P. Baacke, P.Flügel, L. Renner
Institut für Automatisierungstechnik, Fachbereich 1, Universität Bremen
Kufsteiner Straße, 2800 Bremen 33

Zusammenfassung

Es wird eine Methode zum Entwurf von Struktogramm-basierten modularen Algorithmen in **PEARL**-orientierter Ausprägung, am Beispiel eines Programmpaketes zur Systemidentifikation, vorgeschlagen. Diese Methode ermöglicht es, die Vorgehensweise beim strukturierten Entwurf auch auf Algorithmen in Realzeit-Umgebung zu erweitern. Neben der Ergänzung der üblichen Strukturblöcke um solche für Prozeduren und Tasks wird auch eine Erweiterung der Funktions-Struktur-Bäume um Task-Einplanungs-Bezüge neben den üblichen Prozedur-Aufruf-Bezügen eingeführt.

Zur Modularisierung wird ein Import-Graph in Form eines Modul-Baums erstellt. Auf die Verwendung von Modul-globalen Variablen wird zugunsten einer Datenkapselung grundsätzlich verzichtet und die Kommunikation zwischen den Moduln nur über Parameterlisten entsprechender Prozeduren zugelassen. Eine derartige Lösung ist auch bei Moduln mit Tasks im Sinne von **PEARL** möglich. Abweichungen von diesen Prinzipien werden in der Implementation nur realisierungsbedingt, d.h. z.B. infolge begrenzten Speicherplatzes, zugelassen und müssen in systematischer und konsistenter Weise aus dem Entwurf ableitbar sein.

Die modulare Struktur ist im Sinne des **PEARL**-orientierten Entwurfs um den entsprechenden Realzeit-Verwaltungs-Modul ergänzt zu interpretieren.

Die vorgeschlagene Entwurfsform wurde auch mit der Zielsetzung erarbeitet, eine geeignete „Darstellungs-Qualität" im Sinne von Vollständigkeit und Konsistenz zu erreichen.

Im zweiten Teil des Aufsatzes wird auf das systematische Vorgehen und auf Probleme bei der Validation des Identifikationspaketes an Hand von „reproduzierbaren Meßdaten" eingegangen. Dabei werden insbesondere auch Gründe für die Notwendigkeit einer Arithmetik in doppelter Genauigkeit auch in **PEARL**-Laufzeitsystemen verdeutlicht.

1. Einleitung

Für die Zuverlässigkeit, Erweiterbarkeit und Wartbarkeit von in Realzeitumgebung auf Prozeß- und Mikrorechnern implementierten Algorithmen ist der algorithmische Entwurf in strukturierter Form, insbesondere der modulare Entwurf in moderner Interpretation [1], d.h. u.a. bei konsequenter Anwendung des Prinzips des „information hidding", notwendige Voraussetzung. Aus Anwendersicht kommt darüber hinaus die Forderung hinzu, den Entwurf auch in anwenderorientierter Form durchführen zu können.

Unter diesen Voraussetzungen wird die entsprechende Entwurfsdokumentation in einer Form erstellt, die eine über die Ebene der meist verwendeten Programm-Listings hinausgehende Möglichkeit einer anwendungsorientierten Darstellung der Algorithmen und ihrer Interaktion ist, und die sich auch für Publikationszwecke als geeignet erweist.

Aus diesem Grunde wird in diesem Aufsatz am Beispiel eines Programmpakets zur System-Identifikation der algorithmische Entwurf in Form von **PEARL**-orientierten Struktogrammen als eine aus Sicht der Automatisierungstechnik besonders geeignete Entwurfsform beschrieben, da **PEARL** [2] gerade auf die Bedürfnisse der Automatisierungstechnik zugeschnitten ist. Dabei bezieht sich das Attribut „**PEARL**-orientiert" vor allem auf das Tasking-Modell, die Prozeß-Ein/Ausgabe auf hoher Ebene und die Modularisierung. Die **PEARL**-orientierte Entwurfsform ist daher aus der Sicht der Automatisierungstechnik auch dann konzeptionell zu empfehlen, wenn die Implementation selbst nicht in **PEARL** möglich ist. In diesem Fall wird der **PEARL**-orientierte Entwurf mit Hilfe der von der Implementierungssprache zur Verfügung gestellten Konstrukte, wie z.B. derjenigen von **Ada**, **Concurrent-C**, **Modula-2** oder **Realtime-Forth** [3], **Occam-2** [4], **Prozeß-FORTRAN**, **MSRBASIC** [5] oder schließlich auch Assembler, in vorzugsweise systematischer Weise in diese umgesetzt. Im Unterschied zu **EPOS** [17] ist in der hier vorgeschlagenen Entwurfsform das syntaktische Abstraktions-Niveau bewußt nicht über dem von **PEARL** angenommen, um das direkte Entwurfs-Denken in **PEARL** zu ermöglichen, allerdings auf einer Ebene noch unterhalb des weitgehend Rechner-gestützten Entwurfs.

Im Unterschied zu anderen Veröffentlichungen über entsprechende Programmpakete [6,7,8,9] liegt der Schwerpunkt dieser Arbeit in der Darstellung der verwendeten Entwurfsprinzipien, insbesondere des modularen Entwurfs in moderner Interpretation, und in der Vorgehensweise bei der Validation des hier vorgestellten Programmpakets. Dieses wurde in **PEARL** auf einer **PEARL-Engine** [10] mit **256 kW** Arbeitsspeicher implementiert [11].

2. PEARL-orientierter Entwurf von Realzeit-Algorithmen

Zur graphischen Veranschaulichung von Algorithmen eignen sich besonders Struktogramme, da diese die Strukturierung des Entwurfs erzwingen. Neben den üblichen Strukturblöcken für Sequenzen, Alternativen und Schleifen [12] kann man problemlos solche für Prozeduren und Tasks und darüberhinaus auch für Moduln einführen [13]. Die hier vorgeschlagene Ausprägung eines Struktogramm-basierten Entwurfs in **PEARL**-orientierter Form bietet sich aus automatisierungstechnischer Sicht u.a. deshalb an, weil keine andere „Realzeit-Sprache" den Bedürfnissen der Automatisierungstechnik in Bezug auf die zur Verfügung stehenden problemorientierten Multi-Tasking-Anweisungen ähnlich nahe kommt. Zudem erlaubt das **PEARL**-Task-Modell eine nahtlose Erweiterung des Strukturierungshilfsmittels „Funktions-Strukturbaum" um Tasks, wobei an die Stelle der Aufrufbezüge von Prozeduren die Einplanungsbezüge von Tasks treten. Im Bild 1 ist der Funktions-Strukturbaum für einen Teil-Algorithmus des hier beschriebenen Programmpakets dargestellt.

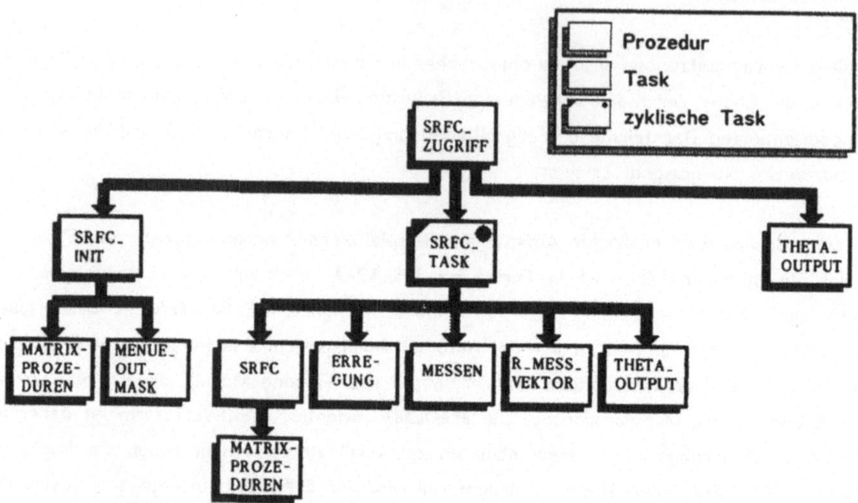

Bild 1: Funktions-Strukturbaum für den Algorithmus **SRFC**

PEARL unterstützt weiterhin den modularen Entwurf von Realzeit-Algorithmen, wobei die Anwender-Moduln konzeptionell lediglich um einen Realzeit-Verwaltungs-Modul für die Einplanung und Verwaltung von Tasks und für die Prozeß-E/A-Verwaltung ergänzt gedacht werden können [13]. Dadurch können moderne Entwurfsprinzipien, wie die Modul-lokale Kapselung von Daten [1], verwirklicht werden. Auch ist der Entwurf des Modul-Import-Graphen in Form eines besonders übersichtlichen Modul-Strukturbaumes möglich, wenn man für den Systemteil einen eigenen Modul vorsieht (Bild 6).

3. Problem-Spezifikation

3.1 Einordnung der Aufgabenstellung

System-Identifikation und Parameter-Schätzung sind heute unverzichtbare Werkzeuge bei der Modellbildung und der Ermittlung nicht meßbarer Modellparameter aus meßbaren System-Ein- und Ausgangsgrößen. Ziel der Modellbildung ist die Simulation, Vorhersage, Überwachung sowie die Steuerung und Regelung von technischen und im wachsenden Maße auch von nichttechnischen Systemen, z.B. aus der Biologie, Biomedizin, Chemie und Ökologie.

3.2 Umfang der Aufgabenstellung

Die zur Anwendung kommenden Algorithmen gliedern sich in Off-Line- und On-Line-Identifikations-Algorithmen, je nachdem, ob die Meßdaten erst nach der Messung (Off-Line) oder bereits während der Meßdaten-Erfassung (On-Line) verarbeitet werden.

Aus numerischen Gründen und für die Validation ist es zweckmäßig, die Algorithmen zur On-Line-Identifikation auch Off-Line anwenden zu können. Um z.B. den Einfluß von numerischen Fehlern vom Einfluß der Meßfehler auf die Identifikations-Ergebnisse unterscheiden zu können, sind Untersuchungen mit reproduzierbaren „simulierten Meßdaten" erforderlich, die durch Simulation bekannter Prozesse erzeugt werden. Für die Speicherung der „echten" Meßdaten bzw. der „simulierten Meßdaten" zur Off-Line-Identifikation steht ein Plattenspeicher zur Verfügung. Der Anwender des Identifikations-Programmpakets soll weitgehend durch Menü-Führung unterstützt werden.

4. Entwurf eines Programmpakets zur System-Identifikation

4.1 Funktions-Strukturbaum

Ausgehend von der Aufgabenstellung ist es möglich, die obersten drei Ebenen einer problem-orientierten Prozedurhierarchie, veranschaulicht im Funktions-Strukturbaum, direkt anzugeben (Bild 2). In der 2. Ebene wird neben der Off- und On-Line-Identifikations-Komponente eine Datenerfassungskomponente vorgesehen, die in der 3. Ebene in On-Line-Datenerfassung (Messen am realen Prozeß) und Simulation sowie in eine „manuelle Eingabe"verzweigt, die eine Eingabe von Testdaten auch vom Eingabe-Terminal aus erlaubt.

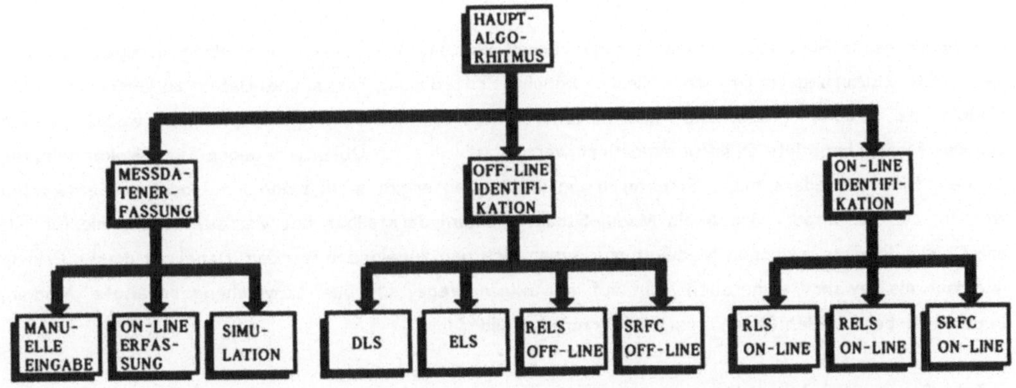

Bild 2: Funktions-Strukturbaum des Programmpakets bis zur 3. Hierachie-Ebene

Bis zur 3. Ebene werden alle Funktionen durch Menü-Prozeduren zur Führung des Benutzers repräsentiert, wobei von der 3. Ebene aus die eigentlichen Verfahrens-Prozeduren (Off-Line-Verfahren) aufgerufen bzw. die Verfahrens-Tasks (On-Line-Verfahren) eingeplant werden. Dies ist in Bild 3 veranschaulicht, wobei Tasks gegenüber Prozeduren besonders gekennzeichnet sind. Es wird sich zeigen, daß diese Konzeption mit Rücksicht auf den im folgenden beschriebenen Modularen Entwurf bei den On-Line-Verfahren noch modifiziert werden muß, um die Einführung von Modul-globalen Variablen vermeiden zu können.

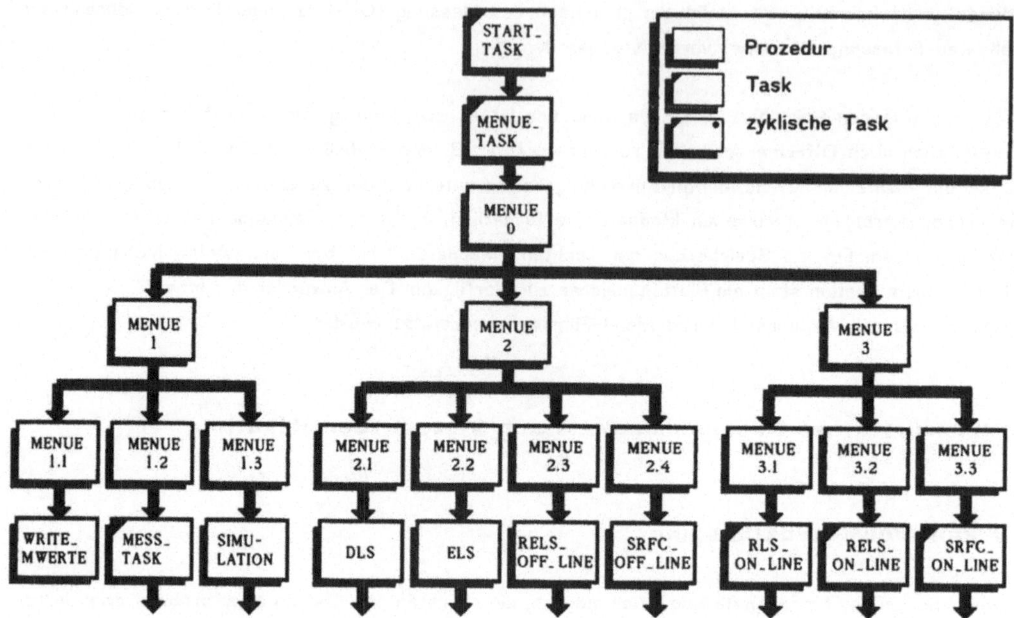

Bild 3: Verfeinerung des Funktionsbaums des Identifikations-Programmpakets im Hinblick auf die Menüführung des Benutzers

4.2 Modularer Entwurf

Eine überragende Rolle z.B. für die Erweiterbarkeit und die Wartbarkeit eines Programmpakets spielt seine „Strukturierung im Großen". Hierbei können Prozeduren, Tasks und Daten zu übergeordneten Moduln, z.B. problem-, funktions- oder datenorientiert [1], zusammengefaßt werden, wobei nur von anderen Moduln benötigte Objekte exportiert werden, alle übrigen Objekte dagegen Modul-lokal gehalten werden. Eine besonders klare Strukturierung im Großen ergibt sich, wenn die Moduln so entworfen werden, daß der Import-Graph als Modul-Struktur-Baum darstellbar ist. Vorraussetzung hierfür ist, daß Objekt-Importe zwischen Moduln nur in einer Richtung zugelassen werden. Dabei gilt dieses Prinzip nur dann als gewahrt, wenn auch nicht auf indirektem Wege, d.h. über „zwischengeschaltete" Moduln, Importe in beiden Richtungen zustande kommen (Bild 4).

Beim Entwurf des Modul-Baums kann man so vorgehen, daß zunächst in Top-Down-Vorgehensweise die Baum-Struktur festgelegt wird, wobei die Moduln höherer Hierachie-Ebenen überwiegend problemorientiert und die der niedrigeren Hierachie-Ebenen überwiegend funktionsorientiert entworfen werden. Das Ergebnis eines solchen Entwurfs (Grobentwurf) für das hier vorgestellte Programmpaket ist in Bild 5 angegeben. Hier sind die Moduln der obersten beiden Ebenen problemorientiert (Off-Line, On-Line, Meßdaten) entworfen, in allen übrigen Ebenen treten nur funktionsorientierte Moduln auf. Um eine mögliche Verletzung der zulässigen Importrichtungen leicht zu erkennen, ist bei der anschließenden

Einordnung der Prozeduren, Tasks und Daten in die einzelnen Moduln ein Bottom-Up-Vorgehen für die einzelnen Zweige des Modulbaums sinnvoll. Dabei ergibt sich, daß einzelne Moduln aufgrund ihres Auftretens in mehreren Zweigen erst in mehreren sukzessiven Teilschritten vervollständigt werden können. Treten Verletzungen der zulässigen Importrichtungen auf, so kann dies zunächst eine Modifikation der Baumstruktur erfordern, ehe mit der Vervollständigung der Moduln fortgefahren werden kann.

Bild 4: Verbotene Importe beim Entwurf eines Modul-Import-Graphen in Baum-Struktur:
a) direkte gegenseitige Importe, **b**) indirekte gegenseitige Importe

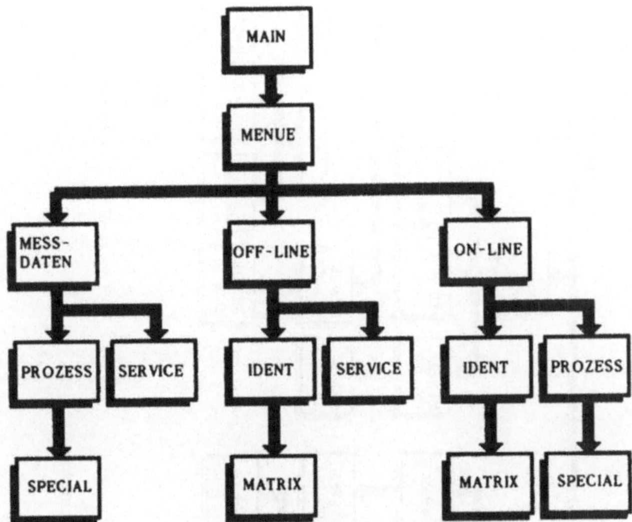

Bild 5: Grobentwurf des Modulbaums

Diese Vorgehensweise beim modularen Entwurf wird erleichtert, wenn man, wie aus Wartbarkeitsgründen ohnehin erwünscht, als Modul-globale Objekte nur Prozeduren und Tasks zuläßt und die einzelnen Moduln damit jeweils im Sinne einer „Daten-Kapsel" entwirft. Die Baum-Struktur des Import-Graphens kann auch unter Berücksichtigung des für **PEARL** charakteristischen Systemteils durchgehalten werden, wenn man für diesen konzeptionell einen eigenen Modul entwirft. Bild **6** (Modul **System_Modul**) veranschaulicht dies an Hand der Darstellung des Gesamt-Modulbaums (Feinentwurf) für das Identifikations-Programmpaket, wobei aus Übersichtlichkeitsgründen die Importe für Konsol-Ein/Ausgabe und die Druckerausgabe nicht berücksichtigt wurden.

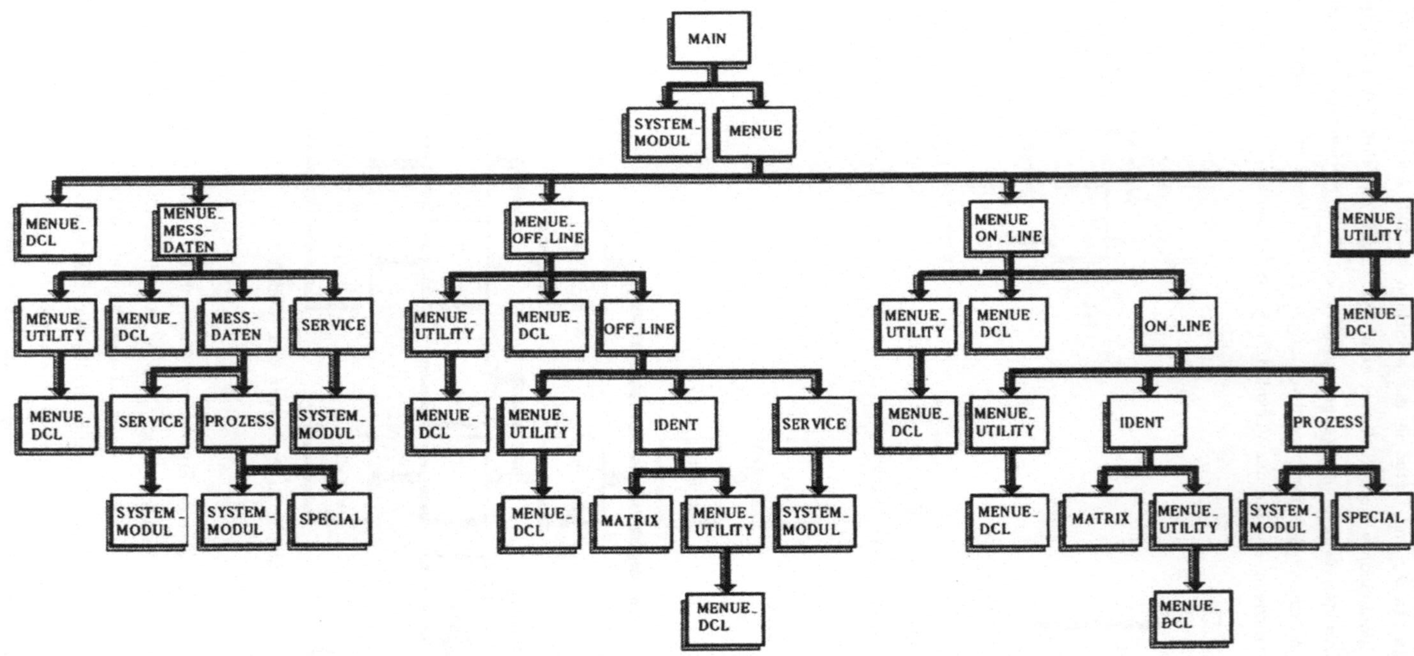

Bild 6: Feinentwurf des Modulbaums

4.3 Datenkapselung und Tasks

Bei der Einplanung der Task eines Moduls von einem anderen Modul aus müssen zur Vermeidung Modul-globaler Variablen die entsprechenden von der Task verwendeten Modul-lokalen Variablen über die Parameterliste einer zugehörigen Zugriffsprozedur mit den aktuellen Werten vor der Einplanung versorgt werden. Verlegt man darüber hinaus die Task-Einplanung selbst in die Zugriffsprozedur, genügt für eine Synchronisation der Fortsetzung dieser Task mit einer weiteren von ihr eingeplanten Task eine Modul-lokale Semaphore im Modul der letzteren, so daß eine vollständige Datenkapselung auf diese Weise möglich ist.

Die Vorgehensweise ist für die Module „**Menue_On_Line**" und „**On_Line**" in Bild 7 beispielhaft veranschaulicht. Zur Vereinfachung der Entwurfsausführung wurde die Definition der Import/Export-Modul-Schnittstellen **Modula-2**-orientiert ausgeführt, wobei angenommen wird, daß die Schnittstellen der importierten Prozeduren der Prozedur-Deklaration im zugehörigen Modul entnommen werden.

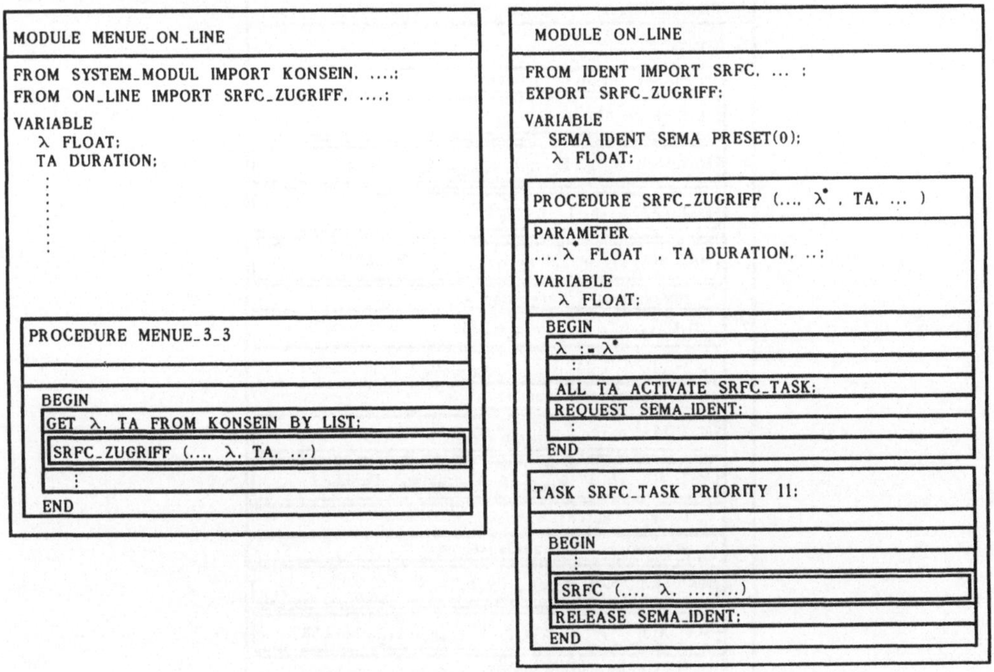

```
MODULE MENUE_ON_LINE
FROM SYSTEM_MODUL IMPORT KONSEIN, ....;
FROM ON_LINE IMPORT SRFC_ZUGRIFF, ....;
VARIABLE
   λ FLOAT;
   TA DURATION;
   :
   PROCEDURE MENUE_3_3

     BEGIN
     GET λ, TA FROM KONSEIN BY LIST;
     SRFC_ZUGRIFF (...., λ, TA, ...)
       :
     END
```

```
MODULE ON_LINE
FROM IDENT IMPORT SRFC, ... ;
EXPORT SRFC_ZUGRIFF;
VARIABLE
   SEMA IDENT SEMA PRESET(0);
   λ FLOAT;
   PROCEDURE SRFC_ZUGRIFF (...., λ*, TA, ... )
   PARAMETER
   ....λ* FLOAT , TA DURATION, ..;
   VARIABLE
     λ FLOAT;
     BEGIN
     λ := λ*
       :
     ALL TA ACTIVATE SRFC_TASK;
     REQUEST SEMA_IDENT;
       :
     END
   TASK SRFC_TASK PRIORITY 11;

     BEGIN
       :
     SRFC (...., λ, ........)
     RELEASE SEMA_IDENT;
     END
```

Bild 7: Beispiel zur Datenkapselung bei Tasks

4.4 Algorithmen

Aus Bild 7 ist bereits die hier verwendete Form der Strukturblöcke für Moduln, Prozeduren und Tasks am Beispiel eines für die On-Line-Anwendung einzusetzenden Square-Root-Algorithmus (**SRFC**) für die rekursive Parameterschätzung zu entnehmen. Dabei wird in der Prozedur **SRFC_ZUGRIFF** des Moduls **On_LINE** die Task **SRFC_TASK**, die wiederum die Prozedur **SRFC** (Modul **IDENT**) für den eigentlichen Problem-Algorithmus aufruft, zyklisch mit der Abtastperiode T_a eingeplant. Eine ausführliche Darstellung des **PEARL**-orientierten Struktogramms für die Prozedur **SRFC** als typisches Beispiel ist in Bild 8 dargestellt. Dabei wurde im Sinne der besseren Verständlichkeit von der Möglichkeit Gebrauch gemacht, auf Entwurfsebene die Variablen weitestgehend durch ihre problemorientierten Symbole zu bezeichnen.

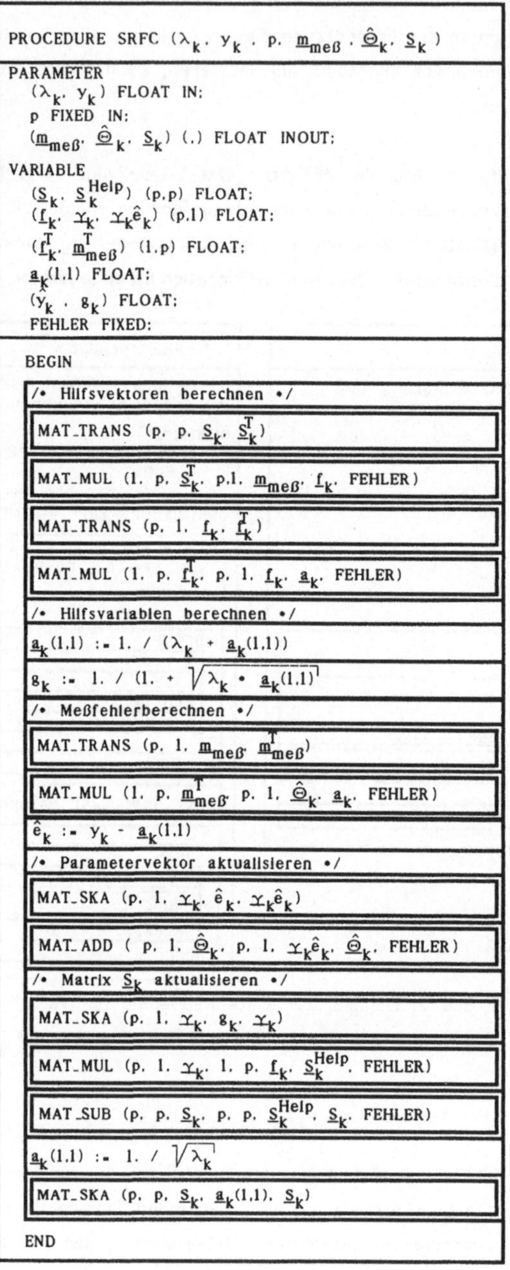

Bild 8: Struktogramm der Prozedur SRFC

4.5 Menü-Konzept

Das hier verwendete Menü-Konzept, das eine Menü-Hierarchie in **3** Ebenen darstellt, wird aus dem Funktions-Strukturbaum des Programmpaketes (Bild **3**) deutlich. Die Bildschirmsteuerung der Menü-geführten Ein- und Ausgabe wurde, gemäß dem **ANSI**-Command-Standard (**VT100**), in der Weise entworfen, daß für Anpassungen an andere Graphik-Schnittstellen lediglich eine entsprechende Modifikation des Moduls **MENUE_UTILITY** (Bild **6**) erforderlich ist.

Als Beispiele für das Menü-Layout sind in Bild **9** die Layouts des Hauptmenüs und der Menüs für die Off-Line-Identifikations-Komponente sowie für die Off-Line-Version des **SRFC**-Algorithmus, der auf „simulierte Meßdaten" in der Datei SRFC_**3**_**1** zugreift, dargestellt. In Bild **10** ist zusätzlich das Ergebnismenü der entspechenden Parameter-Schätzung für zwei verschiedene Rekursionsschritte angegeben.

```
+---------------------------------------------------------------------+
|  >>> P R O G R A M M P A K E T    I D E N T I F I K A T I O N <<<   |
|                       H A U P T M E N U E                           |
|                                                                     |
+---------------------------------------------------------------------+
|                                                                     |
|     1 -- Messdatenerfassung                                         |
|                                                                     |
|     2 -- Off-Line-Identifikation                                    |
|                                                                     |
|     3 -- On-Line-Identifikation                                     |
|                                                                     |
|                                                                     |
|     H -- Hilfe                                                      |
|                                                                     |
|     X -- Programmende                                               |
|                                                                     |
|  Bitte das entsprechende Symbol eingeben!   =>2█                    |
+---------------------------------------------------------------------+
```

Bild **9** a

```
+---------------------------------------------------------------------+
|  >>> P R O G R A M M P A K E T    I D E N T I F I K A T I O N <<<   |
|                         M E N U E  2                                |
|              O F F - L I N E - I D E N T I F I K A T I O N          |
+---------------------------------------------------------------------+
|                                                                     |
|     1 -- Direct Least Squares                                       |
|                                                                     |
|     2 -- Extended Least Squares                                     |
|                                                                     |
|     3 -- Recursive Least Squares                                    |
|                                                                     |
|     4 -- Square Root Filtering                                      |
|                                                                     |
|                                                                     |
|     H -- Hilfe                                                      |
|                                                                     |
|     X -- Zurueck zum HAUPTMENUE                                     |
|                                                                     |
|  Bitte das entsprechende Symbol eingeben!   =>4█                    |
+---------------------------------------------------------------------+
```

Bild **9** b

```
+---------------------------------------------------------------------+
| >>> P R O G R A M M P A K E T   I D E N T I F I K A T I O N <<<     |
|                         M E N U E  2.4                              |
|          SQUARE ROOT FILTERING IN COVARINCE FORM                    |
+---------------------------------------------------------------------+
|                                                                     |
|  S -- Start Dateneingabe                                            |
|                                                                     |
|                                                                     |
|                                                                     |
|  H -- Hilfe                                                         |
|                                                                     |
|  X -- Zurueck zum MENUE 2                                           |
|                                                                     |
|  Bitte das entsprechende Symbol eingeben!   =>S                     |
+---------------------------------------------------------------------+
```

Bild 9 c

5. Validation des Programmpaketes zur Systemidentifikation

5.1 Implementierte Algorithmen

Die zur Zeit implementierten Parameterschätzverfahren sind Off-Line- und On-Line-Varianten der Methode der kleinsten Gleichungsfehlerquadrate [14]. Bei den Off-Line-Algorithmen stehen zur Zeit als En-bloc-Methoden die direkte (**DLS**) und die erweiterte (**ELS**) Methode der kleinsten Quadrate zur Verfügung. Aus numerischen Gründen und zur Validation wurden die entsprechenden rekursiven Versionen, in konventioneller (**RLS**, **RELS**) und in „Wurzel"-Form (**SRFC**), nicht nur zur On-Line-Anwendung sondern auch zur Off-Line-Anwendung implementiert.

5.2 Validation der Off-Line-Algorithmen

Grundsätzlich ist es sinnvoll, zur Validation zunächst „simulierte Meßdaten" ohne Meßrauschen zu verwenden, da in diesem Fall die Schätzergebnisse im Rahmen der möglichen Rechengenauigkeit identisch mit den bekannten wahren zur Simulation verwendeten Parametern sein müssen.

Die Tests der En-Bloc-Algorithmen zeigen allerdings, daß bei Gleitkommarechnung mit einfacher Genauigkeit die Validation nur für System-Modelle bis zur 2. Ordnung, d.h. bis zur Schätzung von höchstens 4 Parametern, möglich ist. Bei Systemen höherer Ordnung ist die Auswirkung von Programmierfehlern i.a. nicht mehr von derjenigen von numerischen Fehlern zu unterscheiden. Erst der Fehler-Nachweis auch bei Rechnung mit doppelter Genauigkeit erlaubt es, auf Programmierfehler als Ursache zu schließen.

In vielen Fällen erweisen sich die rekursiven Varianten der En-bloc-Verfahren als numerisch robuster, die in diesem Falle die Meßdaten nicht direkt vom Prozeß, sondern z.B. von einem Massenspeicher angeboten bekommen. Testen wir wieder mit „simulierten Meßdaten" ohne Meßrauschen, und hier mit den wahren Parameterwerten als Anfangswerten der Rekursion, so müssen die Schätzwerte im Rahmen der Rechengenauigkeit in jedem Rekursionsschritt mit den wahren Werten übereinstimmen.

Das gilt unabhängig von der Wahl des Vergessensfaktors λ ($\leq$ 1) und der Wahl der Anfangs-Kovarianzmatrix der Schätzwerte.

Die Notwendigkeit der Rechnung mit doppelter Genauigkeit tritt auch hier auf, allerdings wegen der größeren numerischen Robustheit der rekursiven Verfahren erst bei System-Modellen höherer Ordnung als bei den En-bloc-Verfahren. Im Bild **10** b ist das Schätzergebnis für ein Modell **3**. Ordnung mit **6** zu schätzenden Parametern gezeigt, bei denen Abweichungen von den wahren Parametern erst in der letzten wesentlichen Dezimalen auftreten.

```
+------------------------------------------------------------------+
| >>> P R O G R A M M P A K E T   I D E N T I F I K A T I O N <<<  |
|                                                                  |
|                          M E N U E  2.4                          |
|              SQUARE ROOT FILTERING IN COVARINCE FORM             |
+------------------------------------------------------------------+
|                                                                  |
|    Iterationsschritt :=       1                                  |
|    Aktueller Vergessensfaktor :=  9.49999E-01                    |
|                                                                  |
|    Geschaetzte Parameter                                         |
|                                                                  |
|    Zaehlerparameter                Nennerparameter               |
|    b(1) :=  6.49876E-02            a(1) :=  1.89888E-12          |
|    b(2) :=  0.00000E-34            a(2) :=  0.00000E-34          |
|    b(3) :=  0.00000E-34            a(3) :=  0.00000E-34          |
|                                                                  |
+------------------------------------------------------------------+
```

Bild **10** a

```
+------------------------------------------------------------------+
| >>> P R O G R A M M P A K E T   I D E N T I F I K A T I O N <<<  |
|                                                                  |
|                          M E N U E  2.4                          |
|              SQUARE ROOT FILTERING IN COVARINCE FORM             |
+------------------------------------------------------------------+
|                                                                  |
|    Iterationsschritt :=     290                                  |
|    Aktueller Vergessensfaktor :=  9.49999E-01                    |
|                                                                  |
|    Geschaetzte Parameter                                         |
|                                                                  |
|    Zaehlerparameter                Nennerparameter               |
|    b(1) :=  6.49999E-02            a(1) := -1.50000E+00          |
|    b(2) :=  4.79999E-02            a(2) :=  7.05001E-01          |
|    b(3) := -6.00007E-03            a(3) := -1.00001E-01          |
|                                                                  |
+------------------------------------------------------------------+
```

Bild **10** b

5.3 Validation der On-Line-Algorithmen

Wendet man die rekursiven Verfahren On-Line an, d.h. mißt man die Daten direkt am Prozeß, so erhält man, selbst bei Ersetzen des realen Prozesses durch einen Analogrechner, bei verschiedenen Durchläufen, durch unvermeidliches Meß- bzw. Meßwandlerrauschen, keine reproduzierbaren Schätzergebnisse.

Da die On-Line-Rekursion als zyklisch eingeplante Task im Vergleich zur zyklisch aufgerufenen Prozedur der Off-Line-Rekursion unterschiedlich implementiert ist, ist zwischen diesen beiden Implementierungen zunächst kein direkter Vergleich mit „simulierten Meßdaten" möglich. In **PEARL** kann man jedoch durch geeignete Vergrößerung der Einplanungsperiode der zu testenden Task, bei alleiniger Anpassung der Eingabeanweisungen, die Daten, statt vom Prozeß, reproduzierbar von einer Platte lesen lassen. Hierbei müssen, unter sonst gleichen Testbedingungen, die Schätzergebnisse bei Verwendung der On-Line- und Off-Line- Version identisch sein. Das gilt auch für fehlerbehaftete „echte" Meßdaten, die vor dem Test mittels einer entsprechenden Task der Meßdatenerfassungs-Komponente des Programmpaketes am Prozeß gemessen und auf der Platte abgespeichert wurden.

5.4 Einfluß realisierungsbedingter Abweichungen der implementierten Programme vom algorithmischen Entwurf

Die beschriebenen Möglichkeiten zur systematischen Validierung gewinnen noch an Bedeutung, wenn, z.B. bedingt durch Speicherbeschränkungen, das implementierte Programm vom Entwurf abweicht. Dieses realisierungsbedingte Vorgehen gibt häufig zu Implementierungsfehlern Anlaß, die ohne die beschriebenen Tests nur schwer entdeckt werden können. Dies gilt insbesondere deshalb, weil die Schätzergebnisse bei fehlerbehafteten Meßdaten trotz noch vorhandener Implementierungsfehler durchaus plausibel erscheinen können.

6. Schlußbemerkung und Ausblick

Es wurde aus Sicht der Automatisierungstechnik die Bedeutung von **PEARL** beim Entwurf von Algorithmen in Realzeitumgebung auf Struktogrammbasis diskutiert. Struktogramme in **PEARL**-orientierter Ausprägung erweisen sich hierfür, bei entsprechender systematischer Erweiterung der bekannten Strukturblöcke nach Nassi-Shneiderman, auch im Hinblick auf deren Publikation, als sehr geeignet. Diese Vorgehensweise ist auch dann geeignet, wenn die Implementation nicht in **PEARL** selbst erfolgen kann oder soll, was die Bedeutung von **PEARL** als „Entwurfssprache" für Probleme mit der Notwendigkeit der Verwaltung von konkurrierenden Tasks in Real-Zeit verdeutlicht. Entsprechendes gilt auch für die Bedeutung von **Mehrrechner-PEARL** [15] für den Entwurf von Algorithmen für verteilte Prozeß- und Mikrorechner-Systeme.

An der Portierung des hier vorgestellten Programmpakets zur System-Identifikation auf einen **IBM-PC** unter **OS/2** in **PEARL** [16] wird zur Zeit gearbeitet.

7. Literatur

[1] Blaschek, G., G. Pomberger, F. Ritzinger (1987). Einführung in die Programmiersprache **Modula-2**. Springer-Verlag, Berlin.

[2] **DIN 66 253**, Teil 1 **(1981)**. Prorammiersprache **PEARL**: **Basic-PEARL**. Beuth-Verlag, Berlin.

[3] Zalewski, J., W. Ehrenberger, (Editors) **(1989)**. Hardware and Software for Real-Time Process Control, Proc. of IFIP Working Conference, Warschau, **1988**. North-Holland, Amsterdam.

[4] Burns, A. **(1988)**. Programming in **OCCAM-2**. Addison-Wesley P.C., Reading.

[5] Schmidt, G. **(1985)**. **MSRBASIC** - Kurzübersicht. Lehrstuhl für Steuerungs- und Regelungstechnik. Universität München.

[6] Welfonder, E.,Th. Roehrich **(1981)**. Meldungs- und Protokolliersystem der **PEARL**-Anwenderbibliothek. **PEARL**-Rundschau, H. **6**, Bd. **2**, **68-77**.

[7] Unbehauen, H., Chr. Schmid, F. Böttinger, B. Bauer, B. Göhring **(1975)**. **KEDDC**, Ein kombiniertes Prozeßrechnerprogrammsystem zum Entwurf und Einsatz von **DDC**-Algorithmen. Bericht **KFK-PDV 37**, Gesellschaft für Kernforschung, Karlsruhe.

[8] Mann, W. **(1978)**. **OLID-SISO**: Ein Programm zur On-Line-Identifikation dynamischer Prozesse mit Prozeßrechnern-Benutzeranleitung. Bericht **KFK-PDV 114**, Gesellschaft für Kernforschung, Karlsruhe.

[9] Pönigk, D., H.-P. Schölz **(1987)**. Interaktives Mikrorechnersystem für Echtzeit-Identifikationsaufgaben. **msr 30**, H. **8**, **358-361**.

[10] Sauter, D., F. Schindler, H. Windauer **(1985)**. Abschlußbericht für das Forschungs- und Entwicklungsvorhaben: Portables **PEARL**-Softwareentwicklungssystem für Mikrorechner (**PEARL Engine 68 000**). **IRT** Institut für Rundfunktechnik, München.

[11] Baacke, P. **(1989)**. Programmpaket **Identifikation** - Entwurf des Gesamtkonzepts- und - Discrete Square Root Filtering in Covariance Form -. Leistungsnachweise, Institut für Automatisierungstechnik, Universität Bremen.

[12] **DIN 66 261 (1985)**. Sinnbilder für Struktogramme nach Nassi-Shneiderman. Beuth-Verlag, Berlin.

[13] Thiele, G. **(1987)**. Strukturierter Entwurf von Realzeit-Algorithmen für Mikrorechner in der Prozeß-Automatisierung. Berichte Elektrotechnik, Nr. **4/87**, Universität Bremen.

[14] Thiele, G. **(1987)**. Algorithmen zur Parameterschätzung zeitdiskreter Einfachmodelle mit dem Prozeßrechner. Fortschrittberichte **VDI**, Reihe **8**, Nr. **133**, **VDI**-Verlag.

[15] **DIN 66 253**, Teil **3 (1989)**. Prorammiersprache **PEARL**: **Mehrrechner-PEARL**. Beuth-Verlag, Berlin.

[16] **PEARL** Programming System for Personal Computers under **IBM Operating System/2** - User-Manual **(1988)**. Firmenschrift der Firma **Werum**, Lüneburg.

[17] Lauber, R. **(1983)**. **EPOS**-Einführung. Institut für Regelungstechnik und Prozeß-Automatisierung, Universität Stuttgart, und Firma **GPP**, Oberhaching, **4**. Auflage.

Softwareentwurfsmethodik von Kommunikationsprotokollen

Systemdesign mittels hierarischer Zustandsdiagramme Simulation und Implementierung

B. Haase

TELEFUNKEN SYSTEMTECHNIK

Sedanstr. 10, D-7900 Ulm

Telefon: (0731) 392 - 3590

1. Zusammenfassung

Beim Design eines Kommunikationssystemes kann vermittels Zustandsdiagrammen ein System statisch beschrieben werden, es bedarf jedoch der Notwendigkeit eine derartige Spezifikation dynamisch zu testen. Dies wird durch eine rechnergestützte Simulation unterstützt, um das Risiko einer späteren Hardwareimplementierung zu reduzieren.
Die nachfolgend beschriebene Vorgehensweise ist unter dem Begriff 'Rapid - Prototyp' (Bild-1) bekannt. Sie basiert auf der Anwendung des Software-Entwurfswerkzeuges PROMOD, und einem Werkzeug, nachfolgend 'SIMPAR' genannt, zur Simulation paralleler Prozesse.

Im Teil I wird zunächst ein Überblick über die Beschreibungs technik von hierarchischen Zustandsdiagrammen auf der Basis PROMOD gege-ben.
Im Teil II wird der Aufbau des Simulationsrahmens erläutert.
Außerdem wird gezeigt wie die in Teil-I erzeugten Beschreibungsteile für ein VME-Mehrprozessorsystem in diesen übernommen werden können, um das System auf sein Verhalten hin zu analysieren. In diesem Schritt wird als Beispiel das Verhalten einer angenommenen VME-Zielhardware einbezogen, um ein möglichst genaues Bild des Realzeitverhaltens bzgl. Durchlaufzeiten, Taskkommunikationslast, usw. zu erhalten.
Im Teil III wird gezeigt, in welchen Schritten das mittels der Simulation spezifizierte Softwareprodukt zur Implementierung auf eine Zielhardware übernommen und Echtzeittesten unterzogen wird.

2. Teil-I

2.1 Grundlagenvermittlung

In der Konzept- bzw. der Grobspezifikationsphase umfaßt die Softwarespezifikation nach der Methode der 'Strukturierten Analyse' folgende Beschreibungselemente:

- o hierarchisch gegliederte Datenflußdiagramme (Bild-2)
- o ein zugeordnetes Data-Dictionary
- o die einzelnen Funktionsbeschreibungen als 'Minispezifikation' zu jeder Diagrammebene.

Ein Datenflußdiagramm stellt eine logische Systemebene dar.
An der Hierarchie dieser Datenflußdiagramme orientiert sich die Gliederung der Zustandsdiagrammebenen. Die Funktionseinheiten jeder Datenflußdiagrammebene stehen untereinander nicht nur durch Datenflüße, sondern auch gemäß eines Zustandsdiagrammes in gegenseitiger Beziehung.
Die Hierarchie der Zustandsdiagramme läßt sich aus der Verfeinerung der Funktionseinheiten ableiten. Es ist dabei denkbar, ein derartige logische Ebene nach unterschiedlichen Systemsituationen zu untersuchen. Dies kann z.B. bei einem Kommunikationsprotokoll sein: Initialisierung, Verbindungsaufbau, Verbindungsabbau, Lauschzyklus, Sende-/Empfangsmodus.
Generell kann festgehalten werden, daß ein System zunächst nach den Gesichtspunkten eines endlichen Zustandautomatens zu modellieren ist. Erst danach ist die funktionale Gliederung des Systemes gemäß der Frage nach auftretenden Datenflüßen vorzunehmen. Das Design eines Systemes erfolgt somit im Wechselspiel beider Modellierungstechniken. Gemäß der jeweiligen Systemauslegung wird die eine oder die andere Technik der Modellierung dominieren.
Wichtig ist dabei zu erkennen, daß die Methode die Verknüpfung von Datenflußaufkommen zu Zustandsituationen eines Systemes zu beschreiben erlaubt.

2.1.1 Definitionen zu Zustandsdiagrammen

Ein Beispiel eines Zustandsdiagrammes ist in Bild-3, die Verfeinerung eines darin enthaltenen Zustandes ist nur eine besondere Art der Beschreibungsmethode. Man denke sich eine Lupe an den Zustand von Bild-3 gelegt und schaue dort hinein, was "verfeinert" in dem betreffenden Zustand abläuft. Die Verfeinerung eines Zustandes ist daher ebenfalls wieder ein Zustandsdiagramm.
Diese Technik dient dem übersichtlichen Design von Zustandsdiagrammen und erlaubt in sogenannten 'Zustandsbausteinen' zu denken.
Die Anwendung von hierarchischen Zustandsdiagrammen verlangt nachfolgende Definitionen zu den Begriffen: 'Zustand', 'Ereignis' und 'Aktion'.

Definition 'Zustand'

Ein Zustand ist als Pfad durch einen Hierarchiebaum eines Zustandsdiagrammes zu einem System zu verstehen (vergleiche hierzu die Zustandshierarchie eines Kommunikationsprotokolles in Bild-4).

* *Eintritt* in einen Zustand:
  Eine Initialisierung des Zustandes aus der nächst höheren Ebene wird grundsätzlich immer durchlaufen.

* *Austritt* aus einem Zustand:
  Über ein Response- oder ein Return-ereignis.

Definition 'Ereignis'

Ein Ereignis ist definiert durch:
- o einen Ereignisnamen,
- o eine Ereignismessage.

* *Elementar-ereignis*:
  Bezogen auf PROMOD-SA sind dies die Daten, die über die Datenflüße auf das System in den Funktionseinheiten (NODES) einwirken.

* *Response-ereignis*:
  Rückmeldung mit Parameterübergabe an nächst höhere Zustandsebene, daß Zustandsbearbeitung erfolgreich beendet wurde. Der mitgegebene Parameter gibt an, welcher nächste Zustandschritt unmittelbar einzunehmen ist.
  (Siehe Bedingungsausgänge bei einem Zustand !)

* *Returnereignis*:
  Rückmeldung an nächst höhere Zustandebene, daß die Zustandsbearbeitung erfolgreich beendet wurde (ohne Parameterübergabe)

* *Error-ereignis*:
  Rückmeldung an nächst höhere Zustandsebene, daß Zustandsbearbeitung fehlerhaft verlief.

Definition 'Aktion'

Eine Aktion ist eine Folge von auszuführenden Anweisungen.
Diese Anweisungsmenge kann bedingungsorientiert ausgelöst werden und einen Zustandswechsel einleiten.
(Siehe im Diagrammbeispiel den Zustand-3: 1,2,3)
Ein Zustand kann nur durch das Auftreten eines Ereignisses verlassen werden, wodurch eine Aktion ausgelöst wird, die ihrerseits wieder das System in einen neuen Zustand überführt. Bei einer derartigen Aktion wird implizit die Initialisierung des neuen Zustandes durchgeführt.
Aktionen können in folgenden Klassen unterschieden werden:

* *Preaction*:
  Aktion, die grundsätzlich immer durchlaufen werden muß, bevor ein neuer Zustand eingenommen wird
  (z.B. Initialisierungsaktion eines Zustandes).

* *Postaction*:
  Aktion, die immer durchlaufen werden muß, bevor ein Zustand

entgültig verlassen wird
(z.B. in besonderen Fehlersituationen).
Pre - als auch Postaction müssen nicht unbedingt genutzt werden.

Beispiele der Nutzung dieser Aktionen sind:

* die ordnungsgemäße Initialisierung eines Zustandes, bei seinem Aufruf (Initailsetzen von Steuervariablen)

* der ordnungsgemäße Abschluß eines Zustandes beim Verlassen (Rücksetzen von Steuervariablen)

Darüberhinaus ist der Begriff der 'Aktionsstruktur' bekannt. Er dient dazu bedingungsorientiert bei Auftreten eines Ereignisses einen Zustand zu erreichen.

* *Aktionsstrukturen*:
Aktionen können in Strukturen gegliedert werden, ähnlich wie in PROMOD-SA die dort eingeführten Datenstrukturen die folgenden Notationen kennen:

Oder - Struktur: [action_1 ¦ action_2 ....]

Sequenz - Struktur: action_1 + action_2 + ...

Optionale - Struktur action_1 + (action_2) + ...

Aktionen sind jedoch keine Daten sondern prozedurale Ablauffolgen!

* *Aktionsbeschreibung*:
Eine Aktion ist in einer Funktionseinheit der entsprechenden Datenflußdiagrammebene als Prozedur angesiedelt.

In PROMOD-SA ausgedrückt:
Eine Aktion ist eine Prozedur innerhalb einer Minispec zu einer Funktionseinheit (NODE). Damit ist folgender Sachverhalt beschreibbar. Das Eintreffen einer Date bewirkt die Aktivierung eines Ereignisses, woraufhin der Anstoss zu einer Prozedur innerhalb einer Funktionseinheit ausgelöst wird. Während des Prozedurenablaufes werden eintretende Date(n) in aus-tretende Date(n) umgesetzt. (Inhalt bisheriger Minispec !)
Das System ist damit in einen neuen Zustand 'gefallen'.

2.1.2 Aufbau von Begriffskomplexen

Die Einhaltung des korrekten Aufbaus von Begriffskomplexen ist von entscheidender Bedeutung, um eine leichte Lesbarkeit und Eindeutigkeit zu erreichen. Die Begriffe werden alle im Data-Dictionary der PROMOD-SA-Bibliothek gehalten und mit Kommentar versehen. Dadurch ist während der Designphase stets eine eindeutige Kommunikationsbasis innerhalb des Entwicklerteams gewährleistet. Nachfolgend sind Regeln für den Aufbau von Begriffskomplexen gegeben:

Zustandsbegriffe
Aufbau:
'<Z>_<zustandsklasse>_<name>'

Erklärung:

Z:	Zustandskennung für Date
Zustandsklasse:	(W)urzel oder (V)erfeinerung
name:	Zustandsname

Ereignisbegriffe
Aufbau:
'<E>_<ereignisklasse>_<name>'

Erklärung:

E:	Ereigniskennung für Date
Ereignisklasse:	E = Elementarereignis
	R = Responseereignis
	F = Fehlerereignis
name:	Ereignisname

Aktionsbegriffe
Aufbau:
'<A>_<aktionsklasse>_<name>'

Erklärung:

A:	Aktionskennung für Begriff
Aktionsklasse:	Name der Funktionseinheit in der betreffenden Datenflußdiagrammebene
name:	Aktionsname (Prozedurname).

3. Teil-II

3.1 Voraussetzungen

Der Simulationsrahmen wird nachfolgend am Beispiel der Entwicklung eines Kommunkationsprotokolles auf der Basis eines Mehrprozessorsystemes erläutert. Dieses Mehrprozessorsystem, auf Basis von VME-Boards, ist in seinem Verhalten durch die Simulation zu untersuchen. Das in dem Beispiel angeführte Kommunikationssystem erfüllt die Funktion eines Gateways (LAN/ Funk).

3.2 Aufbau des Simulationsrahmens

Der Simulationsrahmen kann mit Simulationsprüflingen der verschiedensten Sprachen gekoppelt werden. Bild-5 zeigt den allgemeinen Aufbau des Simulationsrahmens. In Bild-6 sind die globalen Zusammenhänge zwischen SIM-Task, Listen, SIMPAR-Modulen und den zu untersuchenden Aktionen verdeutlicht. Innerhalb der Graphik in Bild-6 gelten als Blockbezeichner (links oben) jeweils folgende Abkürzungen:

M genutzter SIMPAR-Modul
L Liste
P Programm, zusätzlich zur Unterstützung geschrieben
C C-Prozeduren (Protokollanteile = Aktionen), diese können später übernommen werden
T Task, im Sinne von SIMPAR, teilweise selber zu schreiben
Umrandung kennzeichnet den Bereich, der das hardwarenahe Verhalten der realen Multiprozessorumwelt beschreibt.

4. Nutzung der Simulationsumwelt SIMPAR

Alle übergeordneten Programmteile sind zwecks besserer Übersichlichkeit und der entsprechend leichten Anpassung an SIMPAR in Modula-2 geschrieben.Es sei angenommen, daß ein Simulationsprüfling nicht in Modula-2, sondern wie im Fall einer VME-Anwendung in 'C' geschrieben ist, dies bezieht sich auf die mit 'C' gekennzeichneten Blöcke (Protokollprozeduren = Aktionen). Alle Aktionen sind daher in einer C-Union-library zusammengefaßt. Ihr Datenaustausch untereinander erfolgt nur innerhalb dieses C-Union-Moduls. Dieser Modul kann später bei der Implementierung auf die Zielhardware unverändert übernommen werden.

4.1 Steuerung der Ereignisse für die Simulation

Es sei angenommen, daß durch vorausgehende Untersuchungen bestimmte Ereignismuster bekannt seien, die auf das zu untersuchende Mehrprozessorsystem einwirken werden.
Diese Muster können durch die Ereignisliste beschrieben werden.
Dabei werden in der Ereignisliste folgende Einträge in Klassen voneinander unterschieden:

o Elementar-ereignisse,
  die von außen auf das Protokoll einwirken

o Response-ereignisse,
  zum Festhalten von bestimmten Durchlaufzeiten im Protokollablauf.

Diese Ereignisse werden über den Ereignisgenerator in das zu simulierende System softwaretechnisch aus dem Simulationsrahmen eingespeist. Hierzu nutzt der Generator einen zentralen Taktgeber aus dem Modul SIMEREIG. Somit können Ereignisse häufigkeitsverteilt, mittels eines Zufallsgenerators oder nach festen Zeitvorgaben dem zu untersuchenden Prüfling (Protokoll) angeboten werden.
Der Simulation wird gedanklich ein Zeittakt zu grunde gelegt, auf den sich alle weiteren Angaben während einer Test-Session beziehen. Der Generator vermerkt den Simulationsuhrzeitstand beim Auftreten eines Elementarereignisses in der Traceliste, ebenso verhält es sich beim Auftreten eines Response-ereignisses.
Damit sind Messungen entsprechender Laufzeiten innerhalb eines Protokollablaufes möglich.
Der zeitlichen Overhead der SIMPAR-Taskverwaltung wird bei derartigen Messungen ausgeblendet.

4.2 Taskingverwaltung unter SIMPAR

Hierunter fallen der Ereignisgenerator und die SIM-Tasks, die die einzelnen Prozesse auf den unterschiedlichen Boards nachbilden sollen. Im betrachteten Fall eines Kommunikationsprotokolles könnten dies z.B. sein:

- o Ethernetanpasswerk,
- o Anschlussprozessor für den Funkkanal incl. Modem und Transceiver
- o der Netzwerkprozessor für Routing und Verbindungssteuerung.

Darüberhinaus die Nachbildung der Prozessorinterkommunikation über den VME-BUS (z. B. das 'Location-monitoring'). Daneben wird eine Task aus dem Modul 'Wecker' zur Verwaltung der protokollspezifischen Timeout-Zähler genutzt.

4.2.1 Simulation des Zielrechnerverhaltens

Die gesondert in der Graphik hervorgehobenen SIM-Tasks bilden für die Spezifikationsprüfung des Protokolls die Basis der angenommenen Zielrechnerhardware.
Sollte sich erweisen, daß ein angenommener Prozessor den geforderten Zeitbedingungen nicht genügt, so kann durch die betreffende SIM-Task leicht ein anderes Zeitverhalten unterlegt und damit das Protokollverhalten mit geänderten Annahmen erneut ohne großartige Umprogrammierung untersucht werden.
Die Simulation geht grundsätzlich davon aus, daß eine Aktion auf einem ihr fest zugeordneten Prozessor, abgebildet durch die entsprechende SIM-Task, abläuft. Dies ist in der Prozessor/Aktionliste vermerkt. Der Bezug wird einmal dem System vorgegeben, kann aber jederzeit verändert werden.

4.2.1.1 Protokollsimulation

In jeder der zugehörigen SIM-Task wird pro Aktivierung aus der Tasverwaltung zunächst über eine SIMPAR-Prozedur 'Rechnen' die Laufzeit (in Inkrementen des internen Simulationsuhrzeittaktes) für die zugehörige aufzurufende Aktion vermerkt.
Danach wird aus der Zustandsliste entnommen, welches Ereignis vom Zustandsgenerator aktiviert wurde, um die in der Zustandsliste entsprechend zugeordnete Aktion (Protokollprimitiv) als C-Prozedur aus einer C-Union-Library aufgerufen. Anschließend geht die SIM-Task in den nachfolgenden Zustand ('Warten auf nachfolgendes Ereignis') über.
Aus der Aktion heraus kann der Auftrag, einen Protokolltimer 'aufzuziehen' abgesetzt werden. Ist dies der Fall, so wird aus dem

Modulabereich der SIM-Task der Aufruf an die in SIMPAR enthaltene Wecktask übergeben. Der Ablauf eines Timeout wird durch SIMPAR verwaltet und führt zu einem 'Timer-folge-ereignis'. Derartige Ereignisse werden als direkter SIM-Taskanstoß weitergeleitet.

4.2.1.2 Prozessorinterkommunikation

Jede Multiprozessorkonfiguration bietet eine andere Implementierungsmöglichkeit der Prozessorkommunikation. Besonders bei Protokollentwicklungen, bei der sehr zeitkritische Abläufe zu realisieren sind, ist die softwaremäßige Einplanung der Prozessorkonfiguration geboten, um eine möglichst wirklichkeitsnahe Abbildung der Realität in der Simulation zu gewährleisten.
Im Simulationsfall eines VME-Sytemes, wird das 'Location-monitoring' auf dem VME-BUS nachzubilden sein. Das Zeitverhalten dieses Message-passing-Verfahrens wird mittels der SIM-Task 'Interprozesskommunikation' realisiert (siehe Bild-6).
Bei Eintreffen eines Ereignisses erkennt eine SIM-Task nach Anstoß aus der Taskverwaltung anhand der Aktion-/Prozessorliste, ob die betreffende Aktion unter ihrer Regie (sozusagen auf ihrem Prozessor) oder unter einer anderen abläuft. Ist dies der Fall, so stößt die Task die SIM-Task 'Interkommunikation' an, welche wiederum über einen Botschaftdienst die betreffende andere SIM-Task (das heißt den anderen Prozessor) anstößt. Damit ist der reelle Ablauf in einem Mehrprozessorsystem nachgebildet.

4.2.1.3 Nachbildung der Außenwelt zum Protokoll

Am Beispiel der Simulation eines Gatewayprotokolls (Funk / LAN) zeigt sich in Bild-6, daß das Protokollverhalten nur richtig definiert und untersucht werden kann, wenn die Einflüsse einer Gegenstation über Funk als auch über Ethernetkopplung nachgebildet werden. Diese zur Simulation notwendigen 'Umwelt'-adaptionen sind als MODULA-prozeduren in der jeweiligen SIM-Task vorzunehmen.

4.3 Abbildung der Protokollzustandsdiagramme

Ein Zustandsdiagramm ist eine logische Reihenfolge der folgenden Beschreibungselemente:

- o Ereignis
- o zugehörige Aktion
- o Zustand: Warten auf ein nachfolgendes Ereignis.

Ein derartiger Zustandsbeschreibungsblock kann in eine Liste wie in Bild-7 gezeigt aufgebaut sein. Der Aufbau der Liste und die Verkettung der einzelnen Zustandsblöcke wird über ein zusätzliches Programm aus den Zustandsdiagrammen, die in der PROMOD-Bibliothek enthalten sind, gewonnen.
Unter Ereignis-i ist ein Elementar-ereignis zu verstehen.
Der Vermerk, daß es sich um ein Response-ereignis handelt, wird bei

der Auswertung von Messzeiten, genutzt. Der Zustandsvermerk wird wie ein TOKEN bei Eintreffen eines nächsten Ereignisses vom Ereignisgenerator in der Liste beim vorigen Zustand gelöscht und im neuen Zustand gesetzt.

4.4 Implementierung von Protokollaktionen

Protokollaktionen sind Protokollprimitive. Diese werden bereits schon in der Spezifikationsphase als Prozeduren in der Zielsprache geschrieben, um anschließend bei der Portierung auf die spätere Zielhardware hin ungewollte Veränderungen im Protokollablauf auszuschließen.
Zur Erinnerung sei gesagt, daß eine Aktion im Data-Dictionary innerhalb von PROMOD-SA definiert und als Minispezifikation jeweils in Pseudocode geschrieben ist.
Der Pseudocode wird in der Feinspezifikationsphase als Vorlage zur Implementierung in der Zielsprache genutzt. Alle Aktionen sind in einer Zielsprachen-Library (z.B. 'C') zusammengefaßt. Tauschen Aktionen Daten miteinander aus, so geschieht dies nur im Bereich des C-Union-Datenfeldes innerhalb der Library. Der Datenaustausch einer Aktion mit ihrer zugehörigen SIM-Task wie bei Timeout-Weckaufträgen, Message-passingaufträgen wird über 'external' deklarierte Daten ('C-Aktionen-library') abgewickelt. Derartige Daten sind zum Beispiel zu transportierende Funkdatenpakete.

4.5 Messung von Simulationszeiten

Der Simulation liegt ein einheitlicher Zeittakt zu grunde, auf den sich alle weiteren Angaben beziehen. Die Dimensionierung der Zeiteinheit muß einmal vom Benutzer fest für das gesamte Modell definiert werden. Mit SIMPAR können Prozessorauslastzeiten als auch Protokolldurchlaufzeiten bestimmt werden.Deren Bestimmung erfolgt durch Festhalten der Simulationsuhrzeit bei Auftreten eines entsprechenden Elementar-ereignisses und des zugeordneten Response-ereignisses. Die Aufzeichnung dieser Simulationsuhrzeiten übernimmt der Ereignisgenerator, falls ein derartiger Vermerk in der Ereignisliste vom Benutzer eingetragen wurde. Ein Beispiel einer derartigen Messung ist bzgl. der Prozessorauslastung in Bild-8 verdeutlicht.
Ferner ist das Erkennen von Deadlocksituationen möglich.
Eine Deadlocksituation ist z. B. eingetreten, wenn eine wartende SIM-Task nicht mehr bedient wird. Ergeben sich Prozessorauslastungsprobleme, so kann über eine Eintragsänderung in der Aktion/ Prozessorliste dies ausgeglichen werden.

4.5.1 Auswertung von Laufzeiten

In der Traceliste werden vor Beginn einer Simulations-sessiondie Ereignisse in der Zustandsliste markiert, zu denen im Sinne einer Protokollmessung ein zusätzlich vermerktes Response-ereignis erwartet wird. Ein zusätzliches Auswerteprogramm untersucht nach einer Session die Aufzeichnungen in der Traceliste und stellt die Ergebnisse in einer Tabelle dar.

5. Teil-III

5.1 Voraussetzungen

Nachfolgend wird die Implementierung des entwickelten Protokolles auf einer Zielhardware beschrieben. Dieser Weg kann mehrstufig erfolgen und wird zwecks besserem Verständnis an einem konkreten Beispiel innerhalb einer UNIX-Umgebung erläutert.

5.2 Umsetzung des Protokolls auf einen Zielrechner

Ist die Spezifikation des Protokolles durch die Simulation erst einmal verifiziert, muß die erstellte 'C-Aktion-library' und die Definition der Zustandsliste von der VAX z. B. in ein UNIX-Entwicklungsystem (SUN-Work-station) für die Zielrechnerimplementierung übernommen werden.
Ziel ist es hier, das Protokoll, das bisher auf einem Prozessor lief, frei von allen Simulationshilfsmitteln auf mehrere Prozessoren aufzuteilen. Diese Aufteilung erfolgt nach der Aktion-/ Prozessorliste.

In einer VME-Mehrprozessorumwelt ist der Speicherbereich aller am BUS angeschlossenen CPU-boards und des Global-memory als eine geschlossene Speicherbank anzusehen. Damit ergibt sich die Notwendigkeit, daß auf jedem CPU-board eine Adressmap in dem dort vorliegenden EEPROM-Speicher 'eingebrannt' wird. Das Global-memory wird als Urlademedium genutzt, dort liegen alle Protokollteilprogramme je Prozessor hintereinander ab. Der Booter auf jeder CPU "weiß" per Definition, wo auf dem Global-memory 'sein' Programmteil liegt, daß er zu laden hat.
Damit ergibt sich die Notwendigkeit auf dem UNIX-Entwicklungsrechner über einen Batchjob das 'gesamte Anwenderprogramm' des Protokolles aus mehreren zuvor gelinkten Teilprogrammen zu montieren. Der Linkvorgang (Batchjob) eines Teilprogrammes (Protokollteil) beinhaltet z. B. folgende Teile:

- o Kernel (VRTX32)
- o RTSCOPE (Testhilfe für Realzeittest über Hyperlink)
- o C-Aktion-Teil-library (Anteil Aktion pro Prozessor)
- o Zustandsliste
  (übertragen in eine C-konforme Struktur)
- o Taskimplementierungen
  - * Weckdienst
  - * Location-monitoring (Interprozessorkommunikation)
  - * Interruptbearbeitung (externe Ereignisse)
- o Interrupttabelle
- o Mailboxes für Interprozessorkommunikation
- o Prozessorlokaler Datenbereich
- o Globaler Datenpufferbereich.

5.3 Implementierung unter dem Zielrechnertaskingsystem

Auf dem Zielrechnersystem befindet sich je CPU-board ein Realzeitbetriebsystemkern unter dem die einzelnen Anwendertasks je Prozessor laufen. Aus der Vorstellungswelt der Simulation heißt dies:

- o Die Taskingverwaltung bildet sich auf den einzusetzenden Kernel ab.

- o Die jeweilige SIM-Task wird zur Anwendertask unter dem Kernel, die wie in der Simulation aus der Zustandsliste heraus die jeweilige Aktionsprozedur aktiviert.

- o Die Interkommunikationstask je Prozessor wird einheitlich für alle konzipiert und realisiert das 'Location-monitoring' über einen Interrupthandler.

- o Der Weckerdienst wird als eigene Task unter dem Kernel auf dem jeweiligen Prozessor abgebildet.

5.4 Downline-loading des Zielprogrammes

Das wie oben montierte Programm wird in einem Block über HYPERLINK in das Global-memory (RAM) des VME-BUS-Zielrechnersystemes hinübergeladen. Dies geschieht unter einem UNIX-Batchjob. Das Ladeformat ist nach MOTOROLA-S-format aufgebaut.

5.4.1 Testen des Zielprogrammes

Die Simulation hat zwar die Spezifikation des Protokolles in seiner internen Logik getestet, jedoch sind wegen der quasi doch nur **'Single-Prozessorimplementierung' auf der VAX durch die Simulation** nicht alle Fragen an das Realzeitverhalten des Protokolles beantwortet worden. Gegebenenfalls müssen auch auf dem einen oder anderen Prozessor Tuningmaßnahmen ergriffen werden.
Dabei ist es aus Gründen des zeitkritischen Ablaufes denkbar, ein VME-CPU-board durch ein anderes Board auszuwechseln, z. B. durch eine Spezialentwicklung mit zusätzlichen Baugruppen, die auf gekauften Boards nicht ohne weiteres zu erhalten sind.
Diese Gründe verlangen ein entsprechendes Realzeittestsystem auf Quellcodeebene innerhalb der UNIX-Entwicklungsumwelt. Dies ist in der hier zu grunde gelegten SW-Entwicklungsumwelt z. B. durch'RTSCOPE' auf dem Zielprozessor und 'RTSOURCE' auf der UNIX-Entwicklungsumgebung unter SUN gegeben. Ähnlich der Technik in der Simulation können auch hier Protokolldurchlaufzeiten auf grund von Ereignissen ermittelt werden. Das Realzeittestsystem muß vor allem bei einem wie in dem Beispiel angeführten Mehrprozessorsystem einen Trace über die Speicherbereiche zweier CPU-boards gleichzeitig erlauben. Damit kann das 'Location-monitoring' über den VME-BUS zwischen einzelnen Prozessoren unter Realzeitgesichtspunkten kontrolliert werden.

5.5 Übersicht einer Produktionsumwelt

Bild-9 verdeutlicht an einem Beispiel die Software-Produktionsumwelt. Das Testmagazin ist mit mehreren Boards bestückt, um die Gatewayfunktion des Protokolles in der direkten Kopplung zweier Funkstationen im Realzeittest untersuchen zu können. In einer anderen Testsoftwarekonfiguration ist es auch denkbar über einen Emulator von der SUN-Workstation aus in Realzeit Ausführzeiten des Protokolls zu messen. Diese Erkenntnisse können dann in die Simulation und Verifikation von Protokollerweiterungen auf der Vax einfließen.

6. Hinweise

PROMOD ist ein eingetragenes Warenzeichen der Fa. GEI.
VRTX32, RTSOURCE, RTSCOPE, HYPERLINK sind eingetragene Warenzeichen der FA. READY SYSTEM.

Vorgehensweise des Rapid Prototyping

Basis: hierarchische Zustandsdiagramme

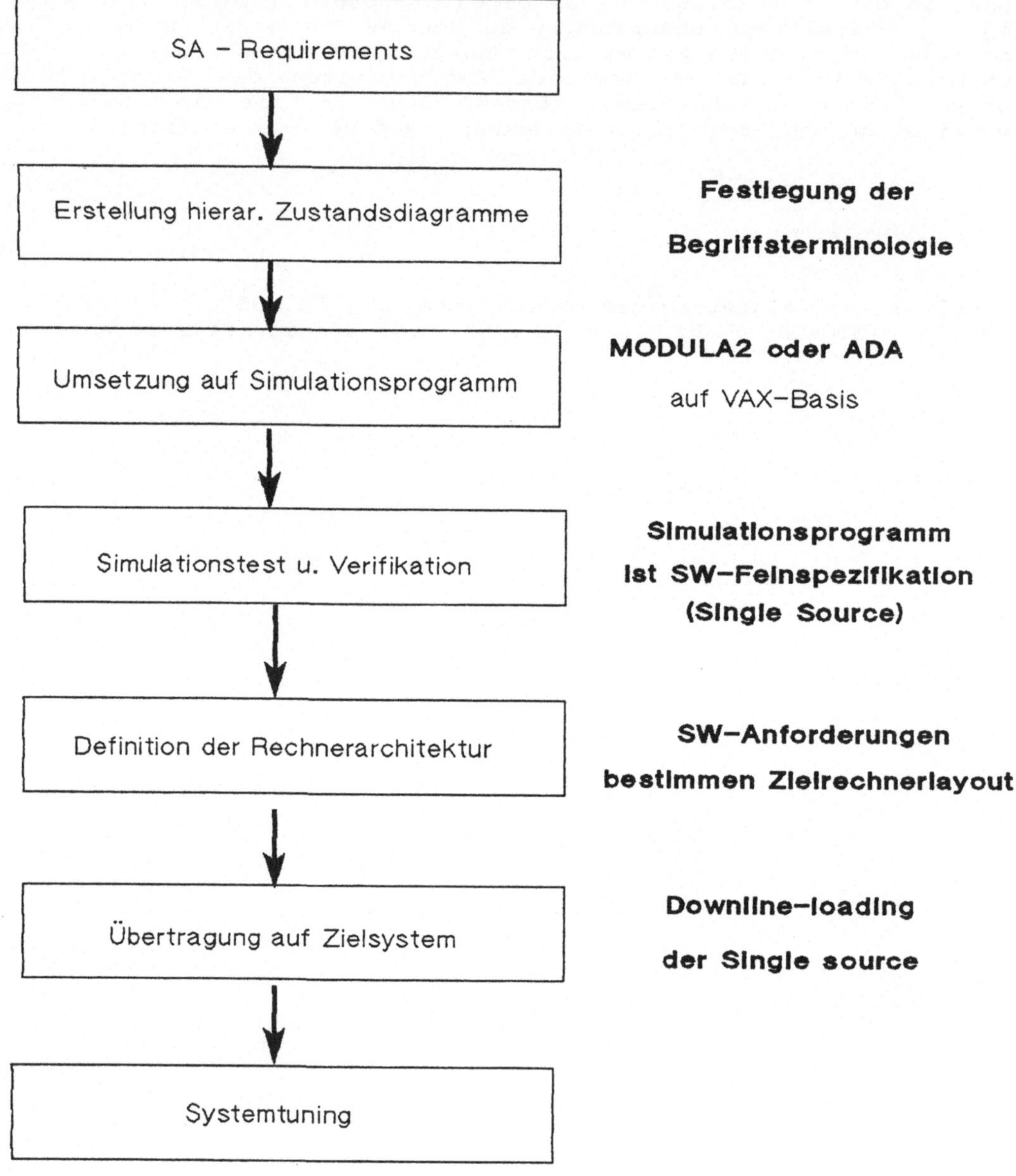

BILD: 1

Verfeinerung von Zustandsdiagrammen
CS_1
auf einer Ebene
Beschreibung von Systemsituationen
als Zustandsdiagramme
sheet-1
sheet-2
sheet-3
....
sheet-n
hierarchische
Zustandsverfeinerung
CS-1.1
und in der nächst unteren Ebene
Beschreibung von Systemsituationen
als Zustandsdiagramme
sheet-1
sheet-2
sheet-3
....
sheet-n
Na_1
Nb_1
Nc_1
alpha
alpha2
gamma
delta
beta
DFD-1
Na_1.1
Nb_1.1
alpha_s
teta
delta_y
gamma_t
beta_e
DFD-1.1
Zustandsdiagramme sind je Verfeinerungsstufe in einzelne Sheets aufgeteilt

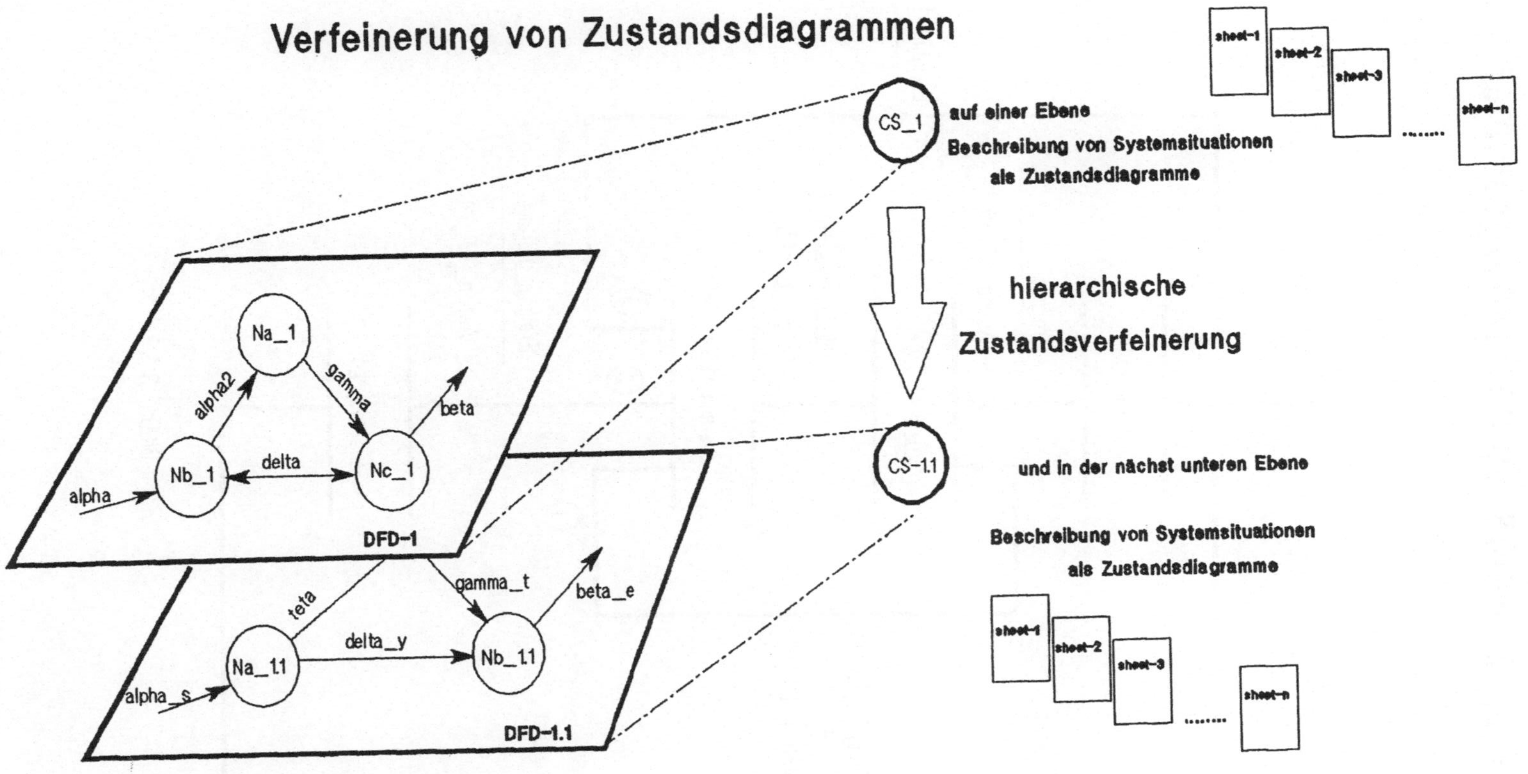

BILD: 2

Beispiel eines Zustandsdiagrammes

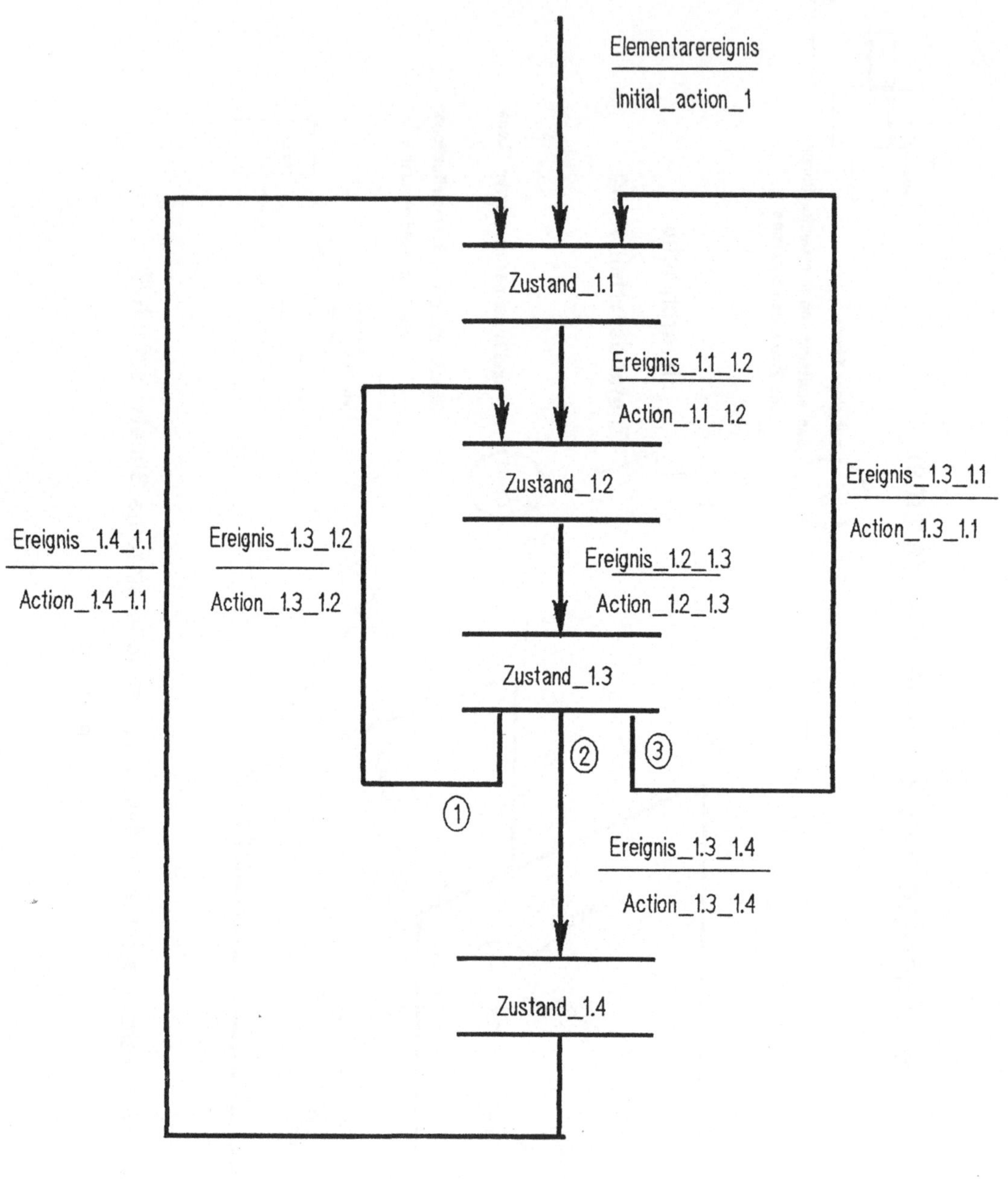

BILD: 3

Zustandshierarchie

am Beispiel eines Kommunikationsprotokolles

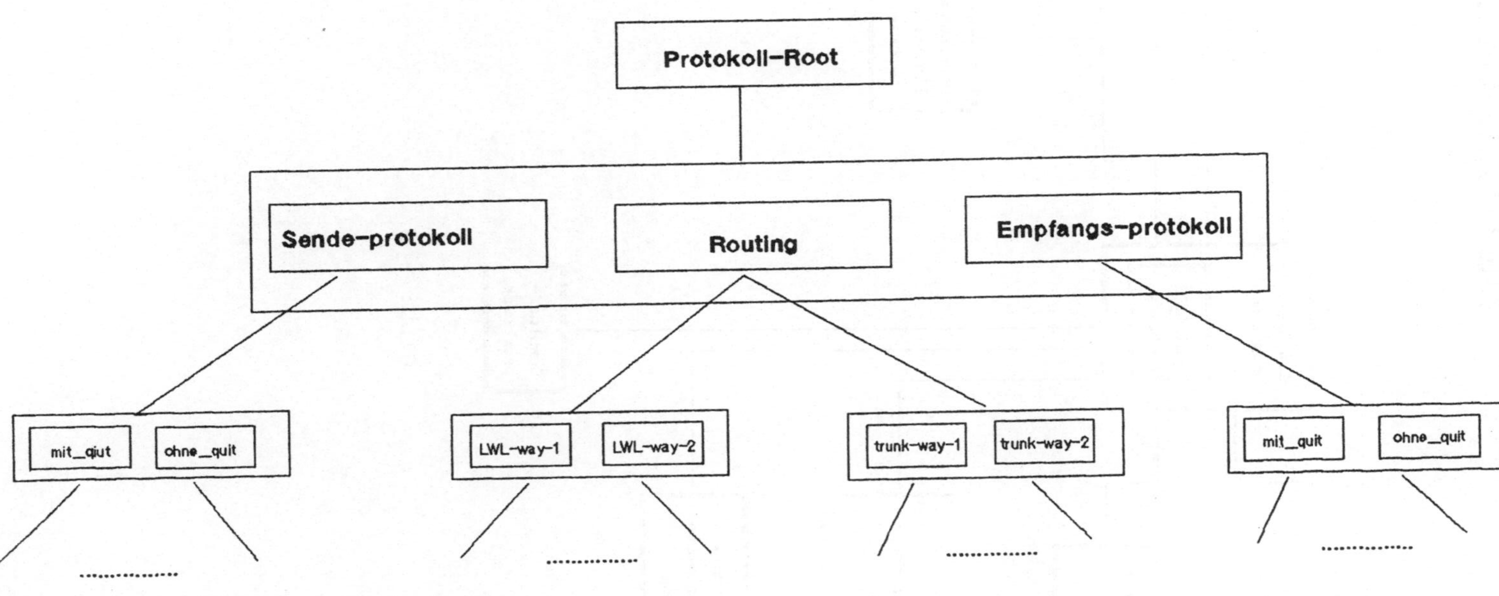

Ein Zustand ist der 'Pfad' durch diese Hierarchie (Zustandsbaum)

BILD: 4

Simulationsumwelt
Ereignis-
liste
Funk
Simulations-
programm
Protokoll-
testling
Messdaten-
auswertung
Ereignis-
liste
LWL
Zustands-
liste
Abbildungs-
library
"Hardware"
Aktion-/
Prozessor-
liste
Download-
prozessor

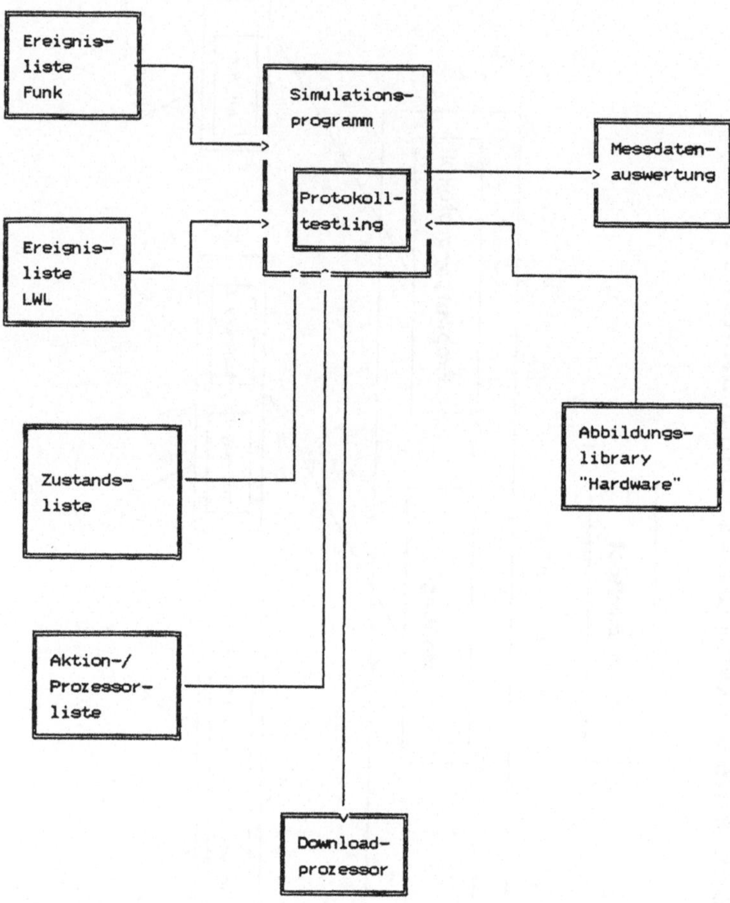

BILD: 5

Übersicht der Softwareentwicklungskonstruktion

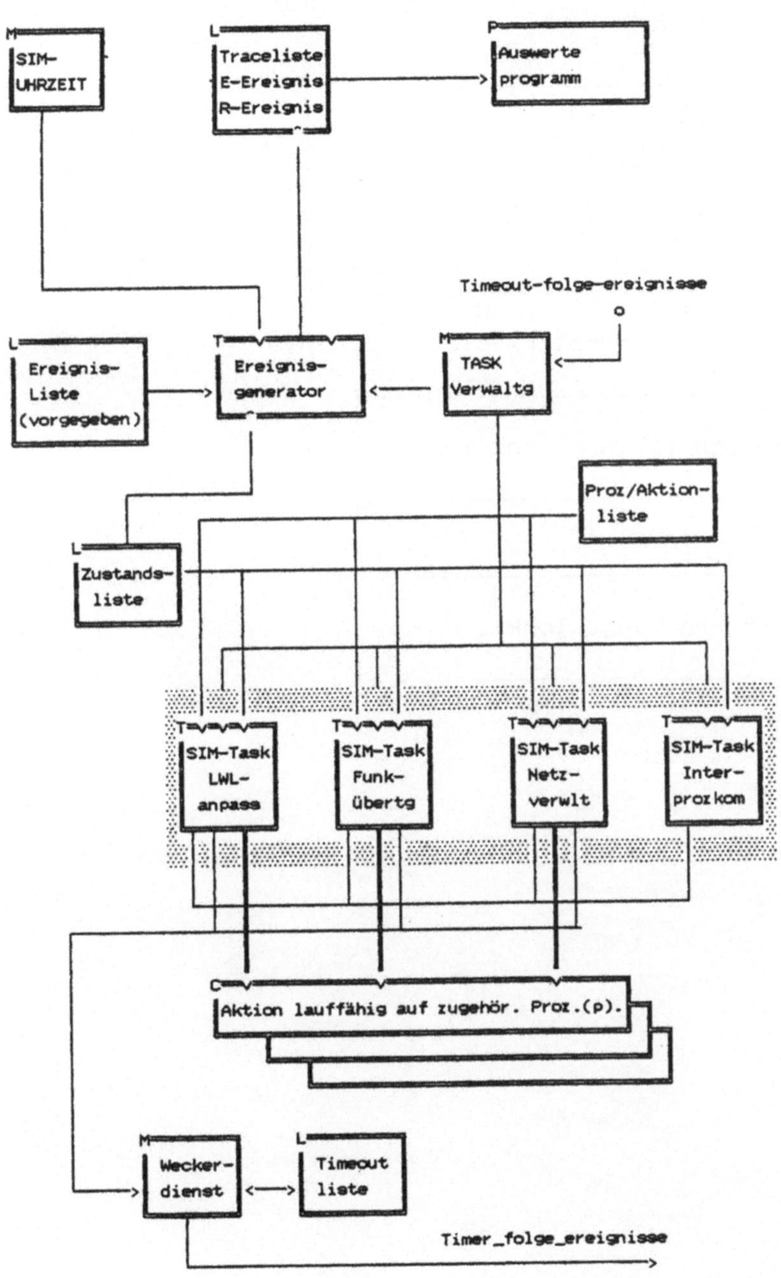

BILD: 6

Aufbau der Ereignisliste

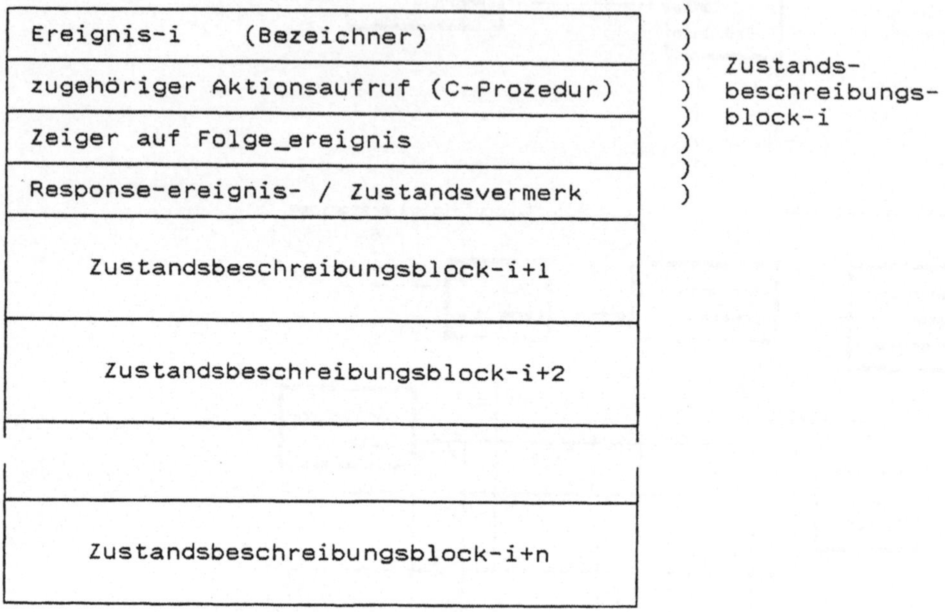

Ereignis-i (Bezeichner)	)
zugehöriger Aktionsaufruf (C-Prozedur)	) Zustands-
Zeiger auf Folge_ereignis	) beschreibungs-
Response-ereignis- / Zustandsvermerk	) block-i
Zustandsbeschreibungsblock-i+1	
Zustandsbeschreibungsblock-i+2	
Zustandsbeschreibungsblock-i+n	

BILD: 7

Messung von Protokolldurchlaufzeiten

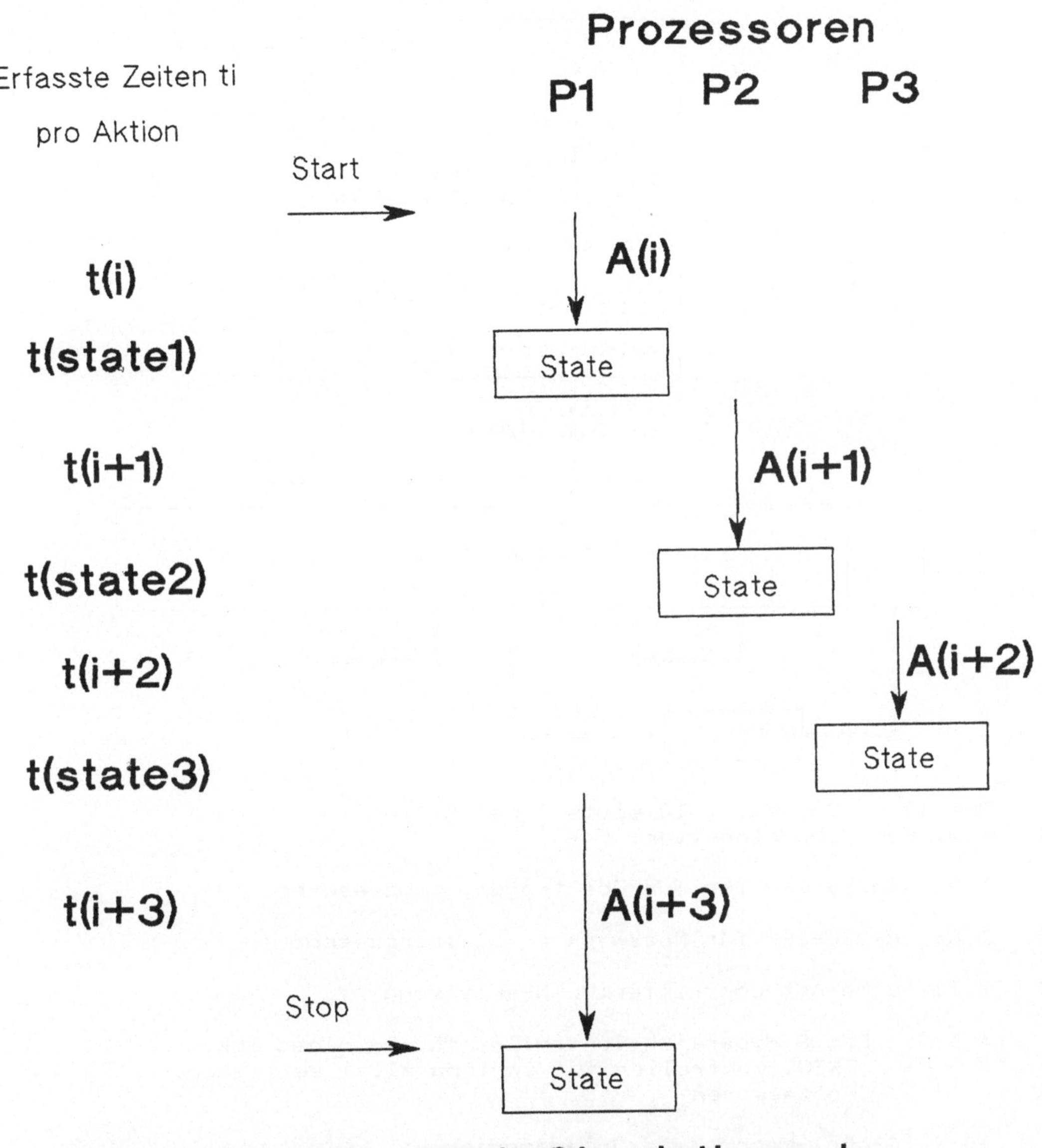

Erfasste Zeit durch Simulationsuhr:

t(i) +...t(n) + t[state(i) + t[state(n-1)]

BILD: 8

Produktionsumwelt

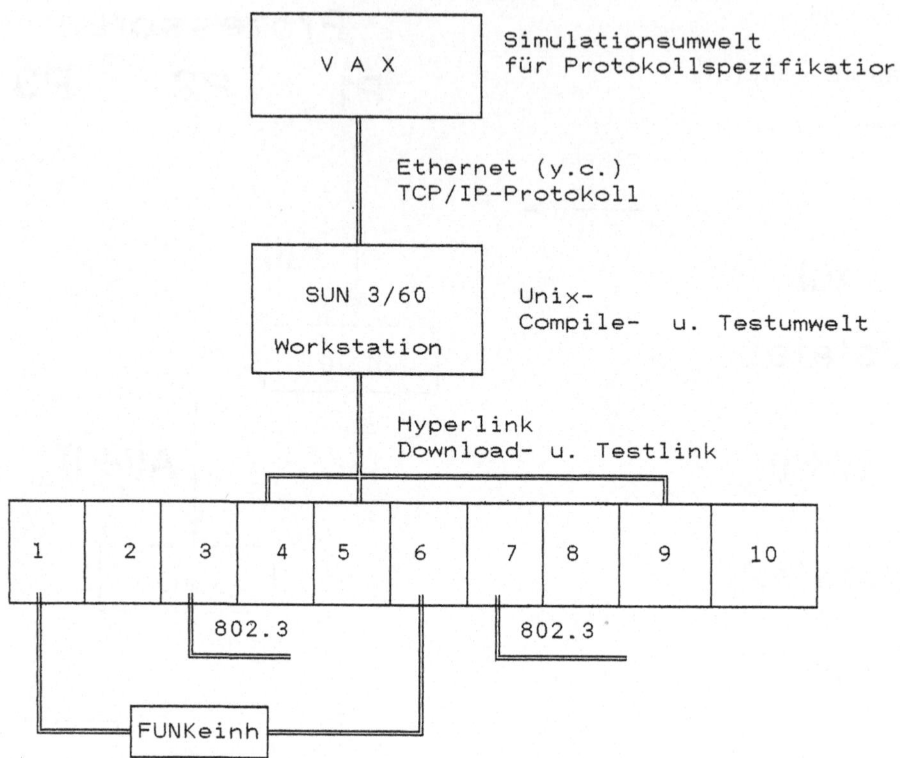

Das 19''- Chassis (10 slots) beinhaltet zwei Funktionseinheiten:

1,6: 68030-CPU für Funkübertragungsprozessoren

2,8: 68030-CPU für Netzwerkverwalterprozessor

3,7: Ethernet-controller: LAN-anpassung

4,5,9: EXSOS-Hyperlink-Controller für Downloadlink, EXSOS-Controller für zwei parallel zu testende Prozessoren

10: Global-Memory als Urlademedium

BILD: 9

Simulation und Rapid Prototyping für Realzeitanwendungen auf Spezifikationsebene

Manfred Popall

Gesellschaft für Prozeßrechnerprogrammierung mbH
Kolpingring 18a, D-8024 Oberhaching
Telefon: (089) 613 04 - 275

Zusammenfassung

Die Notwendigkeit der Anwendung von Prinzipien des Software Engineerings und somit der Einsatz von CASE (Computer Aided Software Engineering) Umgebungen auch bei der Entwicklung von Realzeitsystemen ist heute unbestritten. Bei der Entwicklung solcher Systeme mit der Zielsprache PEARL muß dabei gewährleistet sein, daß in der Systemspezifikation die Beschreibung von Tasks, Parallelität, daten- und ereignisabhängiger Steuerung von Tasks sowie Synchronisierungsmaßnahmen im Rahmen der CASE Umgebung möglich ist. Bei der automatischen Verifikation dieser Systemspezifikation durch CASE Umgebungen wird derzeit i.A. die Konsistenz der Spezifikation durch statische Analysen geprüft. Im angesprochenen Anwendungsbereich ist aber für die Brauchbarkeit einer Lösung die Frage der Rechtzeitigkeit entscheidend. Dies bedeutet, daß unter anderem die Berücksichtigung der Zeitdauer von Teilschritten oder die Berücksichtigung der Häufigkeitsverteilung des Auftretens von Ereignissen bei der Überprüfung der Spezifikation gewährleistet sein muß. Dazu reicht eine statische Analyse aber nicht aus.

In diesem Beitrag wird beschrieben, wie durch die Ergänzung der Entwicklungsumgebung für Realzeitsysteme EPOS durch eine auf Petri-Netz Modellierung beruhende Simulationskomponente (PACE), eine dynamische Betrachtung der Systemspezifikation auf den verschiedenen Abstraktionsebenen im Rahmen des Top Down Entwurfs ermöglicht wird. Damit kann frühzeitig der Entwurf hinsichtlich des 'Timing' und anderer, von der Dynamik abhängiger Eigenschaften, überprüft werden. Denn auch hier gilt: je früher ein Entwurfsfehler festgestellt wird, desto weniger aufwendig ist dessen Beseitigung.

Die Unterstützung des Entwicklungsvorgangs durch eine CASE Umgebung

Die Entwicklung von Systemen gemäß den Prinzipien des Software Engineerings muß die drei Summanden der "Software Engineering Gleichung" berücksichtigen:

Software Engineering = Phasenmodell
+ Methoden
+ Werkzeuge

Dies bedeutet, es muß Klarheit darüber bestehen, in welche Teilschritte der Entwicklungsvorgang zu gliedern ist, welche Methoden (Beschreibungsmittel) innerhalb der jeweiligen Schritte einzusetzen sind und welche Werkzeuge zur rechnergestützten Abwicklung zum Einsatz kommen sollen.

- Phasenmodell des Entwicklungsvorgangs

Es wurden eine Vielzahl von Phasenmodellen entwickelt, die jeweils verschiedene Aspekte als Hauptgesichtspunkt berücksichtigen. Das Phasenmodell gemäß Bild 1 stellt eine Generalisierung dar, auf die die verschiedenen Phasenmodelle sich im allgemeinen reduzieren lassen. Diese generalisierte Beschreibung eines Phasenmodells soll einen wichtigen Sachverhalt illustrieren: wesentlich an einem solchen Modell ist die Verifikation der Ergebnisse der Teilschritte.

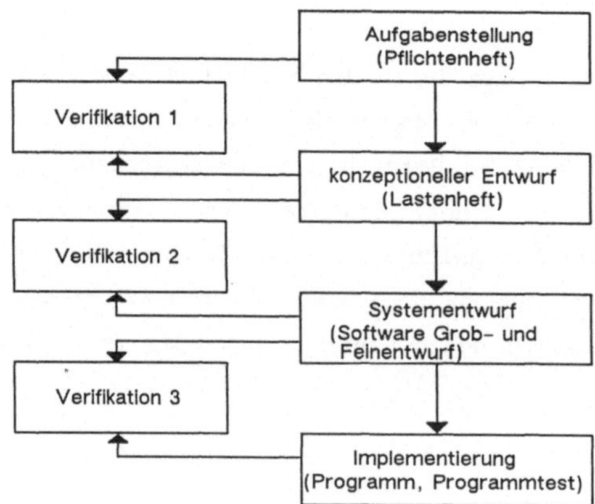

Bild 1: generalisiertes Phasenmodell

Dabei beinhaltet der Verifikationspunkt 1 im beschriebenen Modell die Prüfung, ob die in der Aufgabenstellung beschriebene Zielsetzung (Pflichtenheft) durch die gewählte Konzeption (Lastenheft) erreicht werden kann und ob die im Rahmen der Konzeption festgelegten Anforderungen diese Zielsetzung abdecken. Im Verifikationspunkt 2 muß nachgewiesen werden, ob der Systementwurf die geforderten Anforderungen erfüllt und ob er in sich konsistent ist.

Im Verifikationspunkt 3 ist zu prüfen, ob das entstandene Programm mit der Systemspezifikation übereinstimmt.

- **Methoden am Beispiel der CASE Umgebung EPOS**

Bei der Formulierung des Pflichtenheftes wird ein Gliederungsschema vorgegeben. In diesem Rahmen wird im wesentlichen verbal die allgemeine Zielsetzung des Projekts formuliert, die funktionellen Anforderungen aus Auftraggebersicht sowie zu verwendende Begriffe festgelegt. Im Rahmen von EPOS /GPPEP89/ ist eine Identifizierung dieser Anforderungen vorgesehen, um eine Weiterverfolgung im Rahmen des Projekts zu gewährleisten.

Im Rahmen des konzeptionellen Entwurfs wird wiederum ein Gliederungsschema verwendet. Dort werden die funktionellen Anforderungen aufgegriffen und eine Lösungskonzeption erarbeitet. Dabei entstehen detailliertere, lösungsabhängige Anforderungen, die zum einen auch verbal formuliert sein können, aber auch formale Beschreibungsmittel wie Entscheidungstabellen, Zustandsgraphen, Dialogbeschreibungen enthalten. Sie erfüllen oder verfeinern die Anforderungen der Aufgabenstellung und sind ebenfalls identifizierbar. Weitere zu verwendende Begriffe für das Projekt können festgelegt werden. Diese Anforderungen enthalten natürlich auch zeitliche Bedingungen, d.h. die Ausführung bestimmter Funktionen muß innerhalb eines bestimmten Zeitraumes erfolgen, bzw. quantitative Bedingungen, d.h. ein bestimmter Durchsatz wird gefordert. Im Rahmen des Systementwurfs erfolgt die Umsetzung des konzeptionellen Entwurfs in eine formale Beschreibung des zu realisierenden Systems als Top Down Entwurf. Dazu werden im Rahmen von EPOS sogenannte Entwurfsobjekte (Objekte zur Formulierung verschiedener Systemaspekte wie Aktion, Date, Ereignis) verwendet. Dies soll anhand eines kleinen Beispiels (siehe Bild 2) dargestellt werden.

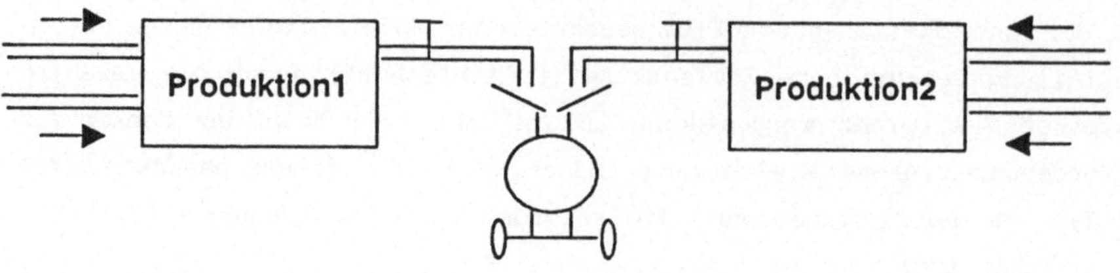

Bild 2: Ausschnitt aus einer chemischen Produktion

Die Steuerung dieser Chemie-Anlage wurde als Pflichten- und Lastenheft beschrieben und in einen EPOS Systementwurf umgesetzt, dessen Struktur Bild 3 zeigt.

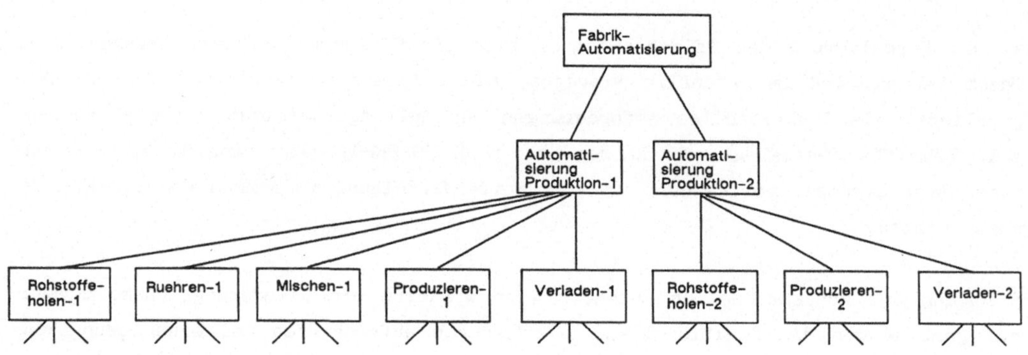

Bild 3: EPOS Top Down Entwurf der Chemieproduktion

Dieser Top Down Entwurf beschreibt den Entwurf durch Detaillierung des Funktionsaspekts mit Hilfe der EPOS Entwurfsobjekte vom Typ Aktion. Für den Systementwurf ist natürlich auch der Kontrollfluß der Funktionen entscheidend.

Betrachtet man diesen Ablaufaspekt (siehe Bild 4), ergibt sich die Forderung, daß die Funktionen VERLADEN-1 und VERLADEN-2 exklusiv zueinander sein müssen. Die formale Formulierung des Sachverhalts in EPOS sieht folgendermaßen aus:

```
#NEW
ACTION MODULE FABRIK-AUTOMATISIERUNG .
DECOMPOSITION :
   (/ AUTOMATISIERUNG-PRODUKTION-1 , AUTOMATISIERUNG-PRODUKTION-2 /) .
SYNCHRO : EXCLUSIV ( VERLADEN-1 , VERLADEN-2 ) .
ACTIONEND

##************************************************************************

ACTION TASK AUTOMATISIERUNG-PRODUKTION-1 .
DECOMPOSITION :
   ROHSTOFFE-HOLEN-1 ;
   IF ART THEN
      RUEHREN
   ELSE
      MISCHEN
   FI ;
   PRODUZIEREN-1 ;
   VERLADEN-1 .
TRIGGERED : START-PRODUKTION-1 .
ACTIONEND

##************************************************************************

ACTION TASK AUTOMATISIERUNG-PRODUKTION-2 .
DECOMPOSITION :
   ROHSTOFFE-HOLEN-2 ;
   PRODUZIEREN-2 ;
   VERLADEN-2 .
TRIGGERED : START-PRODUKTION-2 .
ACTIONEND

##************************************************************************

EVENT START-PRODUKTION-1 .
CYCLIC : 1 / 'HOUR' / .
EVENTEND

##************************************************************************

EVENT START-PRODUKTION-2 .
CYCLIC : 2 / 'HOUR' / .
EVENTEND

##************************************************************************
```

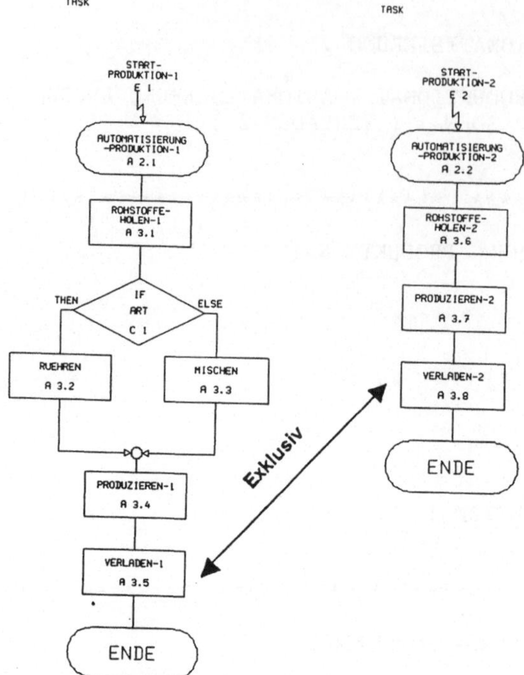

Bild 4: Ablaufdarstellung des EPOS Systementwurfs

Der Systementwurf wird weiter detailliert bis eine eindeutige Umsetzung in eine Zielsprache möglich ist.

EPOS unterstützt diesen Schritt, die Implementierung, durch die rechnergestützte Quellprogrammgenerierung für beliebige Zielsprachen. Für das Gebiet der Automatisierungstechnik bietet sich PEARL als Zielsprache an.

- **Werkzeuge am Beispiel der CASE Umgebung EPOS**

Für alle angesprochene Phasen bietet EPOS Werkzeuge zur Erstellung der Spezifikationen und zu deren Auswertung (z.B. automatische Dokumentationserstellung) an. Hier soll in erster Linie auf die Werkzeuge eingegangen werden, die die Verifikation des Entwurfs unterstützen.

Die Verifikation 1 wird durch die Quittierungs- und Referenzanalyse zwischen den Anforderungen unterstützt, wobei die inhaltliche Kontrolle der Erfüllung der Anforderungen der Qualitätssicherung obliegt.

Die Verifikation 2 wird durch die Vollständigkeits- und Konsistenzanalyse des EPOS Systementwurfs unterstützt. Zusätzlich ist auch hier die Quittierungs- und Referenzanalyse zur Überprüfung der Erfüllung der Anforderungen notwendig. Dabei stellt sich insbesondere die Frage, wie die Qualitätsicherung an dieser Stelle unterstützt werden kann, falls sie z.B. beurteilen muß, ob zeitliche oder quantitative Anforderungen durch den Systementwurf erfüllt sind. Dieser Fragestellung wird im weiteren Vorlauf des Beitrags nachgegangen.

Der Vollständigkeit halber sei angemerkt, daß die Verifikation 3, bei der die Übereinstimmung von Spezifikation und Programm zu prüfen ist, bei EPOS durch die Funktion der Coderückführung gewährleistet ist.

Verifikation der Realzeitanforderungen

Die Verifikation 2 im Rahmen des vorgestellten Phasenmodells erfordert, wie oben diskutiert, unter Umständen die Klärung, ob z.B. bestimmte zeitliche Anforderungen durch den vorgesehenen Systementwurf erfüllbar sind. Statische Analysen der Spezifikation sind bei solchen Fragestellungen im allgemeinen nicht mehr anwendbar. Es handelt sich um die gleiche Fragestellung, die sich auch bei der Systemauslegung im Rahmen eines konventionellen Vorgehens stellt. Bei einem konventionellen Vorgehen können im allgemeinen zwei Möglichkeiten in Betracht gezogen werden /Jo87/:

- Programmierung des Systems in einer Programmiersprache, eventuell mit einer Nachbildung der Prozeßschnittstellen

- Verwendung eines Simulationssystems (z.B. GPSS, SIMULA)

Diese Möglichkeiten können folgendermaßen bewertet werden:

Die Benutzung einer Programmiersprache bedeutet einen sehr hohen Aufwand, es wird praktisch das Zielsystem programmiert. Falls die Ausführung zeigt, daß nicht die gewünschten Ergebnisse erreicht werden, muß wieder von 'vorne' angefangen werden.

Auch die Verwendung eines Simulationssystems führt zu einem hohen Aufwand. Es handelt sich hier um 'general purpose' Simulationssysteme, die Simulation wird im allgemeinen auf der Basis von Fortran Programmen durchgeführt. Dies bedeutet, es ist immer der Aufwand zur Anpassung an eine konkrete Aufgabenstellung zu leisten. Eine graphische Visualisierung der Simulationsabläufe ist, analog zur ersten Möglichkeit, nicht gegeben.

Beide dargestellten Möglichkeiten zur Gewinnung von Informationen über das dynamische Verhalten eines Systems sind recht aufwendig. Deshalb sollte die anzustrebende Realisierung einer Simulationsmöglichkeit so beschaffen sein, daß basierend auf der bereits vorliegenden Information in der Systemspezifikation direkt ein Modell abgeleitet wird. Dabei sollte durch die Wahl eines entsprechenden Modelltyps eine hierarchische 'Top Down' Vorgehensweise unterstützt werden.

Es sollte auf der Grundlage dieses Modells nicht nur eine Simulation, sondern auch eine Visualisierung (Animation) des Ablaufs möglich sein.

Modellierung der Spezifikation als Petri-Netz

Ein Modell, das eine Grundlage für eine Ablaufsimulation darstellt, ist das Petri-Netz Modell /RoWi82/. Auf Grund der Eigenschaften der Petri-Netze können sie die Grundlage sowohl für eine Simulation als auch eine Animation eines System bilden. Die Modellierung der Spezifikation als Petri-Netze war in der CASE Umgebung EPOS zur Visualisierung von Synchronisierungsabhängigkeiten zwischen parallel ablauffähigen Vorgängen von Anfang an realisiert, aber bislang nur zur statischen Darstellung dieser Sachverhalte /Po87/.

EPOS ist in der Lage, aus der Spezifikation des Beispiels, das in den Bildern 3 und 4 vorgestellt wurde, eine Petri-Netz Darstellung zu generieren. Diese Petri-Netz Darstellung (Bild 5) umfaßt die Abläufe und die zwischen den Abläufen spezifizierten Synchronisierungsmaßnahmen.

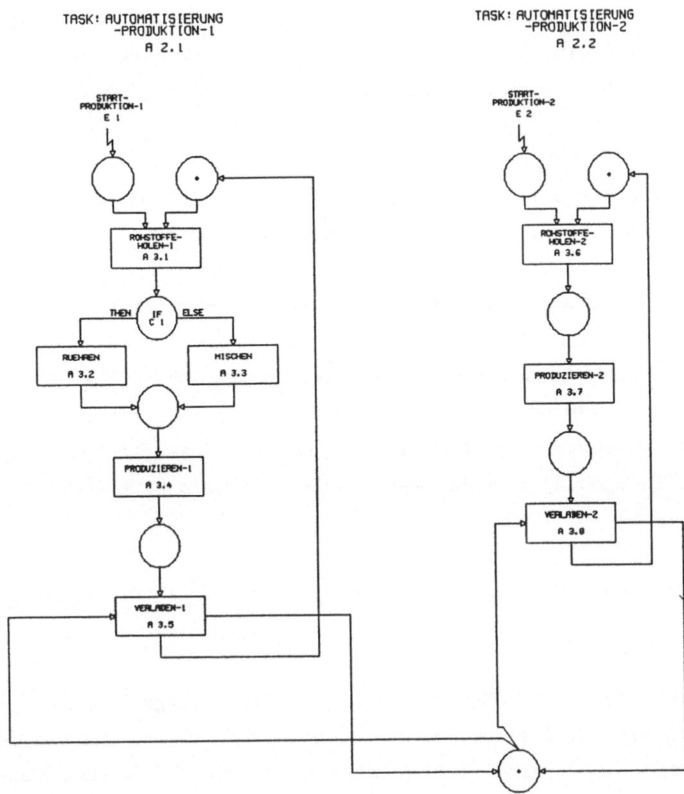

Bild 5: Beispiel Fabrik-Automatisierung einer Chemie-Produktion, dargestellt als Petri-Netz

Die Funktionen des Ablaufs wurden zu Transitionen im Petri-Netz, zusätzlich sind Stellen zwischen den Transitionen eingefügt worden. Die EXCLUSIV-Beziehung zwischen VERLADEN-1 und VERLADEN-2 ist durch eine "Semaphorestelle" modelliert.

Erweiterte Petri-Netze zur Simulation und zum Rapid Prototyping

Das Petri-Netz Modell, wie es zur statischen Dokumentation im Rahmen von EPOS herangezogen wird, ist in dieser Form nicht zur Simulation/Animation geeignet. Insbesondere fehlen den Transitionen Eigenschaften, wie die Durchführung von Operationen, die Angabe des anfallenden Zeitverbrauchs, die Angabe einer unterschiedlichen Wahrscheinlichkeit beim Schalten an einer Verzweigung und anderes mehr, um eine Simulation mit aussagekräftigen Ergebnissen durchführen zu können. Um dies zu gewährleisten, wird eine Modellierung mit Hilfe von erweiterten Petri-Netze vorgenommen. Erweiterte Petri-Netze erlauben z.B.

- hierarchische Struktur
- Modellierung der Zeit (den Transitionen werden Zeitvariable zugeordnet)
- Wahrscheinlichkeitsverteilung für bedingte Abläufe

Damit kann auf Grundlage dieses Modells eine Simulation/Animation erfolgen, die eine Verfolgung des Zeitablaufs gewährleistet, die Kapazitäts/Mengenbetrachtungen ermöglicht und die auf Grund der hierarchischen Struktur die Betrachtung auch von Teilsystemen (Teilnetzen) bzw. die Betrachtung des Ablaufs auf verschiedenen Entwurfsebenen erlaubt. Diese Modellierung durch erweiterte Petri-Netze ist Grundlage des in die EPOS Umgebung integrierten Simulationstools PACE /GPPPA89/.

Eine integrierte CASE Umgebung für die Entwicklung sowie die Simulation/Animation von Realzeitsystemen

Das EPOS System deckt das Phasenmodell der Entwicklungsschritte von der Pflichtenhefterstellung bis zur Quellprogrammgenerierung ab. Es ist insbesondere für Realzeitsysteme und die Zielsprache PEARL geeignet. Wie in den vorangegangenen Abschnitten diskutiert, ist für eine solche Entwicklungsumgebung auch die Bereitstellung einer Simulationsmöglichkeit direkt auf der Ebene der Systemspezifikation vorteilhaft, um bereits auf dieser Ebene entscheiden zu können, ob die gewählte Systemstruktur es ermöglicht, die an den dynamischen Ablauf des Systems gestellten Anforderungen zu erfüllen.

Um das EPOS System in dieser Hinsicht zu komplettieren, wurde das Simulationssystem PACE, das auf der Basis von erweiterten Petri-Netze realisiert ist, integriert. PACE erlaubt wie EPOS eine hierarchisch gegliederte Systemdarstellung.

Innerhalb der Netze erlaubt PACE eine Modellierung der Zeit, Angabe für Wahrscheinlichkeiten, sowie die objektorientierte Beschreibung der Daten- und der Kontrolllogik. PACE ist ein interaktives Werkzeug basierend auf Windows, Maussteuerung, Pop-Up-Menüs und Betonung der Graphik. PACE steht in einer Smalltalk Umgebung zur Verfügung. Der Benutzer hat die Möglichkeit, bestimmte Aspekte der Simulation auf der Basis von Smalltalk anwendungsspezifisch zu adaptieren. Bild 6 zeigt einen Bildschirm mit PACE Informationen.

Während der Simulation/Animation erstellt PACE Statistiken über Zeitdauer, Häufigkeiten, Durchsatz sowie über andere interessierende Parameter des modellierten Prozesses.

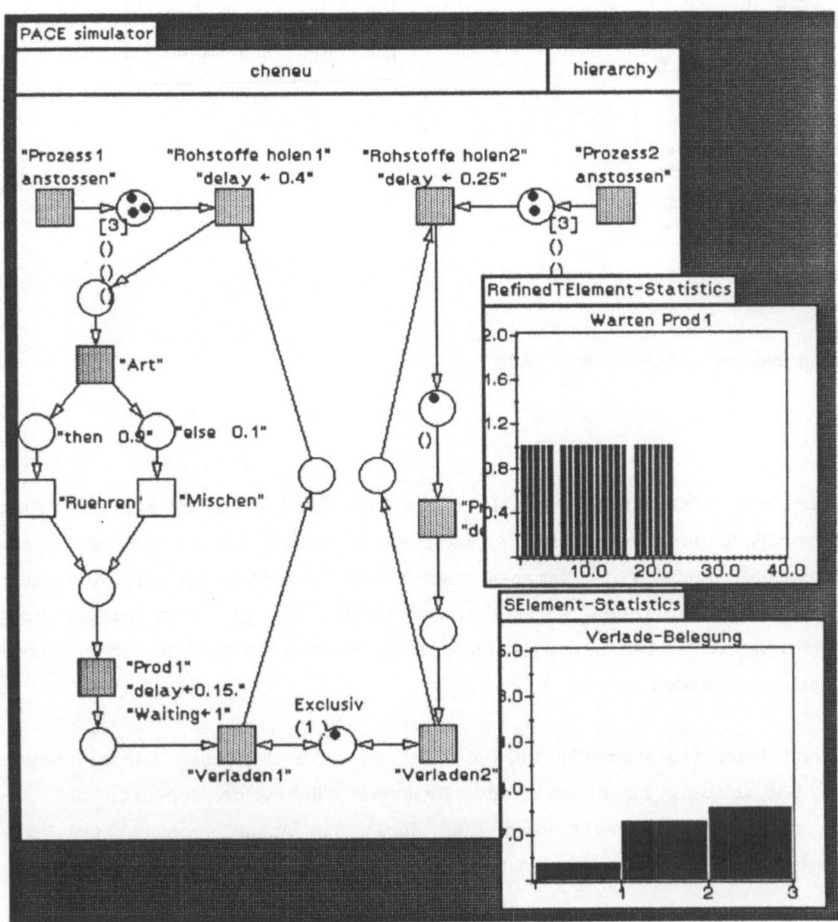

Bild 6: Simulation des vorgestellten Beispiels mit PACE

Die Kopplung von PACE mit EPOS ist in beide Richtungen geplant (siehe Bild 7), das heißt, falls im Rahmen der Simulation mit PACE die Notwendigkeit einer Änderung des Modells oder bestimmter Parameter erkannt wurde, kann dies in die EPOS Spezifikation zurückgeführt werden.

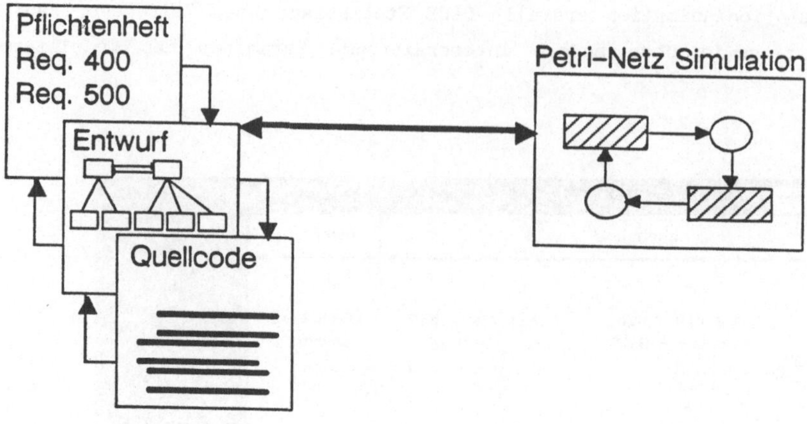

Bild 7: Integration von EPOS mit PACE

Die Integration von EPOS und PACE stellt damit eine CASE Umgebung zur Verfügung, die auch die Überprüfung der dynamischen Aspekte einer Spezifikation auf der jeweiligen Spezifikationsebene ermöglicht. Damit werden teure Fehlentwicklungen vermieden, bei denen erst auf detaillierteren Spezifikationsebenen oder gar erst in der Programmebene die Unzulänglichkeiten einer Lösung, insbesondere bezüglich ihres dynamischen Verhaltens, erkannt werden.

Zusammenfassend kann festgestellt werden, daß eine in der oben beschriebenen Form vorgenommene Entwicklung zu einem PEARL Programm führt, das bereits auf Spezifikationsebene dynamisch überprüft wurde und damit die Anzahl von Fehlern, die sich erst beim Testen des Programms zeigen, entscheidend reduziert wird.

Literatur:

/GPPEP89/ GPP mbH: EPOS Kurzbeschreibung, Darstellung der wichtigsten Eigenschaften, Gesellschaft für Prozeßrechnerprogrammierung mbH Kolpingring 18a, 8024 Oberhaching, 1989

/GPPPA89/ GPP mbH: PACE Kurzdarstellung, Gesellschaft für Prozeßrechnerprogrammierung mbH Kolpingring 18a, 8024 Oberhaching, 1989

/Jo87/ Johe, E: Verfahren zur rechnerunterstützten Untersuchung zeitlicher Abläufe, Dissertation, Stuttgart 1987

/Po87/ Popall, M.: Prüfung der Synchronisierung bei Automatisierungsprogrammen, Dissertation, Stuttgart 1987

/RoWi82/ Rosenstengel, Winand: Petri-Netz, eine Anwendungsorientierte Einführung, Vieweg, Braunschweig / Wiesbaden, 1982